本书是广州市高等教育教学质量与教学改革工程一流课程项目（2023YLKC070）阶段性成果

THE LABOR LAW
AND
PERSONAL POLICY

劳动人事政策与法规

吴兴华 ◎ 主编

U0330229

中山大学出版社
SUN YAT-SEN UNIVERSITY PRESS
·广州·

图书在版编目（CIP）数据

劳动人事政策与法规 / 吴兴华主编. -- 广州：中山大学出版社，2024.8.

ISBN 978 - 7 - 306 - 08136 - 0

Ⅰ. D922.509

中国国家版本馆 CIP 数据核字第 2024KV9888 号

LAODONG RENSHI ZHENGCE YU FAGUI

出 版 人： 王天琪
策划编辑： 金继伟
责任编辑： 靳晓虹
封面设计： 周美玲
责任校对： 丘彩霞
责任技编： 靳晓虹
出版发行： 中山大学出版社
电　　话： 编辑部 020-84110283，84113349，84111946，84110779
　　　　　　发行部 020-84111998，84111981，84111160
地　　址： 广州市新港西路 135 号
邮　　编： 510275　　**传　　真：** 020-84036565
网　　址： http://www.zsup.com.cn　E-mail：zdcbs@mail.sysu.edu.cn
印 刷 者： 佛山家联印刷有限公司
规　　格： 787mm×1092mm　1/16　19.375 印张　350 千字
版次印次： 2024 年 8 月第 1 版　2024 年 8 月第 1 次印刷
定　　价： 55.00 元

前　言

　　无论你是一名普通劳动者，还是一名人力资源管理者，学习和运用劳动法来维护自身权益及企业利益，是所有公民必备的基本素质。编写本书，是为了丰富学习者的劳动法律知识，提高其法律素质和维权能力，降低企业违法的概率。

　　本书适合作为高职高专、网络教育和开放教育法学专业、人力资源管理专业、工商管理专业或相关专业的教材，也适合作为劳动法普及课程的教材，同时还适用于为保护自身合法劳动权益而自学劳动人事政策与法规的劳动者。本书有以下特点：

1. 内容新

　　首先，本书将劳动法与人事管理相关理论有机整合，改变了传统法学教材只论及劳动法，而不涉及人事管理的尴尬状况。在我国，依照人事法律法规管理的科教文卫人员有几千万人。这么庞大的一个群体，理应纳入我们的教学视野。其次，本书紧跟立法步伐，及时更新了近年来颁布和修订的法律法规，并根据最新的政策变化进行了调整。

2. 实用且精炼

　　本书在内容的选取上，坚持实用和够用的原则，力求突出实用性。本书凝练了劳动人事政策与法规的精华，结合实际案例对抽象的劳动人事政策与法规进行深入浅出的讲解，即使是普通读者也能够通过本书解决自己工作、生活中的相关问题。

3. 突出实践

本书案例来源于最新的法律实践，内容丰富生动，分析具体详细，具有典型的代表性，并注重培养学习者理解和运用法律的能力。

4. 配套资源丰富

本书有配套的网络课程资源，包含大量丰富的微视频资源、在线练习、知识拓展和案例资源等。如需配套资源，请联系 *xinhh2002@163.com*。

本书在编写过程中，参考了大量相关书籍，改编了不少案例，吸收借鉴了同行专家的很多研究成果。编者对相关著述资料已在参考文献中尽量一一注明，但可能仍有遗漏，特此说明，此外也对上述作者表示衷心的感谢！由于时间仓促，水平有限，书中难免有瑕疵，敬请各位专家学者批评指正。

编　者

2024 年 3 月

目　录

第一章
劳动法概论

🎯 **学习目标**

认知目标 📌

　　正确说出劳动法和劳动法律关系的概念，阐述劳动法律关系的客体，描述法律事实的分类，区分劳动关系与劳务关系，比较劳动法律关系与劳动关系的联系与区别，解释劳动法的适用范围，陈述劳动关系及其特征。

技能目标 🔧

　　能准确区分劳动关系与劳务关系。

📢 **引导案例**

如何认定网约货车司机与平台企业之间是否存在劳动关系？

　　刘某于 2020 年 6 月 14 日与某信息技术公司订立为期 1 年的车辆管理协议，约定：刘某与某信息技术公司建立合作关系；刘某自备中型面包车 1 辆提供货物运输服务，须由本人通过公司平台在某市区域内接受公司派单，每日至少完成 4 单，多接订单给予加单奖励；某信息技术公司通过平台与客户结算货物运输费，每月向刘某支付包月运输服务费 6000 元及奖金，油费、过路费、停车费等另行报销。刘某从事运输工作期间，每日在公司平台签到并接受平台派单，跑单时长均在 8 小时以上。某信息技术公司通过平台对刘某的订单完成情况进行全程跟踪，刘某每日接单量超过 4 单时按照每单 70 元进行加单奖励，出现接单量不足 4 单、无故拒单、运输超时、货物损毁等情形时按照公司制定的费用结算办法扣减部分服务费。2021 年 3 月 2 日，某信息技术公司与刘某订立车辆管理终止协议，载明公司因调整运营规划，与刘某协商一致提前终止合作关系。刘某认为其与某信息技术公司之间实际上已构成劳动关系，终止合作的实际法律后果是劳动关系解除，某信息技术公司应当支付其经济补偿。某信息技术公司以双方书面约定建立合作关系为由否认存在劳动关系，拒绝支付经济补偿，刘某遂向劳动人事争议仲裁委员会（以下简称仲裁委员会）申请仲裁，要求某信息技术公司支付其解除劳动合同经济补偿。

◆ 案例点评

　　本案的争议焦点是，刘某与某信息技术公司之间是否符合确立劳动关系的情形。《关于维护新就业形态劳动者劳动保障权益的指导意见》（人社部发〔2021〕56 号）第十八条规定，"根据用工事实认定企业和劳动者的关系"，以上法律规定和政策精神体现出，认定劳动关系应当坚持事实优先原则。《关于确立劳动关系有关事项的通知》（劳社部发〔2005〕12 号）相关规定体现出，劳动关系的核心特征为"劳动管理"，即劳动者与用人单位之间具有人格从属性、经济从属性、组织从属性。在新就业形态下，由于平台企业生产经营方式发生较大变化，劳动管理的体现形式也相应具有许多新的特点。当前，认定新就业形态劳动者与平台企业之间是否存在劳动关系，应当对照劳动管理的相关要素，综合考量人格从属性、经济从属性、组织从属性的有无及强弱。从人格从属性看，主要体现为平台企业的工作规则、劳动纪律、奖惩办法等是否适用于劳动者，平台企业是否可通过制定规则、设定算法等对劳动者劳动过程进行管理控制；劳动者是否须按照平台指令完成工作任务，能否自主决定工作时间、工作量等。从经济从属性看，主要体现为平台企业是否掌握劳动者从业所必需的数据信息等重要生产资料，是否允许劳动者商定服务价格；劳动者通过平台获得的报酬是否构成其重要收入来源等。从组织从属性看，主要体现在劳动者是否被纳入平台企业的组织体系当中，成为企业生产经营组织的有机部分，并以平台名义对外提供服务等。

虽然某信息技术公司与刘某订立车辆管理协议约定双方为合作关系，但依据相关法律规定和政策精神，仍应根据用工事实认定双方之间的法律关系性质。某信息技术公司要求须由刘某本人驾驶车辆，通过平台向刘某发送工作指令、监控刘某工作情况，并依据公司规章制度对刘某进行奖惩；刘某须遵守某信息技术公司规定的工作时间、工作量等要求，体现了较强的人格从属性。某信息技术公司占有用户需求数据信息，单方制定服务费用结算标准；刘某从业行为具有较强持续性和稳定性，其通过平台获得的服务费用构成其稳定收入来源，体现了明显的经济从属性。某信息技术公司将刘某纳入其组织体系进行管理，刘某是其稳定成员，并以平台名义对外提供服务，从事的货物运输业务属于某信息技术公司业务的组成部分，体现了较强的组织从属性。综上，某信息技术公司对刘某存在明显的劳动管理行为，符合确立劳动关系的情形，应当认定双方之间存在劳动关系。某信息技术公司与刘某订立车辆管理终止协议，实际上构成了劳动关系的解除，因此，对于刘某要求某信息技术公司支付经济补偿的仲裁请求，应当予以支持。

资料来源：人力资源社会保障部最高人民法院关于联合发布第三批劳动人事争议典型案例的通知（人社部函〔2023〕36号）。内容有修改。

第一节　劳动法概述

一、劳动法的概念

劳动法是调整劳动关系以及与劳动关系有密切联系的其他社会关系的法律规范的总称。狭义的劳动法仅指《中华人民共和国劳动法》（以下简称《劳动法》）。广义的劳动法包括劳动法律、劳动行政法规、劳动行政规章、地方性劳动法规和规章，以及具有法律效力的其他规范性文件、关于劳动法的司法解释等。本书所说的劳动法，是广义的劳动法。

《中华人民共和国宪法》（以下简称《宪法》）中就有关于劳动制度和劳动关系的内容，除此之外，国家还颁布了大量的劳动法律、法规和规章（见表1-1）。

表 1-1　历年我国颁布的与劳动法有关的法律、法规和规章

法规名称	制定（通过）机构	制定（通过）时间	实施时间
《中华人民共和国劳动法》	中华人民共和国第八届全国人民代表大会常务委员会第八次会议通过	1994 年 7 月 5 日	1995 年 1 月 1 日
《中华人民共和国劳动合同法》	中华人民共和国第十届全国人民代表大会常务委员会第二十八次会议通过	2007 年 6 月 29 日	2008 年 1 月 1 日
《中华人民共和国劳动合同法实施条例》	中华人民共和国国务院第 25 次常务会议通过	2008 年 9 月 3 日	2008 年 9 月 18 日
《全国人民代表大会常务委员会关于修改〈中华人民共和国劳动合同法〉的决定》	中华人民共和国第十一届全国人民代表大会常务委员会第三十次会议通过	2012 年 12 月 28 日	2013 年 7 月 1 日
《劳务派遣暂行规定》	中华人民共和国人力资源社会保障部第 21 次部务会审议通过	2013 年 12 月 20 日	2014 年 3 月 1 日
《事业单位人事管理条例》	中华人民共和国国务院第 40 次常务会议通过	2014 年 2 月 26 日	2014 年 7 月 1 日

二、劳动法的调整对象

劳动法的调整对象包括两方面关系：其一，劳动关系，这是劳动法调整的最重要、最基本的关系；其二，与劳动关系密切联系的某些关系。

（一）劳动关系

1. 劳动关系的定义

劳动关系，即人们在从事劳动过程中发生的社会关系。在劳动过程中，人们不仅要与自然界发生一定的关系，而且还要处在一定的社会关系之中。在我国，劳动关系具体表现为劳动者与用人单位——企业、事业单位、国家机关、社会团体、个体经济组织之间发生的关系。

劳动法调整的对象主要是劳动关系。但是，必须明确，在社会关系中，许多关系都与劳动有关，而劳动法并不能调整所有与劳动有关的社会关系，

只是调整其中的一部分关系，即在实现劳动过程中，劳动者与用人单位之间所发生的关系。

2. 劳动关系的特征

作为劳动法调整对象的劳动关系，具体有以下特征：

（1）劳动关系与劳动有直接联系，劳动是劳动关系的内容。

（2）劳动关系的当事人，一方是劳动者，另一方是用人单位。

（3）劳动关系的一方——劳动者，首先要加入用人单位成为其成员，并承担某一工作，遵守用人单位的各项规章制度。

（4）劳动关系的发生、变更和终止，在劳动过程中，当事人双方的权利、义务以及劳动条件，均应依法处理。

3. 劳动关系与劳务关系的区别

劳动法并不能调整所有的劳动力交换活动，如家政钟点工、保姆、家庭教师、家庭护士、个人承包工作事项后再雇工等，这些劳动力的交换在法律上叫作劳务关系或雇佣关系，应根据民法、合同法进行调整。所谓劳务关系，是指两个或两个以上的平等主体之间，依据民事法律规范，一方向另一方提供劳务，由另一方依约支付劳务报酬的一种权利、义务关系。广义上，劳务关系包括承揽、承包、运输、技术服务、委托、信托和居间等。

劳动关系与劳务关系的区别表现在：

（1）主体资格和地位不同。劳动关系的双方主体具有特定性，即一方是用人单位，另一方必然是劳动者，双方地位不平等，有着领导与被领导的行政隶属关系；而劳务关系的主体类型较多，其主体不具有特定性，可能是两个平等主体，或是两个以上的平等主体；可能是法人之间的关系，或是自然人之间的关系，还可能是法人与自然人之间的关系。

（2）主体的待遇不同。劳动关系中的劳动者除获得工资报酬外，还享有社会保障、福利等待遇；而劳务关系中的自然人一般只获得劳动报酬，工作风险一般由提供劳务者自行承担，但由雇工方提供工作环境和工作条件的和法律另有规定的除外。

（3）生产资料的使用不同。在劳动关系中，劳动者在与用人单位生产资料相结合的前提下进行社会劳动，劳动者所使用的生产资料或者工具由用人单位提供；而在劳务关系中，劳务提供方须使用自己的生产资料或者工具为他人提供劳务。

（4）合同内容受国家干预程度不同。劳动合同的条款及内容，国家常以强制性法律规范来规定，劳动合同以书面形式呈现；劳务合同，国家干预程度低，在合同内容的约定上主要取决于双方当事人的意思自治，可以是口头或其他形式。

（5）劳动内容不同。在劳动关系中，按照劳动合同的要求，劳动者只需为用人单位实施一定劳动行为即可；在劳务关系中，劳务提供方提供的是物化或者非物化的劳动成果。

（6）报酬支付不同。劳动关系双方处于不平等的地位，用人单位向劳动者支付的工资需遵循按劳分配、同工同酬的原则，且必须遵守当地有关最低工资标准的规定，工资应当以法定货币支付，不得以实物及有价证券替代货币支付；而在劳务关系中，双方地位平等，一方当事人向另一方支付的报酬完全由双方协商确定，但不得违背民法中平等、公平、等价有偿、诚实信用等原则，报酬可以货币、实物或有价证券等方式支付。

（7）法律责任不同。劳动合同不履行、非法履行所产生的责任不仅有民事上的责任，还有行政上的责任；劳务合同所产生的责任包括民事责任、违约责任和侵权责任，但不存在行政上的责任。

（8）适用法律不同。劳动关系适用《中华人民共和国劳动合同法》（以下简称《劳动合同法》）的相关规定，因劳动关系发生的争议，必须先经过劳动人事争议仲裁委员会的仲裁，未经仲裁不得诉讼，若劳动法没有规定的，可以适用民法；而劳务关系适用《中华人民共和国民法典》（以下简称《民法典》）、《中华人民共和国合同法》（以下简称《合同法》）进行规范和调整，劳务关系发生争议后，当事人可以协商解决，也可以直接向法院起诉，不需要经过劳动仲裁程序。

以案说法 1-1

如何认定网约配送员与平台企业之间是否存在劳动关系？

徐某于 2019 年 7 月 5 日从某科技公司餐饮外卖平台众包骑手入口注册成为网约配送员，并在线订立了网约配送协议。协议载明：徐某同意按照平台发送的配送信息自主选择接受服务订单，接单后及时完成配送，服务费按照平台统一标准按单结算。徐某从事餐饮外卖配送业务期间，公司未对其上线接单时间提出要求，徐某每周实际上线接单天数为 3 至 6 天不等，每天上线接单时长为 2 至 5 小时不等。平台按照算法规则向一定区域内不特定的多名配送员发送订单信息，徐某通过抢单获得配送机会，平台向其按单结算服务费。出现配送超时、客户差评等情形时，平台核实情况后按照统一标准扣减服务费。2020年1月4日，徐某向平台客服提出订立劳动合同、缴纳社会保险费等要求，被平台客服拒绝，遂向仲裁委员会申请仲裁，请求确认徐某与某科技公司存在劳动关系，某科技公司支付解除劳动合同经济补偿。仲裁委员会裁决驳回了徐某的仲裁请求。

◆ 案例点评

本案中，徐某在某科技公司餐饮外卖平台上注册成为网约配送员，其与某科技公司均具备建立劳动关系的主体资格。认定徐某与某科技公司之间是否符合确立劳动关系的情形，需要查明某科技公司是否对徐某进行了较强程度的劳动管理。从用工事实看，徐某须遵守某科技公司制定的餐饮外卖平台配送服务规则，其订单完成时间、客户评价等均作为平台结算服务费的依据，但平台对其上线接单时间、接单量均无要求，徐某能够完全自主决定工作时间及工作量，因此，双方之间人格从属性较标准劳动关系有所弱化。某科技公司掌握徐某从事网约配送业务所必需的数据信息，制定餐饮外卖平台配送服务费结算标准和办法，徐某通过平台获得收入，双方之间具有一定的经济从属性。虽然徐某依托平台从事餐饮外卖配送业务，但某科技公司并未将其纳入平台配送业务组织体系进行管理，未按照传统劳动管理方式要求其承担组织成员义务，因此，双方之间的组织从属性较弱。综上，虽然某科技公司通过平台对徐某进行一定的劳动管理，但其程度不足以认定双方的劳动关系。因此，对于徐某提出的确认劳动关系等仲裁请求，仲裁委员会不予支持。

资料来源：人力资源社会保障部最高人民法院关于联合发布第三批劳动人事争议典型案例的通知（人社部函〔2023〕36号）。内容有修改。

（二）与劳动关系有密切联系的其他关系

劳动法除了调整劳动关系以外，还承担着调整与劳动关系有密切联系的其他一些关系。这些关系本身并不是劳动关系，但是与劳动关系有着密切联系：有的是发生劳动关系的必要前提，有的是劳动关系的直接后果，有的是随着劳动关系而附带产生的关系。因为这些关系具有与劳动关系密切联系的特点，所以在我国的法律体系中把它们列入劳动法的范畴。这些关系包括以下五个方面：

（1）处理劳动争议而发生的关系：有关国家机关（如劳动行政部门）、法院和工会由于调解、仲裁和审理劳动争议而产生的关系。

（2）执行社会保险方面的关系：社会保险机构与企业、事业单位及职工之间因执行社会保险而发生的关系。

（3）监督劳动法律、法规的执行方面的关系：有关国家机关（如劳动行政部门、卫生部门等）、工会与企业、事业单位之间，因监督、检查劳动法的执行而产生的关系。

（4）工会与企业、事业单位、国家机关之间的关系。

（5）劳动管理方面发生的关系：劳动行政部门同企业、事业单位、社会团体、国家机关等因管理劳动工作而发生的关系。

三、劳动法的适用范围

劳动法的适用范围亦称劳动法的效力范围，是指劳动法在哪些范围内、在哪些时间内发生效力。它包括劳动法的主体适用范围、空间适用范围和时间适用范围。

（一）劳动法的主体适用范围

劳动法的主体适用范围是指劳动法对哪些人发生法律效力。《劳动合同法》第二条规定："中华人民共和国境内的企业、个体经济组织、民办非企业单位等组织（以下称用人单位）与劳动者建立劳动关系，订立、履行、变更、解除或者终止劳动合同，适用本法。国家机关、事业单位、社会团体和与其建立劳动关系的劳动者，订立、履行、变更、解除或者终止劳动合同，依照本法执行。"由此可以看出我国劳动法的主体适用范围。

因此，不管是国家机关还是事业单位，不管是以营利为目的的企业、个体经济组织，还是以非营利为目的的社会团体、民办非企业单位，只要与劳动者建立了劳动关系，就应当签订劳动合同；而只要签订了劳动合同，就要依照劳动法和劳动合同法执行。

我国劳动法不适用于公务员和比照实行公务员制度的事业组织和社会团体的工作人员，以及农村劳动者（乡镇企业职工和进城务工、经商的农民除外）、现役军人、家庭保姆、在中华人民共和国境内享有外交特权和外交豁免权的外国人等。

（二）劳动法的空间适用范围

劳动法的空间适用范围是指劳动法在什么地域内有效。劳动法律规范的制定机关不同，其法律效力不同，适用的地域范围也不同。凡由全国人民代表大会及其常务委员会通过的劳动法律和国务院发布的劳动行政法规，除劳动法律、行政法规有特别规定的以外，适用于我国全部领域。凡属地方性的劳动法规，适用于制定地方性劳动法规的机关所辖地区或部门。民族自治地方的人民代表大会制定的劳动自治条例和单行条例，只适用于该民族自治地方。

（三）劳动法的时间适用范围

劳动法的时间适用范围是指劳动法生效或失效的时间。劳动法自生效之日起，到失效时止，持续地保持其法律效力。劳动法生效的时间，一种是规定从其通过或公布之日起生效；另一种是规定施行日期，待施行日期到来时开始生效。劳动法失效的时间，一种是规定失效日期或失效条件；另一种是按照"新法优于旧法"的原则，在新法公布后旧法自动失效。

第二节　劳动法律关系

一、劳动法律关系的概念

劳动法律关系是指劳动者与用人单位之间，在实现劳动过程中依据劳动法律规范而形成的劳动权利与劳动义务关系。它是劳动关系在法律上的表现，是劳动关系为劳动法调整的结果。劳动法律关系与劳动关系是既有联系又有区别的两个不同概念。

（一）劳动法律关系与劳动关系的联系

劳动法律关系是劳动关系在法律上的表现形式，劳动关系是劳动法律关系产生的基础。劳动法律关系不仅反映劳动关系，而且当其形成后，便对具体劳动关系产生积极的影响，即现实的劳动关系只有取得劳动法律关系的形式，其运行过程才有法律保障。

（二）劳动法律关系与劳动关系的区别

1. 劳动法律关系与劳动关系的组成不同

劳动法律关系是思想意识的组成部分，属于上层建筑范畴；劳动关系则是生产关系的组成部分，属于经济基础范畴。

2. 劳动法律关系与劳动关系的形成不同

劳动法律关系的形成是以劳动法律规范的存在为前提的，发生在劳动法律规范调整劳动关系的范围之内；劳动关系的形成则以劳动为前提，发生在现实社会劳动过程之中。

3. 劳动法律关系与劳动关系的内容不同

劳动法律关系的内容是法定的权利义务，双方当事人必须依法享有权利并承担义务；劳动关系的内容则是劳动，如果没有相应的法律规范调整，就不会形成法律上的权利义务关系。如果任何一方当事人不履行自己应尽的义务，侵犯对方的权利或者损害对方的利益，另一方当事人有权请示法院强制对方履行义务，以维护自己的合法权益。

二、劳动法律关系的主体

劳动法律关系主体是指劳动法律关系的参与者，是劳动法律关系的核心和实质，即依法享有权利和承担义务的劳动法律关系主体双方，主要包括劳动者和用人单位。

（一）劳动者

劳动法中的劳动者是指达到法定就业年龄，具有劳动权利能力和劳动行为能力，在用人单位管理下独立给付劳动并获取劳动报酬的自然人，包括本国人、外国人、无国籍人。

1. 达到法定就业年龄

劳动法规定除文艺、体育和特种工艺单位依照国家规定履行审批手续外，一般最低就业年龄为16周岁。《劳动合同法实施条例》规定，劳动者达到法定退休年龄的，劳动合同终止。因此，用人单位招用已享受退休待遇或者已超过法定退休年龄的人员，双方不存在劳动关系，发生的争议不属于劳动人事争议受理范围。用人单位招用未达到法定就业年龄的童工，依照《非法用工单位伤亡人员一次性赔偿办法》（中华人民共和国人力资源和社会保障部令第9号）规定，伤残童工或者死亡童工的近亲属就赔偿数额与单位发生争议，按照劳动争议处理的有关规定处理。属于伤亡赔偿之外的争议，如童工与用人单位就劳动报酬支付发生的争议，不属于劳动人事争议受理范围。

2. 具有劳动权利能力和劳动行为能力

劳动权利能力是指公民依法享有劳动权利和承担劳动义务的资格或能力。凡有劳动能力的公民，其劳动权利能力不因种族、民族、信仰、性别、财产状况等因素的不同而受限制或剥夺。

劳动行为能力是指公民以自己的行为依法行使劳动权利和履行劳动义务的资格。劳动行为能力的主要决定因素包括：

（1）年龄。我国最低就业年龄为 16 周岁，除文艺、体育和特种工艺单位经县级以上人力资源和社会保障部门批准可招用未满 16 周岁的公民外，任何单位都不得与未满 16 周岁的公民建立劳动关系。

（2）健康。要求劳动者必须具备自己所从事的职业所必需的健康条件，包括疾病的限制、残疾的限制及妇女生理条件的限制等。

（3）智力。劳动法中要求劳动者具备的智力因素包括精神健全、文化水平和技术水平等。

（4）行为自由。如因触犯刑法而被处以自由刑的公民，在服刑期间由于无行为自由而无权自由支配自己的劳动能力，就丧失成为劳动法律关系主体的资格。

3. 在用人单位管理下给付劳动并获得劳动报酬

根据中华人民共和国劳动和社会保障部《关于确立劳动关系有关事项的通知》（劳社部发〔2005〕12 号）规定，用人单位依法制定的各项劳动规章制度适用于劳动者，劳动者受用人单位的劳动管理，从事用人单位安排的有报酬的劳动，是劳动关系成立的重要条件，也是判断是否属于劳动人事争议受理范围的重要标志。

以案说法 1-2

郭某是否严重违反单位规章制度？

郭某于 2005 年入职某航空公司，在离职前担任乘务长。2019 年 10 月 12 日，郭某在某航班限流等待期间在飞机洗手间内身着内衣自拍并发至微信朋友圈，并附有"飞机延误了，我立刻来洗手间试试新品：裸感……真的跟没穿一样……这么长时间一直穿的是裸感内衣，我的胸型也升杯了"等文字。2019 年 11 月 28 日，某航空公司以郭某利用工作时间从事私人事务，且违反公司舆情管理、网络管理规定，在网络上发布不雅照片，违反公序良俗，严重违反航空公司规章制度为由，解除与郭某的劳动合同。郭某认为某航空公司违法解除劳动合同，诉至法院。

法院经审理认为，某航空公司是公共航空运输企业，具有较强的行业特殊性。因公共航空运输涉及不特定人民群众的公共安全，航空公司负有高度的安全责任，故某航空公司实行更加严格的规章制度和管理规范具有合理性。郭某自拍行为的发生时间属于飞行值勤期内，在值勤期内从事私人事务，违反其应履行的保障客舱安全的职责。虽然最终该班次没有出现安全问题，但出于航班安全管理至上的需要，该行为不可容忍。且以郭某的身份在朋友圈公开发布不雅照片，有损社会风气和公序良俗，违背空乘人员的行为规范和损害职业形象，必然造成不良的社会示范效果，影响社会公众对某航空公司安全声誉的信任。故认定某航空公司以郭某严重违反规章制度为由解除劳动关系是依法行使管理权的体现，不构成违法解除。

✒ 案例点评

航空公司作为负责人民群众出行安全的特殊企业，对影响飞行安全的行为持"零容忍"的态度具有合理性。本案以维护民航安全、保障人民群众生命安全的价值取向为出发点，认定郭某工作期间从事私人事务违反安全职责，某航空公司解除合同的行为为合法。另外，虽然郭某本身不属于公众人物，但因其工作属性需面对一定数量的社会大众，其个人形象、言行举止均会对其工作和社会大众造成较大影响。具有一定社会公众关注度的岗位人员在职务履行中应更加自律，自觉约束自身言行，遵守公序良俗，以免对公众造成不良的影响。

资料来源：广州市法院、市总工会联合发布新业态劳动争议典型案例[EB/OL].（2022-04-29）[2024-05-19].https://mp.weixin.qq.com/s/GoHWGLMeA7HQhNPQKWrj3Q。内容有修改。

（二）用人单位

用人单位是指依法招用和管理劳动者，与劳动者签订劳动合同，并按照法律规定或劳动合同的约定向劳动者提供劳动条件、劳动保护和支付劳动报酬的组织，主要包括中华人民共和国境内的企业、个体经济组织、民办非企业单位等经济组织，在一定情况下，还包括国家机关、事业单位、社会团体等组织。《劳动合同法实施条例》进一步规定，依法成立的会计师事务所、律师事务所等合伙组织和基金会，以及依法取得营业执照或者登记证书的用人单位设立的分支机构，都属于劳动合同法规定的用人单位。

1. 企业

国家统计局、国家市场监督管理总局印发《关于市场主体统计分类的划分规定》的通知（国统字〔2023〕14号）规定，企业包括内资企业，港澳台投资企业和外商投资企业。其中，内资企业分为有限责任公司、股份有限公司、非公司企业法人、个人独资企业、合伙企业和其他内资企业。有限责任公司包括登记注册为"内资公司有限责任公司（国有独资）""内资公司有限责任公司（外商投资企业投资）""内资公司有限责任公司（自然人投资或控股）""内资分公司有限责任公司分公司（国有独资）"等类型的市场主体。根据相关属性，将有限责任公司进一步划分为国有独资公司、私营有限责任公司和其他有限责任公司。港澳台投资企业包括登记注册为"港、澳、台投资企业有限责任公司""港、澳、台投资企业股份有限公司"和"港、澳、台投资企业非公司"等类型的市场主体。根据相关属性，将港澳台投资企业进一步划分为港澳台投资有限责任公司、港澳台投资股份有限公司、港澳台投资合伙企业和其他港澳台投资企业。外商投资企业包括登记注册为"外商投资企业有限责任公司""外商投资企业股份有限公司""外国（地区）公司分支机构""外资集团"等类型的市场主体。根据相关属性，将外商投资企业进一步划分为外商投资有限责任公司、外商投资股份有限公司、外商投资合伙企业和其他外商投资企业。

企业设立的分支机构，如果依法取得了分支机构的营业执照，因其具有一定的资产和经营能力，且具有相对独立的法律地位，故可以作为劳动人事争议仲裁的主体。

2. 个体经济组织

个体经济组织是指依法经工商行政管理部门核准登记，并领取营业执照，从事生产、经营活动的个体单位（一般雇工在七人以下），主要是个体工商户。

3. 民办非企业单位

根据国务院颁布的《民办非企业单位登记管理暂行条例》规定，所谓民办非企业单位，是指企业事业单位、社会团体和其他社会力量以及公民个人利用非国有资产举办的，从事非营利性社会服务活动的社会组织。在我国现行体制下，民办非企业单位与社会团体、基金会一样，其实质均为民间组织的一种形式。民办学校、民办幼儿园、民办福利院等属于民办非企业单位。

4. 国家机关

国家机关是指从事国家管理和行使国家权力的机关，包括国家元首、权力机关、行政机关、审判机关、公安机关、检察机关和军事机关。

5. 事业单位

事业单位是指国家为了社会公益目的，由国家机关举办或者其他组织利用国有资产举办的从事教育、科研、文化、卫生等活动的社会服务组织。

6. 社会团体

根据《社会团体登记管理条例》第二条规定，社会团体是指中国公民自愿组成，为实现会员共同意愿，按照其章程开展活动的非营利性社会组织。国家机关以外的组织可以作为单位会员加入社会团体。

7. 其他

《劳动合同法实施条例》第四条规定："劳动合同法规定的用人单位设立的分支机构，依法取得营业执照或者登记证书的，可以作为用人单位与劳动者订立劳动合同；未依法取得营业执照或者登记证书的，受用人单位委托可以与劳动者订立劳动合同。"依法取得营业执照或者登记证书的分支机构属于《中华人民共和国民事诉讼法》（以下简称《民事诉讼法》）第五十一条规定的其他组织，是指合法成立、有一定的组织机构和财产，但又不具备法人资格的组织。根据 2022 年 4 月 10 日施行的《最高人民法院关于适用〈中华人民共和国民事诉讼法〉的解释》第五十二条规定，民事诉讼法第五十一条规定的其他组织包括：

（1）依法登记领取营业执照的个人独资企业。

（2）依法登记领取营业执照的合伙企业。

（3）依法登记领取我国营业执照的中外合作经营企业、外资企业。

（4）依法成立的社会团体的分支机构、代表机构。

（5）依法设立并领取营业执照的法人的分支机构。

（6）依法设立并领取营业执照的商业银行、政策性银行和非银行金融机构的分支机构。

（7）经依法登记领取营业执照的乡镇企业、街道企业。

（8）其他符合本条规定条件的组织。

依法取得营业执照或者登记证书的分支机构具有用工主体资格，可以作为用人单位与劳动者订立劳动合同，可以直接作为劳动合同中的用人单位。

未依法取得营业执照或者登记证书的分支机构，只能受用人单位委托与劳动者订立劳动合同，即劳动合同中的用人单位只能是设立该分支机构的单位，不能将分支机构直接列为用人单位。

另外，会计师事务所、律师事务所、各类基金会等也可作为劳动合同中的用人单位。

以案说法 1-3

某传媒公司诉李某劳动争议案
——依法认定网络主播的劳动关系主体地位

2019 年 6 月，某传媒公司与李某签订艺人签约独家经纪合同，约定李某为该公司的签约艺人，李某每天工作 8 小时，在钉钉打卡考勤，根据公司安排完成短视频的拍摄，公司每月向李某发放"工资"，并按公司规定比例分配收益。后李某提起劳动仲裁，主张确认劳动关系及要求某传媒公司支付经济补偿。

深圳市中级人民法院经审理认为，某传媒公司对李某实行考勤管理，决定李某的工作内容、工作步骤、工作成果的展示方式，拥有李某的工作成果，同时对收益分配进行了规定，向李某发放工资。李某遵守公司的各项规章制度，对工作内容、步骤、成果等都没有决定权、控制权和主动权，其工作构成了传媒公司的业务组成部分。双方实际履行的内容符合劳动关系的法律特征，遂判决双方构成劳动合同关系。

案例点评

网络主播虽为新业态从业者，但仍可从劳动关系的基本特征来认定是否构成劳动关系。本案从双方之间是否具有人格从属性、经济从属性来分析双方是劳动关系还是其他关系，为界定网络主播劳动关系的认定提供了示范作用，有利于保障网络主播享有的合法权益。

资料来源：广东法院劳动争议十大典型案例 [EB/OL].（2022-04-28）[2024-05-19].https://www.gdcourts.gov.cn/gsxx/quanweifabu/anlihuicui/content/post_1047443.html。内容有修改。

三、劳动法律关系的内容

（一）劳动权利与劳动义务

1.劳动权利

劳动权利是指劳动法主体依法能够为一定行为和不为一定行为或者要求人为一定行为和不为一定行为，以实现其意志或者利益的可能性。其内涵有：

（1）在劳动法规定的范围内，权利主体有权作出一定行为（包括作为和不作为），以实现其意志和利益。

（2）在劳动法规定的范围内，权利主体有权要求对方作出一定行为（包括作为与不作为），以保证实现或不影响实现其意志和利益。

（3）在劳动法规定的范围内，权利主体因对方的行为而使其权利不能实现或受到侵害时，有权请求国家有关机关予以保护。

2.劳动义务

劳动义务是指劳动法主体根据法律规定，为满足权利主体的要求，在劳动过程中履行某种行为的必要性。它说明：

（1）义务主体要依据法律作出一定行为（包括作为与不作为），以保证国家利益和权利主体的权利得以实现。

（2）义务主体应自觉履行法定义务，如不履行或不完全履行，则要受到法律的制裁。

（二）劳动者的基本权利

《劳动法》第三条规定："劳动者享有平等就业和选择职业的权利、取得劳动报酬的权利、休息休假的权利、获得劳动安全卫生保护的权利、接受职业技能培训的权利、享受社会保险和福利的权利、提请劳动争议处理的权利以及法律规定的其他劳动权利。""劳动者应当完成劳动任务，提高职业技能，执行劳动安全卫生规程，遵守劳动纪律和职业道德。"据此规定，我国劳动者的基本权利可以概括为以下七个方面。

1.劳动权

劳动权是指具有劳动能力、达到法定就业年龄的劳动者有获得劳动机会的权利，它主要包括获得工作权、自由择业权和平等就业权。

获得工作权，首先，意味着一切有劳动资格和意愿的劳动者均有获得劳动机会的权利；其次，国家有义务通过各种途径创造就业条件，帮助劳动者就业；最后，任何用人单位不得滥用解雇权。

自由择业权和平等就业权的规定，标志着劳动是自由的，是否就业、从事何种职业，均由劳动者自己选择，对不愿意就业的劳动者不得加以强迫；同时，每名劳动者参加劳动的机会也是平等的，在平等的基础上竞争，不允许任何人以任何方式妨碍公民就业。劳动者就业不因民族、种族、宗教、信仰不同而受歧视，妇女享有与男子平等就业的权利。

2. 劳动报酬权

劳动报酬权是指劳动者参加社会劳动，按其劳动的数量和质量，从用人单位取得报酬的权利。通过劳动取得报酬，是劳动者的一项重要劳动权利，其内容包括报酬协商权、报酬请求权和报酬支配权。

3. 劳动保护权

劳动保护权是指劳动者在劳动过程中，其生命安全与身体健康依法受到保护的权利。劳动者劳动保护权的实现主要靠用人单位全面履行义务，具体内容如下：

（1）用人单位必须按照国家劳动安全卫生规程标准，配备劳动安全设施和发放劳动保护用品。

（2）用人单位必须依法给予女职工和未成年工以特殊的劳动保护。

（3）用人单位有责任对全体职工进行全面的安全生产教育，并建立健全安全生产管理制度。

（4）经劳动能力鉴定委员会确认，用人单位劳动卫生条件极为恶劣，以致危害劳动者身体健康的，劳动者有权拒绝投入生产劳动，直到劳动条件得到改善。

（5）因劳动安全卫生条件差，致劳动者伤、残或患职业病的，用人单位有义务负责给予治疗，并承担由此而产生的一切费用。

（6）用人单位有责任在发展生产的基础上不断改善劳动条件和提高劳动保护标准。

此外，休息权也属于广义的劳动保护权范畴。休息权是指劳动者经过一定时间的劳动之后，获得充分的休息的权利。《宪法》第四十三条规定，"中华人民共和国劳动者有休息的权利"。劳动法统一规定了劳动者公休假日、法定节日、年休假等休假制度，并对用人单位随意安排加班加点工作作了严格的限制。国家要在发展生产的基础上，逐步增设疗养院、休养院、文化宫、俱乐部、运动场、图书馆等，使劳动者的休息权能获得更加丰富和全面的保障。

4. 职业技能培训权

职业技能培训权是劳动者有要求接受职业技能的教育和训练的权利，并可根据这一权利享受相应的待遇的权利。目前从劳动者接受职业技能培训的内容来看，其主要有：

（1）就业前的劳动者有权通过各种途径使自己获得专业知识和技能，从而为就业创造条件，国家鼓励和帮助劳动者实现这一权利。

（2）在职劳动者有权利用业余时间参加各类学校学习，以丰富自身的科学文化知识和提高专业理论水平，用人单位应对职工学习给予鼓励和支持。

（3）有条件的单位应根据实际需要有计划、多渠道地加强对整个职工队伍知识、技能方面的训练，以适应现代化生产过程的要求。

5. 生活保障权

生活保障权亦称享受社会保险权或物质帮助权，是指劳动者暂时或永久丧失劳动能力时，有权依法获得物质帮助，以保证劳动者在生、老、病、死、伤、残等情况下，本人及其直系亲属的生活需要。《宪法》第四十五条规定，"中华人民共和国公民在年老、疾病或者丧失劳动能力的情况下，有从国家和社会获得物质帮助的权利"。这就为劳动者的生活保障权提供了法律依据。劳动者的生活保障权，体现在我国劳动制度中的有退休保险待遇、疾病保险待遇、工伤保险待遇、失业保险待遇及生育保险待遇上。

6. 结社权与集体协商权

结社权是指狭义的团结权，我国现行法律中规定了劳动者的结社权与集体协商权。宪法没有明确规定劳动法意义上的结社权，只是从公民基本权利的角度宽泛地规定了公民的结社权，但是从法律层面上，即在《劳动法》和《中华人民共和国工会法》（以下简称《工会法》）中具体确认了劳动者的结社权与集体协商权。集体协商权是指代表劳动者的工会代表与雇主或雇主组织的代表进行谈判协商，从而签订有关劳动条件的集体协议（合同）的权利。

7. 合法权益保护权

合法权益保护权亦即提请劳动争议处理权，是指劳动者有权在自己的合法权益受到侵害时，通过申请调解、提请仲裁和提起诉讼，排除侵害行为，并使由此而受到的损失得到补偿的权利。

（三）用人单位的权利

1. 招收录用职工权

用人单位有权依照国家规定和本单位需要择优录用职工，并有权自主决定招工方式、招工数量、招工条件和招工时间。

2. 合理组织调配权

用人单位有权根据自身的生产规模、生产特点，自行决定内部机构设置和人员配备。

3. 劳动报酬分配权

用人单位有权制定本单位的工资形式及奖金、津贴的分配办法；有权组织各种形式的考核以确定职工的工资级别和等级标准；有权通过民主程序制定职工工资晋升条件、标准和时间。

4. 劳动奖惩权

用人单位有权依法制定和实施劳动规章制度，有权决定奖惩条件和奖惩办法。

5. 辞退职工权

用人单位有权按照劳动法规定的条件和程序，通过解除劳动合同的方式来实现辞退职工权。

四、劳动法律关系的客体

劳动法律关系的客体是指劳动法律关系主体双方的权利与义务共同指向的对象，具体而言，是共同指向的劳动活动。

对劳动者来说，劳动法律关系的客体即劳动者通过用人单位组织的各种各样的劳动活动，实现劳动权利与履行劳动义务，为国家和社会创造物质财富和精神财富。

对企业、事业单位、国家机关、社会团体、个体经济组织等单位来说，劳动法律关系的客体即通过组织劳动，合理配置劳动力资源，提高劳动生产率，发展经济，并在发展经济的基础上提高劳动者的生活水平。

第三节 劳动法律关系的产生、变更和消灭

一、劳动法律关系产生、变更和消灭的概念

劳动法律关系的产生是指劳动法主体之间为实现一定的劳动过程，依照劳动法规，通过签订劳动合同而设立的劳动权利与劳动义务关系。

劳动法律关系的变更是指劳动法主体间已经形成的劳动法律关系，由一定的客观情况的出现而引起法律关系中某些要素的变化。如某职工提出要求调换工作，征得所在单位的同意，从而引起劳动权利和劳动义务的变更。

劳动法律关系的消灭是指劳动法主体之间的劳动法律关系依法解除或终止，亦即劳动权利和劳动义务的消灭。

以案说法 1-4

合伙人与合伙企业之间是否构成劳动关系？

某中心系普通合伙企业，原合伙人为张某某、杨某某。2014 年 11 月 28 日，张某某、杨某某与谢某云、谢某龙签订合作协议书，约定杨某某退出合伙，谢某云、谢某龙加入合伙。2014 年 12 月 2 日，某中心变更合伙人为张某某、谢某云、谢某龙，执行事务合伙人登记为张某某。同日，张某某与某中心签订了书面劳动合同，合同约定张某某在管理、生产岗位从事销售、技术等工种工作，劳动报酬为每月税后 7000 元。该劳动合同签订时，某中心的公章由张某某掌控。2017 年 10 月 7 日，张某某在未经其他合伙人同意的情况下，将企业公章、财务章、发票章、法人章收回，由自己保管。2017 年 10 月 11 日，谢某云、谢某龙形成除名决议书一份，以张某某未经其他两名合伙人允许偷偷自营等为由决定将张某某予以除名。后某中心重新补办了相关公章及证照并于 2018 年 10 月 26 日变更执行事务合伙人为谢某云，为张某某办理了停保手续。后张某某经仲裁诉至法院，要求某中心支付违法解除合同的赔偿金。法院认为，张某某虽于庭审中提供了双方之间的劳动合同，但张某某在该劳动合同订立时为某中心的执行事务合伙人并实际掌控企业公章，因此该劳动合同并不能体现张某某与某中心达成劳动用工的合意。张某某被某中心除名后占据企业公章及相关证照拒不归还，未为某中心提供劳动。因此，张某某既未与某中心达成劳动用工的合意，也未实际履行劳动义务，双方之间不构成劳动关系，不予支持张某某基于劳动关系要求某中心支付违法解除

劳动关系赔偿金的诉讼请求。

◆ 案例点评

本案中，张某某作为合伙人，基于利益共享、责任共担等原则，其在合伙企业中无论从事何种工作均是执行合伙事务的一种表现形式，即便在此过程中额外付出了劳动，这种劳动也是在为自己服务，是为自身谋取利益的行为，具有更多的自主性，欠缺劳动关系之从属性这一核心要件。因此，在合伙关系存续期间，即便张某某与某中心签订了书面劳动合同，其与合伙企业之间也不存在劳动法意义上的人身依附性及隶属性的关系，不应当认定存在劳动关系。即使被除名后，张某某也仅仅从身份上排除了其成为劳动者的障碍，是否能够建立劳动关系最终还是要以从属性作为判断标准。

资料来源：一些新类型案件成为关注热点——市中院发布 2019 年度劳动争议十大典型案件[EB/OL].（2020-04-28）[2024-05-19].https://mp.weixin.qq.com/s?__biz=MzA5OTIwMDMyNg==&mid=2656210614&idx=1&sn=0a4e585ebd67ac24ad2fa33fef36be74&chksm=8b23d29fbc545b895101ac011c76b1712a1c4a7dbcd9b8b4c6aa3bd15abb3c4975dbc67cf727& scene=27。内容有修改。

二、法律事实

劳动法律关系的产生、变更和消灭都是由一定的法律事实引起的。劳动法律规范、法律事实和劳动法律关系之间的关系是：劳动法律规范是确认法律事实的依据；法律事实是引起劳动法律关系产生、变更、消灭的原因；劳动法律关系则是劳动法律规范规定范围内法律事实的结果。

三、法律事实的分类

能够引起劳动法律关系产生、变更和消灭的法律事实是多种多样的，按照它们的发生是否以行为人的意志为转移，可以分为行为和事件两大类。

（一）行为

行为是指以人的意志为转移并引起法律关系产生、变更和终止或消灭的人的意志活动，包括作为与不作为。按照行为的性质，可以将其分为劳动法律行为、仲裁行为和司法行为。

（二）事件

事件是指不以人的意志为转移的客观现象，如自然灾害、人体伤残、疾病、死亡、破产等。它们在一定条件下能够引起劳动法律关系的变更或消灭，因而是法律事实。实践中应当明确以下两点：

（1）产生劳动法律关系的法律事实，只能是双方当事人一致的合法意思表示的劳动法律行为，即合法行为。单方的意思行为和违法行为，都不可能产生劳动法律关系。

产生劳动法律关系的法律事实与产生民事法律关系的法律事实不同。产生民事法律关系的法律事实既可以是双方意思表示一致的合法行为，也可以是单方的意志行为，还可以是违法行为。例如，立遗嘱行为可以引起财产继承的民事法律关系，损坏他人财产的行为可以引起损害赔偿的民事法律关系。而劳动法律关系产生的根据，只能是劳动者和用人单位之间的合法行为。

（2）变更、消灭劳动法律关系的法律事实，既可以是双方或单方的合法行为，也可以是违法行为。此外，事件也能引起劳动法律关系的变更或消灭。

📚 本章小结

（1）劳动法是调整劳动关系以及与劳动关系有密切联系的其他社会关系的法律规范的总称。狭义的劳动法仅指《劳动法》。广义的劳动法包括劳动法律、劳动行政法规、劳动行政规章、地方性劳动法规和规章，以及具有法律效力的其他规范性文件、关于劳动法的司法解释等。劳动法的调整对象包括劳动关系和与劳动关系有密切联系的某些关系。

（2）劳动法律关系是指劳动者与用人单位之间，在实现劳动过程中依据劳动法律规范而形成的劳动权利与劳动义务关系。劳动法律关系的主体，主要包括劳动者和用人单位；劳动法律关系的客体，是指劳动法律关系主体双方的权利与义务共同指向的对象，具体而言，是共同指向的劳动活动。

（3）劳动法律关系的产生是指劳动法主体之间为实现一定的劳动过程，依照劳动法规，通过签订劳动合同而设立的劳动权利与劳动义务关系；劳动法律关系的变更是指劳动法主体间已经形成的劳动法律关系，由一定的客观情况的出现而引起法律关系中某些要素的变化；劳动法律关系的消灭是指劳动法主体之间的劳动法律关系依法解除或终止。劳动法律关系的产生、变更和消灭，都是由一定的法律事实引起的。

本章习题

一、单项选择题

1. 现行《劳动合同法》于（　　　）开始实施。

A. 1995 年 1 月 1 日
B. 2007 年 6 月 29 日
C. 2008 年 1 月 1 日
D. 2008 年 9 月 18 日

2. 下列属于劳动关系的是（　　　）。

A. 公务员和政府机构
B. 钟点工与雇主
C. 雇员与公司
D. 雇工与个人承包包工头

3. 劳动法律关系产生的标志是（　　　）。

A. 劳动者到用人单位参加劳动

B. 用人单位与劳动者依法签订劳动合同

C. 用人单位为劳动者发放劳动报酬

D. 用人单位为劳动者缴交社会保险费

4. 《劳动法》规定除文艺、体育和特种工艺单位依照国家规定履行审批手续外，一般最低就业年龄为（　　　）周岁。

A. 14　　　　　B. 15　　　　　C. 16　　　　　D. 18

二、多项选择题

1. 劳动法的调整对象包括（　　　）。

A. 劳动关系

B. 劳动者

C. 与劳动关系密切联系的某些关系

D. 用人单位

2. 下列属于劳动法的主体适用范围的是（　　　）。

A. 中华人民共和国境内设立的企业、个体经济组织、民办非企业单位

B. 国家机关、事业单位、社会团体

C. 公务员、现役军人、家庭保姆

D. 公司职员

3. 下列关于劳动法律关系的说法，正确的是（　　　）。

A. 劳动法律关系就是劳动关系

B. 劳动法律关系的主体包括劳动者和用人单位

C. 劳动法律关系的客体即是劳动活动

D. 劳动法律关系的产生、变更和消灭都是由一定的法律事实引起的

三、案例分析题

周某于 2010 年 11 月至 2011 年 7 月在某工地干活，受自然人林某（包工头）直接管理及安排工作，林某与周某约定每日的工资标准，并由林某直接发放工资。自 2011 年 2 月以来，林某一直拖欠周某工资共 21115 元，并写下署名为林某的欠条。经周某多次催要，林某拒不支付，无奈之下周某向劳动争议仲裁委员会提起仲裁申请，要求林某支付拖欠工资并支付未缴纳的社会保险补偿金。

请根据上述事实分析：

1.周某与林某之间是劳动关系吗？（　　　）

A．是　　　　　B．不是　　　　　C．不一定

2.本案中的林某（包工头）能够作为用人单位吗？（　　　）

A．能　　　　　B．不能　　　　　C．不一定

3.劳动争议仲裁委员会会受理此案件吗？（　　　）

A．会　　　　　B．不会　　　　　C．不一定

4.该建筑工地的承包商或发包人是否对拖欠周某工资承担连带责任？

（　　　）

A．是　　　　　B．不是　　　　　C．不一定

第二章
人事关系概论

🎯 **学习目标**

认知目标 ✖️

　　准确界定人事关系的概念和事业单位人事关系的概念，阐述人事关系的性质，举例说明人事关系与劳动关系的区别。

技能目标 💡

　　结合实际情境，能准确区别聘用合同与劳动合同，阐述人事关系与聘用关系之间的关系。

📢 **引导案例**

吕某属于国家工作人员吗？

　　吕某于 2004 年 5 月进入上海市某街道社区卫生服务中心担任网络管理员，2008 年 8 月成为该街道社区卫生服务中心的正式职工。该街道社区卫生服务中心是由上海市某区卫生局举办的差额拨款形式的国有事业单位。2006—2010 年，吕某利用职务便利，在负责为单位采购计算机及相关配件的业务中，多次收受供货单位贿赂共计 14 余万元；在负责管理本单位医药信息的过程中，擅自对外提供医生药品用量等信息并收受医药销售代表的贿赂款共计 2 万余元。2011 年 4 月 19 日，吕某主动向所在单位投案，如实供述受贿犯罪事实，主动向法院退还赃款 10 万元。

一审法院经审理认为，吕某身为国家工作人员，利用职务上的便利，非法收受他人财物，为他人谋取利益，其行为已构成受贿罪。一审宣判后，吕某提出上诉，称其作为单位的网络管理员，从事的是劳务活动，而非公务活动，故其不属于国家工作人员，不构成受贿罪。上海市中级人民法院于 2012 年 2 月裁定驳回上诉，维持原判。

◆ 案例点评

本案焦点在于能否认定吕某是国家工作人员。根据《中华人民共和国刑法》(以下简称《刑法》)第九十三条规定以及《全国人民代表大会常务委员会关于〈中华人民共和国刑法〉第九章渎职罪主体适用问题的解释》："虽未列入国家机关人员编制但在国家机关中从事公务的人员，在代表国家机关行使职权时，有渎职行为，构成犯罪的，依照刑法关于渎职罪的规定追究刑事责任。"可见，国家工作人员的本质特征是从事公务，认定是否是国家工作人员也应当以是否从事公务为依据。本案中，能否认定吕某为国家工作人员吕某在事业单位中履行了对国有资产的管理及对公共事务的监督职责，从事的活动具有公务性质，应当将其认定为国家工作人员。

资料来源：社区卫生服务中心网管员受贿罪的认定——上海二中院判决吕某受贿案 [N/OL].（2012-05-24）[2018-10-18].http://rmfyb.chinacourt.org/paper/html/2012-05/24/content_45270.htm。内容有修改。

第一节　人事关系概述

在我国干部组织人事工作中，人事关系是一个使用率极高的词语，但无论是在理论研究中，还是在实务中，人们似乎从来就没有探究过它的内容、属性等到底是什么。在实践中，人事关系到底是什么，已成为无法回避的重要问题。

一、人事关系的概念

人事关系是公职人员与公共部门之间建立的一种特殊的劳动关系，也是公职人员与其工作机构之间发生的一种组织关系。这种关系受法律与行政的双重调节。

当人事关系受到国家一系列人事法规调整时，便形成了人事法律关系，即法律上的权利和义务关系。因此，人事关系严格地讲应该是指人事法律关系。这种法律关系的内涵，并不是单指一般的权利和义务关系，还包含了非权利和义务关系。

人事法律关系由主体、内容、客体三个要素构成。主体指人事法律关系的参与者，在我国人事法律关系中，主体为公职人员和公共机构；内容指人事法规规范加以规定的主体之间的权利和义务，即公职人员与公共机构之间形成的权利和义务关系；客体指人事法律主体之间权利和义务指向的对象。客体又分为物和行为两类，如职位或岗位、录用或聘用、考核、任免、晋升、竞聘、奖励、惩戒、培训、调配、回避、工资福利、辞职或辞聘、辞退与解聘、退休、申诉控告、争议处理等。

人事法律关系的产生、变更和消灭必须以法律事实为根据。法律事实可以分为行为与事件两类。其中，行为主要是指由人事法律规定，能够以人事关系主体的主观意志及其外在表现引起人事法律关系产生、变更或消灭的法律事实，如人事法律关系的产生要基于主体双方一致、合法的意思表示，个人符合用人要求，自愿参加竞聘或考试，用人单位予以任用或聘用，以及奖惩、调配、解聘等行为。事实指产生或具有法律后果的客观事实，通常包括时间、地点、事件发生过程等。

人事法律关系的变更或消灭表现为主体之间权利和义务的变化，这主要是基于主体双方一致、合法的意思表示而产生的某些行为或客观事件，如死亡、丧失工作能力等。在特定条件下，并非出自双方合法的意思表示，某些行为或事件也会成为人事法律关系变更或消灭的根据，如违法、违纪、违规等，从而使人事法律关系变更或消灭。

从管理上讲，人事关系的建立就意味着人事管理的产生。人事管理指公共机构对公职人员的职位或岗位、录用或聘用、考核、任免、晋升、竞聘、奖励、惩戒、培训、调配、回避、工资福利、辞职或辞聘、辞退与解聘、退休等事项所实施的一系列具体的管理活动。

二、事业单位的人事关系

事业单位的人事关系是工作人员与用人单位之间发生的一种特殊的劳动关系，是通过工作人员与事业单位双方签订聘用合同而成立的。2014 年 4 月

25 日国务院发布的《事业单位人事管理条例》（国务院令第 652 号），是我国首部系统规范事业单位人事管理的行政法规。该条例的颁布和实施，对于建立权责清晰、分类科学、机制灵活、监管有力、符合事业单位特点和人才成长规律的人事管理制度，建设高素质的事业单位工作人员队伍，促进公共服务发展，具有十分重要的意义。

人事关系具有双重的权利义务关系，即普通权利义务关系和特别权利义务关系。事业单位因人事关系对工作人员实施一系列人事管理，如岗位设置、公开招聘、竞聘上岗、聘用合同、考核培训、奖励处分、工资福利、社会保险、人事争议处理，以及法律责任等基本内容。工作人员因人事关系而履行公共服务的职责与义务，并接受单位管理。

事业单位人事关系的表现形式为聘用合同文本（这是人事关系的第一要件）、工资记载、党团组织关系介绍信、职称、奖惩令、有关人事管理表格等。此外，从单位管理的角度看，其外延形式还包括编制管理、工资计划、人事档案管理等。

由此可见，事业单位人事关系的行政色彩已有所淡化，例如，规定劳动者（广义的）与用人单位之间要通过平等协商建立人事关系，要实施绩效考核，实行以岗定薪、岗变薪变等，人事管理方式呈现多样化，开始引入合同管理。但无论在具体的管理方式上有什么变化，事业单位与工作人员建立的人事关系的性质并没有发生根本改变，即事业单位是公共部门，工作人员是公职人员，事业单位的功能是政府公共服务职能的延伸，其目标任务是为社会提供基本的社会公共产品和公共服务。

★ 以案说法 2-1

解除聘用合同的约定是否存在强制履行及其责任？

甲于 2005 年 7 月到 A 学校从事教师工作，并与 A 学校签订了 5 年期聘用合同。该合同第 18 条约定，甲提出解除本合同，应提前 30 天以书面形式通知 A 学校。若甲未能与 A 学校协商一致的，应当坚持正常工作，继续履行本合同；6 个月后甲再次提出解除本合同仍未能与 A 学校协商一致的，甲即可单方面解除本合同，并承担违约责任。该合同第 31 条约定，聘用合同未到期又不符合解除条件，单方解除聘用合同的，由责任人按实际损失承担经济赔偿责任，违约金数额按受聘人每月档案工资总额乘以造成损失的月数计算。

2006 年 1 月 12 日甲向 A 学校提交了请调报告。2006 年 2 月 17 日，A 学校对甲的请调报告作出了书面回复，告知甲 A 学校不同意其调动申请，其应按照合同约定立即回学校上班，继续履行聘用合同。甲自 2006 年 2 月未再到 A 学校上班，2006 年 2 月 20 日至 5 月 18 日期间 A 学校找其他教师代甲授课。

2006 年 3 月 2 日，A 学校以要求甲继续履行聘用合同、赔偿学校的经济损失为由向劳动人事争议仲裁委员会提出仲裁。甲不服裁决结果，向法院提起诉讼，要求判令解除双方的聘用合同。

✒ 案例点评

法院判决认为，甲与 A 学校签订的聘用合同是双方真实意思表示，未违反法律、行政法规的强制性规定，合法有效。甲与 A 学校签订的聘用合同已没有履行的可能，甲要求解除劳动关系的请求应予支持。甲在聘用合同未到期又不符合解除条件的情况下，单方解除聘用合同，按照聘用合同第 31 条约定：由责任人按实际损失承担经济赔偿责任，违约金数额按受聘人每月档案工资总额乘以造成损失的月数计算，现甲同意按照聘用合同约定的违约金数额进行赔偿，甲应自其实际违反约定之日起给付违约金。

资料来源：单方解除聘用合同的约定效力及后果 [EB/OL]. (2009-11-07) [2018-10-12].http://china.findlaw.cn/hetongfa/hetongfa/htjc/dfjcht/9712.html。内容有修改。

三、人事关系的性质

人事关系具有法律与行政的双重调节性质，即人事关系具有法律与行政双重调节的双重属性。

（一）人事关系要受一般劳动基本法调整

此处的"一般劳动基本法"指广义的劳动法。我国目前现有的劳动法与劳动合同法所指的"劳动者"范围较小，主要包括各类企业中的人员，以及国家机关、事业组织、社会团体中建立劳动关系的工勤人员。因而现有劳动法律所调整的主体范围较为狭窄。而"一般劳动基本法"所调整的应该是"为实现劳动过程而在劳动者与用人单位之间所发生的关系"。因此，这里的"劳动者"泛指公共部门与私人部门的全部劳动者，包括公务员、事业单位工作人员、法官、检察官、各类企业职工等均享有劳动者普遍的劳动权利与义务，这种普遍的劳动权利与义务在宪法、劳动法、法官法、公务员法、检察官法等法中均有表述。

《中华人民共和国法官法》（以下简称《法官法》）第四十三条和《中华人民共和国检察官法》（以下简称《检察官法》）第四十六条均规定：法官或检察官退休后，"享受国家规定的养老保险金和其他待遇"。

《公务员法》第十五条第三款规定，公务员享有"获得工资报酬，享受福利、保险待遇"的权利。

作为另一方，国家、单位也要履行以下普遍的主体义务：

《宪法》第二章规定：国家建立退休制度，创造劳动就业条件，加强劳动保护，改善劳动条件，提高劳动报酬和福利待遇，对公民进行必要的劳动就业训练，规定职工的工作时间和休假制度，发展公民所需要的社会保险、社会救济和医疗卫生事业等。

《劳动法》第四条规定："用人单位应当依法建立和完善规章制度，保障劳动者享有劳动权利和履行劳动义务。"第五条规定："国家采取各种措施，促进劳动就业，发展职业教育，制定劳动标准，调节社会收入，完善社会保险，协调劳动关系，逐步提高劳动者的生活水平。"

显然，在公共部门工作的公职人员，其人事关系均要通过这些"一般劳动基本法"所规定的原则进行调整，如公务员法、法官法、检察官法都充分体现了一般劳动基本法对人事关系所要求的基本调整原则。

但是，仅用一般劳动基本法原则来调整公共部门与公职人员之间产生的人事关系是不够的，由于公共部门受公法调整的特有性，公职人员与公共机构（用人单位）之间发生的人事关系还需要由行政法律关系来调整。而这种行政法律关系就体现为特别权力与义务关系。因此，人事关系还要受特别权力义务关系的调整。

（二）人事关系要受特别权力与义务关系调整

特别权力关系（又称特别权力义务关系）是指国家依特别的法律原因建立起来的一种权利义务关系，是相对一般权力关系（一般权力义务关系）而言的一个法学概念。一般权力关系是指国家或者公共团体与一般公民间最基本、最普遍的行政法律关系。这种关系通常以属地管辖为原则，受此管辖的公民在法律效力所及范围内，都要与国家发生一般权力关系，如民法、刑法适用范围内国家对公民发生的一般权力与义务关系。而特别权力关系则只是特定机构与特定区域（含机构、组织等）内的公民之间发生的关系，它必须受公法调整。这种关系在当事人之间须有一特定联结点才能发生，如行政机关与公务员之间的关系、事业单位与工作人员的关系，它们的档案或聘用合同就是特定的联结点。因为它们的关系受公法调整，属于公法上的特别法律关系，因而具有特权性质。

1. 特别权力关系的概念

特别权力关系又称为特别支配关系，是指行政主体基于特别的法律原因，为实现特殊的行政目标，在一定范围内对行政相对人具有概括（或不确定）的命令强制权力，而行政相对人负有服从义务的行政法律关系。这种关系包含以下几层意思：

（1）特别权力关系是一种行政法律关系，是在一般权力关系的基础之上进一步建立和发展起来的一种特殊的行政法律关系。

（2）特别权力关系的建立在于实现特殊的行政目标。如规定公务员必须履行政府行政管理的公务，事业单位要履行公共服务的责任和义务等。

（3）特别权力关系要遵守特别法律规定。特别权力关系以特殊法令加以规定，不适用一般的法律规范。如我国公务员适用公务员法，法官适用法官法，检察官适用检察官法。

（4）特别权力关系是以特定范围内的相对人为对象的，且相对人通常要具备一定的资格条件，如事业单位工作人员要签订聘用合同等。

（5）特别权力关系具有特殊的权利义务内容，而且这种义务是不确定的或概括性的，只要出于实施特别行政目的的需要，特别权力主体就可以要求其相对人履行特别义务。例如，为支援老少边穷地区教育、科技、卫生事业，以及抢险救灾等，国家有权要求事业单位及其工作人员履行其特别义务。

2. 特别权力关系的特点

（1）当事人地位不对等。

（2）相对人义务的不确定性。

（3）有特别规则。

（4）对于违反义务者，有权加以惩戒。

（5）在处理人事争议方面，传统的特别权力关系事项是排除司法审查的。随着民主法治观念的深入，特别权力关系受司法审查的趋势日益明显。

3. 特别权力关系的种类

目前，在我国特别权力关系主要有以下几种：

（1）行政机关与公务员的关系。

（2）事业单位与工作人员的关系。

（3）军队与服役军人的关系。

（4）其他关系。如基础教育中学校与学生之间的关系，强制戒毒机构与戒毒人员之间的关系，强制隔离时发生的医院与传染病人之间的关系等。而其他公共部门，如立法机构、司法机构与其工作人员的关系均类似于特别权力关系。

综上所述，人事关系是一种特殊的劳动关系，人事关系要受到一般劳动基本法与特别权力关系的双重调整或调节，即受法律与行政的双重调整或调节。

这种特殊的劳动关系，在《劳动合同法》第九十六条中有明确规定："事业单位与实行聘用制的工作人员订立、履行、变更、解除或者终止劳动合同，法律、行政法规或者国务院另有规定的，依照其规定；未作出规定的，依照本法有关规定执行。"这表明，调整事业单位人事关系的特别法规优于普通法。同时，最高人民法院在《最高人民法院关于事业单位人事争议案件适用法律等问题的答复》（法函〔2004〕30号）中也提到"人民法院对事业单位人事争议案件的实体处理应当适用人事方面的法律规定，但涉及事业单位工作人员劳动权利的内容在人事法律中没有规定的，适用《中华人民共和国劳动法》的有关规定"。这也表明人事关系是可以优先适用特别规定的。

第二节　人事关系与聘用关系、劳动关系

一、人事关系与聘用关系

从 2002 年起，我国事业单位开始大力推行人员聘用制，聘用制已经确定为我国事业单位的基本用人制度。"聘用关系"一词出现在《国务院办公厅转发人事部关于在事业单位试行人员聘用制度意见的通知》（国办发〔2002〕35号）和人事部《关于印发〈事业单位试行人员聘用制度有关问题的解释〉的通知》（国人部发〔2003〕61号）中。2014 年 4 月 26 日国务院发布《事业单位人事管理条例》（国务院令第 652 号），将岗位设置、公开招聘、竞聘上岗、聘用合同、考核培训、奖励处分、工资福利、社会保险、人事争议处理，以及法律责任作为基本内容，确立了事业单位人事管理的基本制度。那么人事关系与聘用关系之间是一种什么关系呢？

（一）聘用关系仅指使用关系

"聘用"是一个动词，它表示的是用人单位"愿意使用"相对人，是"使用"的动作表示。因此，聘用关系表示的是用人单位"使用"相对人的一种单纯状况，重在对"使用"这一状态的描述。换言之，聘用关系就是使用关系。

（二）聘用关系表明人事关系的建立

"聘用"或"使用"是人事关系发生的起点。聘用关系是对相对人与用人单位建立人事关系的肯定，是基于一般劳动基本法而发生的两个平等主体之间劳动权利和义务关系的描述。因此，对于事业单位的新进人员来说，聘用关系的建立表明了人事关系的建立，是人事关系成立的基础。

（三）聘用关系是人事关系的一部分

事业单位实行人员聘用制和岗位管理制度后，聘用关系侧重于表明人事关系的建立，而人事关系的内涵与外延均大大超过了聘用关系的内容。人事关系包含"特别权力关系"的调整内容，如对公益责任与义务的履行、行政性的奖惩，以及其他行政性的管理内容等。简言之，在事业单位人事管理中，人事关系大于聘用关系。

二、人事关系与劳动关系

（一）法律层面上的分析——事业单位人事关系与企业劳动关系的区别

1. 人事关系受公法调整，劳动关系受私法调整

事业单位属于社会公共部门，其工作人员属于公职人员范畴，公共性或公益性是事业单位区别于企业的一大特点。人事关系是事业单位与其工作人员发生的一种特殊的劳动关系，在这个关系的建立与持续中，不仅存在事业单位与工作人员的主体因素，还有政府主体因素的直接参与（在后面将做具体分析），因而自然属于公法调整范围。

一般的企业不是公共部门，其职工也不属于公职人员范畴。在企业劳动关系中，主体一般只有企业与职工双方，政府因素的参与只是间接的、外在的，因而其劳动关系基本上属于民商私法调整的范畴。

2. 人事关系受法律与行政的双重调整，劳动关系一般受法律调整

人事关系既要遵循一般的市场规则，又要遵循公共规则，即除了要受到一般劳动基本法的调整外，还要受到公共部门特有的直接行政利害关系的调整，如主管部门的各种直接性的行政管理，包括但不限于计划、编制、奖惩、审批、审查、备案、指令、指标等。

劳动关系一般受私法意义的法律调整，国家一般是按照市场规则（平等、独立、自由），通过法律来对其进行调整的。当然，劳动关系也要受一定的行政关系调整，但它属于非直接利害的国家行政监督或指导关系的调整，如劳动行政部门依法监督各类企业执行国家劳动法律、法规。不过，劳动行政部门与各类企业或劳动者之间不具有直接利害的行政法律关系。

3. 人事关系双方当事人法律地位不对等，劳动关系双方当事人法律地位基本平等

不可否认，人事关系在建立时，双方当事人（事业单位与聘用人员）的法律地位是平等的，如在招聘人员时。但建立人事关系后（进入单位后），在接受单位的人事管理过程中，双方当事人的法律地位是不对等的，不仅单位具有管理与领导的绝对优势，个人处于被管理与服从的地位。而且，单位或个人均要受到一定的行政管理与规范的约束，并且，还负有国家或政府指令的不确定履行公共服务的责任与义务。这种公共义务往往是强制性的。

劳动关系在建立与进行劳动管理的过程中，双方当事人的法律地位基本是平等的，当然，劳动关系建立后，双方地位也会呈不对等状态，但对劳动者而言，没有履行公共义务的责任。

4. 人事关系与劳动关系中单位的主体权利不同

人事关系中的单位主体在进行具体的人事管理中，其主体权利是不完整的，要较多地受到行政控制。

劳动关系中的单位主体在进行具体的人事管理中，具有较为完整的主体管理权，自主决定的管理事项多于人事管理。

根据以上分析，事业单位人事关系与企业劳动关系的不同之处，简言之，在于公法范畴、双重调节、主体多元（三方参与）、地位不对等。

（二）管理层面上的分析——人事管理与劳动管理（主要限于人事方面）的区别

由于事业单位人事关系与企业劳动关系的性质有所不同，即人事关系具有公共性，而劳动关系不具有公共性，故直接带来政府对事业单位人事管理与企业劳动（人事方面）管理的不同，这种不同集中体现在政府的作用上，可以概括为以下两个方面。

1. 在事业单位人事管理中，政府既具有管理的作用，也具有监督的作用

《事业单位人事管理条例》规定："事业单位人事管理，坚持党管干部、党管人才原则，全面准确贯彻民主、公开、竞争、择优方针。国家对事业单位工作人员实行分级分类管理。""国家建立事业单位岗位管理制度，明确岗位类别和等级。""事业单位根据职责任务和工作需要，按照国家有关规定设置岗位。岗位应当具有明确的名称、职责任务、工作标准和任职条件。""事业单位拟订岗位设置方案，应当报人事综合管理部门备案。"由此可见，政府直接参与事业单位的人事关系中，政府自然也要在事业单位的人事管理中发挥具体的管理与规范作用。

2. 在企业劳动（人事方面）管理中，政府一般仅发挥监督的作用

在企业的劳动关系中，政府的位置始终处于外围，政府并不进入具体的劳动（人事方面）管理环节。

（1）关于企业的情况。政府对企业劳动关系的参与是间接性的，主要侧重于监督的角度，因而政府并不直接参与具体的劳动人事管理中，企业在人力资源管理上基本拥有较大的自主管理权。这一点在劳动法与劳动合同法中均有明显的体现，尤其是在一些重要的企业人事管理环节上表现明显：①企业在用工上，具有完整的自主招工权利；②企业在劳动报酬的确定上，不仅具有自主决定权，还具有协调谈判机制，用人单位与劳动者可以协商确定具体劳动报酬；③企业有权根据经营情况进行较大规模的人员裁减。此外，根据企业特点，劳动法和劳动合同法还就竞业限制、劳动定额管理、加班补偿、集体合同、劳务派遣、非全日制用工、试用期工资标准、最低工资标准、用人单位解除劳动合同方式、工会作用等方面有具体规定。这些内容或不适用于事业单位的人事管理，或在人事管理中不构成主要问题。

政府对企业劳动（人事方面）的作用，主要体现在确立企业与职工双方的基本权利义务，监督企业执行基本的劳动制度，保护企业职工的合法权益等方面。

（2）关于事业单位的情况。与企业的情况相比，政府在事业单位人事管理方面的进入程度既关键又广泛，体现为国家对事业单位及其工作人员有特殊的义务要求，政府对事业单位有一套专门的管理体制，在一些重要的人事管理环节上，政府还要进行直接的规范与管理。

国家（政府）对事业单位及其工作人员有特殊的公共义务要求。事业单位及其工作人员有责任随时履行国家不特定义务，而且，这种义务的履行是强制性的，无条件的。国家不特定义务大致有三种情况：①在基本公共服务均等化的要求下，义务履行将是常规化的。如轮流、对口、定期派遣大量的教师、医务人员、科技人员前往欠发达地区，实施教育、医疗、科技公共服务等。②在突发公共事件时，国家有权要求事业单位工作人员，完成各种专业化的，甚至具有健康风险的处置任务。③涉及国家战略发展或国家长远利益所实施的特别项目，如航天技术研究、南极考察、北极考察等。

在管理体制上，政府对事业单位实行统一规范与分级分类管理相结合的管理体制。在我国，事业单位一般为各级政府所举办，因此，政府对它们的管理呈现出分级管理的特点，同时，鉴于事业单位的行业特点，又存在政府行业主管部门的管理。长期以来，人事综合管理部门与行业主管部门对事业单位实行在统一规范下的双重管理。这种管理体制于一般的企业是不存在的，也是不适用的。在某些重要的人事管理环节上，政府要直接参与规范与管理。

在岗位设置上，政府进行宏观控制。为了保证实现专业化的公共服务，并考虑到事业单位经费来自公共财政，政府要根据事业单位的功能、规格、规模、隶属关系，对事业单位岗位结构比例和最高等级进行控制：一是要规定岗位类别；二是要规定岗位等级；三是要求岗位要在规定的编制范围内设置。这种情况在企业是不存在的。

在人员招聘上，政府有程序控制。事业单位在招聘工作人员时，要受到政府的许多控制：一是要有政府相关部门批准的人员编制额；二是招聘岗位数额不能突破政府主管部门的核定额；三是招聘计划要经过政府主管部门的批准；四是拟聘人员要经过主管部门的批准或备案，才能进行聘用合同的订立，办理聘用手续，即在事业单位在招聘工作人员的招聘程序上，政府有较为严格的规范与管理；从人事关系的建立角度看，政府作用已经参与其中，并具有直接的利害行政关系。这种情况在企业是不存在的。

在工资报酬上，政府建有统一的收入分配制度。事业单位由于其经费主要来源于公共财政，分配收入自然要受到政府的严格控制。事业单位工作人员要执行国家统一的基本工资政策和标准，任何事业单位都不得违反国家规定，自行更改事业单位工资、福利以及保险政策。这种情况与企业相比差异巨大。

在聘用合同解除上，政府有一些特别规定。由于事业单位具有公共性或公益性，在某些特殊情况下，其工作人员是不能随意解除聘用合同的，对此，政府作出了一些特别规定：一是承担国家或省部级重点项目的主要技术负责人和技术骨干不得随意解除聘用合同；二是涉密岗位人员要按国家有关规定解除聘用合同；三是不使用经济手段解除聘用合同；四是一般不允许较大规模的裁减人员。

通过以上分析，政府在人事管理与企业劳动（人事方面）管理中的不同之处，简言之，为管理加监督，具体表现为义务要求、双重管理和环节控制。

第三节 聘用合同与劳动合同

党的十四大提出要按照机关、企业和事业单位的特点，建立分类管理的人事制度，1994 年劳动部下发的《劳动部关于全面实行劳动合同制的通知》（劳部发〔1994〕360 号），2002 年 7 月国务院办公厅颁布的《国务院办公厅转发人事部关于在事业单位试行人员聘用制度意见的通知》（国办发〔2002〕35 号），为全国事业单位推行聘用制提供了政策依据，聘用合同也由此出现。至此，在分类管理原则的指导下，我国企业、事业单位分别建立了各自独立的管理制度。聘用合同与劳动合同正是聘用制与劳动合同制的区别体现和标志。2014 年 4 月 26 日国务院发布《事业单位人事管理条例》（国务院令第 652 号），将岗位设置、公开招聘、竞聘上岗、聘用合同、考核培训、奖励处分、工资福利、社会保险、人事争议处理，以及法律责任作为基本内容，确立了事业单位人事管理的基本制度。

以案说法 2-2

高校毕业生就业协议书与事业单位聘用合同书的关系

王某于 2007 年 9 月与某医院签订了为期 3 年的事业单位聘用合同书。经单位同意，王某参加了研究生入学考试，2009 年 8 月考取了博士研究生，遂提交辞职申请，该医院也同意其辞职申请，但却拒绝为王某办理解除聘用关系手续和人事档案转移手续。于是王某向人事争议仲裁委员会申请仲裁，请求确认双方聘用关系解除，并裁令某医院为其办理档案关系和保险关系转移手续。而该医院辩称：医院与王某于 2007 年 5 月签订高校毕业生就业协议书，协议约定服务期为 5 年，未满服务期的每年需交纳 4000 元的违约金。因王某未按规定交纳违约金，导致其档案关系不能转出。该医院同时提出反请求：请求王某按就业协议的约定承担未满服务期而产生的违约金12000元。

案例点评

本案中王某是单位同意报考后才考取博士研究生，在聘用合同期内可以单方面提出解除聘用合同，且聘用合同中没有约定违约责任，因此，某医院在同意王某辞职即解除聘用合同后，双方不再存在人事关系，应及时办理解聘手续。人事争议仲裁委员会裁决双方聘用关系解除，医院为王某办理档案和社会保险关系的转移手续并驳回医院的反请求。

资料来源：就业协议中的服务期如何确定[EB/OL].https://www.baidu.com/link?url=1UTMcM5U-eYUX14TGMozpgAWw9BImrJxnQAA qiS7S5_ZfykOmrG8HOinB6CI2qbiv8S4BNrjAdBm-AI9qNK54a&wd=&eqid=e90c4b1f002b02160000000365f2a214。内容有修改。

在我国，聘用合同仅仅从形式上看，在许多方面与现有的企业劳动合同非常类似，签订聘用合同或劳动合同都标志着个体的人与用人单位建立起了人事或劳动关系，即标志着一种劳动法律关系的建立。但二者是有区别的，主要表现在以下几方面。

一、合同本身的法律性质不同

聘用合同调整的是政府对公共组织及其工作人员的人事管理行为和工作人员行为规范，属于公法调整的范畴。而企业劳动合同规范的是企业与劳动者之间的劳动关系，属于私法调整的范畴。

二、合同主体的权利与义务关系不同

企业劳动合同是纯粹的民事合同，合同中所规定的权利与义务对当事人来讲基本上是平等的。民事合同强调契约的自由性、合意性，一般不会发生不确定的权利与义务关系，即使发生，双方均可自由协调解决，解除合同。

事业单位及其工作人员要履行一定的公益责任或义务，因此，聘用合同在实际履行中权利与义务通常是不对等的。国家有权要求事业单位工作人员履行一定的公益性责任与义务，而且这种要求具有强制性，如果事业单位工作人员拒不履行，将会受到惩戒处置。此外，事业单位工作人员所从事的岗位工作，其性质本身也属于社会公益性质。一般来讲，企业职工是不承担公益责任的。

三、争议处理时审查的内容不同

由于聘用合同具有不同于劳动合同的特殊法律意义，在涉及人事争议时，对事业单位当事人权利与义务的审查，不仅要以聘用合同规定为依据，在特定情况下，还要对其进行特别规定，如对义务履行、专门规定条款等进行审查，而这些审查对于企业的普通劳动者是可以免除的。

四、用人单位的主体权利不同

企业在与劳动者签订劳动合同时具有较为完整的主体权利。而事业单位在与个人签订聘用合同时，表面上看具有完整的主体权利，但实际上这种权利是不完整的，主要表现在用人的许多环节上，事业单位的主体权利要受到政府的管控。

本章小结

（1）人事关系是公职人员与公共部门之间建立的一种特殊的劳动关系，也是公职人员与其工作机构之间发生的一种组织关系。人事法律关系由主体、内容、客体三个要素构成。人事法律关系的产生、变更或消灭，必须以法律事实为根据。

（2）事业单位的人事关系是工作人员与用人单位之间发生的一种特殊的劳动关系。事业单位的人事关系，其行政色彩已有所淡化，开始引入合同管理，规定劳动者（广泛意义的）与用人单位之间要通过平等协商建立人事关系。

（3）人事关系具有法律与行政的双重调节性质，即要受一般劳动基本法的调整和特别权利义务关系的调整。

（4）聘用关系表明人事关系的建立，是人事关系的一部分。

（5）人事关系与劳动关系的区别体现在两个层面：法律层面和管理层面。

（6）聘用合同与劳动合同既有联系又有区别。它们的区别主要体现在合同本身的法律性质、合同主体的权利与义务、争议处理时审查的内容和用人单位的主体权利等方面。

✍ 本章习题

一、单项选择题

1.人事关系是（　　）与公共部门之间建立的一种特殊的劳动关系。

A.劳动者　　　　B.公职人员　　　C.雇员　　　　　D.政府

2.标志事业单位人事关系成立的事件是（　　）。

A.事业单位发出任命文件

B.上级主管部门的调令

C.工作人员与事业单位签订聘用合同

D.事业单位接收工作人员的人事档案

3.从2002年起，我国事业单位开始大力推行人员（　　）。

A.合同制　　　　B.雇员制　　　　C.聘用制　　　　D.任命制

二、多项选择题

1.人事关系受（　　）的双重调节。

A.法律　　　　　B.政府　　　　　C.行政　　　　　D.法院

2.下列关于人事关系的说法，正确的是（　　）。

A.人事关系的建立就意味着人事管理的产生

B.人事关系要受一般劳动基本法的调整

C.人事关系要受特别权利义务关系调整

D.人事关系是公职人员与公共部门之间建立的一种特殊的劳动关系

三、案例分析题

刘某原是某研究院的职工，该研究院具有独立的事业法人资格，为了便于对外开展经营，该研究院经工商行政管理部门批准又领取了企业法人营业执照，刘某是该研究院的管理人员，具有正式的事业单位人员编制，而非该研究院的工勤人员。2003年2月，该研究院以刘某在2001年度、2002年度连续两年考核不合格为由对其作出了辞退决定。在该研究院批准对刘某予以辞退的审批手续中，有相应的人事部门加盖的印章。刘某不服上述处理决定，向劳动争议仲裁委员会提出申诉，劳动争议仲裁委员会未予受理。此后刘某向法院提起了诉讼，起诉要求：①撤销该研究院于2003年2月对其作出的辞退决定；②恢复其该研究院管理人员的职务及相应的工资福利待遇；③该研究院补发其工资福利待遇及其他直接经济损失10万元。

请问：

（1）刘某与该研究院之间形成的是劳动关系还是聘用关系？

（2）法院是否受理该案件？

第三章
劳动就业

🎯 **学习目标**

认知目标 ✖

叙述职业介绍的概念，说明童工的概念，复述劳动就业的概念，解释劳动就业的基本原则。

技能目标 ✖

依据实际需要，说明建立职业介绍机构需要具备的条件；结合实际情况，准确指出用人单位有哪些违反法律规定使用童工的情形。

📢 引导案例

闫某琳诉浙江 XLD 度假村有限公司平等就业权纠纷案

2019 年 7 月，浙江 XLD 度假村有限公司（以下简称 XLD 公司）通过 ZL 招聘平台向社会发布了一批人员招聘信息，其中包含了"法务专员""董事长助理"两个岗位。2019 年 7 月 3 日，闫某琳通过 ZL 招聘 App 软件针对 XLD 公司发布的前述两个岗位分别投递了求职简历。闫某琳投递的求职简历，其中户口所在地填写为"河南南阳"，现居住城市填写为"浙江杭州西湖区"。据杭州市杭州互联网公证处出具的公证书记载，公证人员使用闫某琳的账户、密码登录 ZL 招聘 App 客户端，显示闫某琳投递的前述"董事长助理"和

"法务专员"岗位在 7 月 4 日被查看，给出岗位不合适的结论，"不合适原因：河南人"。闫某琳因案涉公证事宜，支出公证费 1000 元。闫某琳向杭州互联网法院提起诉讼，请求判令 XLD 公司赔礼道歉，并支付精神抚慰金以及承担相关诉讼费用。

杭州互联网法院于 2019 年 11 月判决：XLD 公司赔偿原告精神抚慰金及合理维权费用损失共计 10000 元；向原告口头道歉并在《法制日报》公开登报赔礼道歉。宣判后，双方均提起上诉。杭州市中级人民法院于 2020 年 5 月判决驳回上诉，维持原判。

✐ 案例点评

平等就业权是劳动者依法享有的一项基本权利，闫某琳向 XLD 公司两次投递求职简历，均被 XLD 公司以"河南人不合适"为由予以拒绝，显然在针对闫某琳的案涉招聘过程中，XLD 公司使用了主体来源的地域空间这一标准对人群进行归类，并根据这一归类标准而给予闫某琳低于正常情况下应当给予其他人的待遇，即拒绝录用，可以认定 XLD 公司因"河南人"这一地域事由要素对闫某琳进行了差别对待。

《中华人民共和国就业促进法》第三条在明确规定"民族、种族、性别、宗教信仰等"法定禁止区分事由时使用"等"字结尾，表明该条款是一个不完全列举的开放性条款，即法律除认为前述四种事由构成不合理差别对待的禁止性事由外，还存在与前述事由性质一致的其他不合理事由，亦为法律所禁止。何种事由属于前述条款中"等"的范畴，一个重要的判断标准是，用人单位是根据劳动者的专业、学历、工作经验、工作技能以及职业资格等与"工作内在要求"密切相关的"自获因素"进行选择，还是基于劳动者的性别、户籍、身份、地域、年龄、外貌、民族、种族、宗教等与"工作内在要求"没有必然联系的"先赋因素"进行选择，后者构成法律禁止的不合理就业歧视。劳动者的"先赋因素"，是指人们出生伊始所具有的人力难以选择和控制的因素，法律作为一种社会评价和调节机制，不应该基于人力难以选择和控制的因素给劳动者设置不平等条件；反之，应消除这些因素给劳动者带来的现实上的不平等，将与"工作内在要求"没有任何关联性的"先赋因素"作为就业区别对待的标准，根本违背了公平正义的一般原则，不具有正当性。

XLD 公司以地域事由要素对闫某琳的求职申请进行区别对待，而地域事由属于闫某琳乃至任何人都无法自主选择、控制的与生俱来的"先赋因素"，在 XLD 公司无法提供客观有效的证据证明，地域要素与闫某琳申请的工作岗位之间存在必然的内在关联或存在其他的合法目的的情况下，XLD 公司的区分标准不具有合理性，构成法定禁止事由。故 XLD 公司在案涉招聘活动中提出与职业没有必然联系的地域事由对闫某琳进行区别对待，构成对闫某琳的就业歧视，损害了闫某琳平等地获得就业机会和就业待遇的权益，主观上具有过错，构成对闫某琳平等就业权的侵害，依法应承担公开赔礼道歉并赔偿精神抚慰金及合理维权费用的民事责任。

资料来源：指导案例 185 号　闫某琳诉浙江 XLD 有限公司平等就业权纠纷案 [EB/OL].（2022-07-06）[2024-05-19].https://www.court.gov.cn/fabu/xiangqing/364691.html。内容有修改。

第一节　劳动就业概述

一、劳动就业的概念

劳动就业是指具有劳动权利能力和劳动行为能力并有就业愿望的公民获得有报酬的职业的活动，具有以下特征：

（1）其主体必须是具有劳动权利能力和劳动行为能力的公民。

（2）在主观上必须有求职的愿望。如果在主观上不具有求职愿望，即使临时参加社会劳动，也不能算是就业，如在校学生的勤工俭学。

（3）必须获得劳动报酬或经营收入。

二、劳动就业的基本原则

（一）国家就业促进的原则

就业促进是指由国家采取的帮助公民实现劳动就业的一系列措施的总称。就业促进不仅是劳动就业权实现的内在要求，也是国家保障公民生存权的重要举措。国家就业促进的措施主要有：

（1）国家通过促进经济发展，创造就业条件，扩大就业机会。

（2）国家采取措施鼓励企业、事业组织、社会团体在法律、行政法规规定的范围内兴办产业或者拓展经营，增加就业。

（3）国家支持劳动者自愿组织起来就业和从事个体经营实现就业。

（4）国家建立和完善劳动就业的服务体系。建立以职业介绍、职业指导和就业训练为核心的就业服务体系，汇集劳动力流动和用人单位用工的需求信息，为劳动者和用人单位缔结劳动关系服务。

（二）劳动就业的市场原则

市场经济体制要求以市场作为劳动力资源配置的决定性手段，劳动力的开发、配置、使用，通过开放性、平等性和竞争性的劳动力市场进行。因此，我国整个劳动法律体系都是以劳动力市场机制为基础设计的。劳动者不仅在求职、就业、失业和转业等方面通过劳动力市场实现，而且其职业训练、劳动报酬等环节，也被全部纳入市场机制的运作之中，作为劳动力资源市场配置的核心环节。

坚持劳动就业的市场原则，其实质就是坚持用人单位与劳动者之间的双向选择。一方面，要给予用人单位充分的用工自主权，用人单位不仅有权随时从劳动力市场选择自己生产经营所需要的劳动者，而且可以依照法律的规定解除劳动关系，或解聘不合格的劳动者。另一方面，劳动者可根据自身的条件、兴趣、专长和爱好选择用人单位，可以根据自身情况的变化，通过劳动力市场的合理流动，重新选择用人单位或工作岗位。

（三）平等自主择业原则

1. 平等就业

平等就业是指我国公民不论其民族、种族、性别、宗教信仰的不同，均享有平等的获得就业机会的权利。《中华人民共和国就业促进法》（以下简称《就业促进法》）第三条规定："劳动者依法享有平等就业和自主择业的权利。劳动者就业，不因民族、种族、性别、宗教信仰等不同而受歧视。"

平等就业是国家对公民生存权平等保护的要求在劳动就业上的反映。平等就业客观上要求打破工人和干部、农村和城市的身份界限，冲破地区封锁，消除条块分割，在全国范围内形成统一的劳动力市场，建立劳动力平等就业的竞争机制，为公民将自己的劳动潜能最大化地释放于社会、服务于祖国建设事业提供条件。根据这项原则，用人单位：①不得在为劳动者提供就业机会或者在招工简章中，有关于对其民族、种族、性别、宗教信仰等方面的限制；②不得在劳动者所从事的职业范围方面有关于民族、种族、宗教信仰等方面的限制；③不得在劳动者所从事的专业范围，包括在就业前专业培训和中等专业以上学校学习时，有关于民族、种族、性别、宗教信仰等方面的专业限制等。

2. 自主择业

自主择业是指公民根据自己的意愿和才能，结合社会的需要自主地选择职业。《就业促进法》第二条规定："国家把扩大就业放在经济社会发展的突出位置，实施积极的就业政策，坚持劳动者自主择业、市场调节就业、政府促进就业的方针，多渠道扩大就业。"劳动者作为自身劳动力的所有者，有权根据自身的实力，通过平等竞争获得自己理想的职业和工作岗位，取得理想的经济利益。确立劳动者的自主择业权，不仅符合公民行使劳动权的价值取向，而且有利于调动公民劳动的积极性和主观能动性。劳动者平等就业和自主择业的原则表明凡是法律上没有限制的，用人单位不应当对劳动者作出职业限制的规定。

（四）男女就业权利平等原则

《劳动法》第十三条规定："妇女享有与男子平等的就业权利。在录用职工时，除国家规定的不适合妇女的工种或者岗位外，不得以性别为由拒绝录用妇女或者提高对妇女的录用标准。凡适合妇女从事的劳动岗位，用人单位不得以性别为由拒绝录用或者提高录用标准。"2019 年 2 月，人力资源社会保障部、教育部等九部门联合印发《关于进一步规范招聘行为促进妇女就业的通知》（人社部发〔2019〕17 号）进一步规范招聘行为，促进妇女平等就业。依据男女就业权利平等原则，用人单位必须做到以下几方面。

1. 向妇女劳动者提供与男性劳动者均等的就业机会

《就业促进法》第二十七条规定：国家保障妇女享有与男子平等的劳动权利。依照法律、法规规定，应当录用而拒绝录用妇女的，由其所在单位或者上级机关责令改正，并可根据具体情况，对直接责任人员给予行政处分。

2. 不得提高妇女劳动者的录用标准

《就业促进法》第二十七条规定：用人单位招用人员，除国家规定的不适合妇女的工种或者岗位外，不得以性别为由拒绝录用妇女或者提高对妇女的录用标准。用人单位录用女职工，不得在劳动合同中规定限制女职工结婚、生育的内容。

对于不适合妇女从事劳动的工种或岗位必须严格依据法律的规定来理解，不能由用人单位自行确定。《女职工劳动保护特别规定》（国务院令第 619 号）规定女职工禁忌从事的劳动范围：①矿山井下作业；②体力劳动强度分级标准中规定的第四级体力劳动强度的作业；③每小时负重 6 次以上、每次负重超过 20 公斤的作业，或者间断负重、每次负重超过 25 公斤的作业。

以案说法 3-1

劳动者违反计划生育政策，用人单位可以解除劳动关系吗？

张某在某学校担任生活老师，双方劳动合同约定"劳动者在履行劳动合同期间发生计划外生育的，用人单位可解除劳动合同"。2020 年 4 月 3 日，张某生育第三胎，卫健委认定属于超生。该学校以张某违反国家生育政策为由，依照合同约定解除和张某的劳动合同。张某认为该学校的解除行为违法，向仲裁委申请仲裁，要求其支付赔偿金。违反计划生育政策能否成为解除双方劳动合同的理由？

案例点评

劳动合同约定内容与现行法规、政策不符的，属无效约定，不能作为用人单位行使用工管理权的依据。本案中，学校参照劳动合同约定内容确定双方的权利义务关系，以违反计划生育为由解除与张某的劳动关系，不符合《广东省高级人民法院、广东省劳动人事争议仲裁委员会关于劳动人事争议仲裁与诉讼衔接若干意见》（2018 年 7 月 18 日粤高法发〔2018〕2 号）第十三条"用人单位以劳动者违反计划生育政策为由解除劳动合同的，应承担违法解除劳动合同的法律责任"之现行裁审意见，故裁决认定学校的解除行为属于违法解除，张某的仲裁请求应予支持。

资料来源：佛山市 2020 年度十大劳动争议案例 [EB/OL].（2021-02-01）[2024-05-19].http://hrss.foshan.gov.cn/gkmlpt/content/4/4695/mmpost_4695280.html#283。内容有修改。

（五）特殊就业群体就业保障原则

特殊就业群体是因特殊原因而在就业竞争过程中处于不利地位的人员的总称，具体包括妇女、残疾人、少数民族人员和退役军人。

1. 残疾人的就业保障

残疾人包括视力残疾、听力残疾、言语残疾、肢体残疾、智力残疾、精神残疾、多重残疾和其他残疾的人。我国不仅在《劳动法》《中华人民共和国残疾人保障法》（以下简称《残疾人保障法》）等法律中规定对残疾人就业实行特殊保护，对于法律、法规有特别规定的，从其规定。

《残疾人保障法》第三十一条规定："残疾人劳动就业，实行集中与分散相结合的方针，采取优惠政策和扶持保护措施，通过多渠道、多层次、多种形式，使残疾人劳动就业逐步普及、稳定、合理。"

我国对残疾人的就业保障措施有：①残疾人的集中安置。《残疾人保障法》第三十二条规定："政府和社会举办残疾人福利企业、盲人按摩机构和其他福利性单位，集中安排残疾人就业。"第三十六条第一款规定："国家对安排残疾人就业达到、超过规定比例或者集中安排残疾人就业的用人单位和从事个体经营的残疾人，依法给予税收优惠，并在生产、经营、技术、资金、物资、场地等方面给予扶持。国家对从事个体经营的残疾人，免除行政事业性收费。"②分散吸收残疾人就业。《残疾人保障法》第三十三条规定："国家实行按比例安排残疾人就业制度。国家机关、社会团体、企业事业单位、民办非企业单位应当按照规定的比例安排残疾人就业，并为其选择适当的工种和岗位。达不到规定比例的，按照国家有关规定履行保障残疾人就业义务。国家鼓励用人单位超过规定比例安排残疾人就业。残疾人就业的具体办法由国务院规定。"③鼓励、帮助残疾人自愿组织起来从业或者个体开业。《残疾人保障法》第三十六条第三款至第六款规定："政府采购，在同等条件下应当优先购买残疾人福利性单位的产品或者服务。地方各级人民政府应当开发适合残疾人就业的公益性岗位。对申请从事个体经营的残疾人，有关部门应当优先核发营业执照。对从事各类生产劳动的农村残疾人，有关部门应当在生产服务、技术指导、农用物资供应、农副产品购销和信贷等方面，给予帮助。"

2007 年 2 月 25 日，国务院颁布《残疾人就业条例》，对"用人单位的责任"进行了规定，即用人单位应当按照一定比例安排残疾人就业，并为其提供适当的工种、岗位。用人单位安排残疾人就业的比例不得低于本单位在职职工总数的 1.5%。用人单位安排残疾人就业达不到其所在地省、自治区、直辖市人民政府规定比例的，应当缴纳残疾人就业保障金。政府和社会依法兴办的残疾人福利企业、盲人按摩机构和其他福利性单位（以下统称集中使用残疾人的用人单位），应当集中安排残疾人就业。集中使用残疾人的用人单位中从事全日制工作的残疾人职工，应当占本单位在职职工总数的 25% 以上。

2. 少数民族人员的就业保障

《劳动法》和《中华人民共和国民族区域自治法》（以下简称《民族区域自治法》）规定，对于少数民族的劳动者的就业，国家采取扶持和帮助的特殊政策：①优先招用少数民族人员。《民族区域自治法》第二十三条规定："民族自治地方的企业、事业单位依照国家规定招收人员时，优先招收少数民族人员，并且可以从农村和牧区少数民族人口中招收。"第六十七条规定："上级国家机关隶属的在民族自治地方的企业、事业单位依照国家规定招收人员时，优先招收当地少数民族人员。"②培养少数民族人才。民族自治地方的自治机关根据社会主义建设的需要，采取各种措施从当地民族中大量培养各级干部，各种科学技术、经营管理等专业人才和技术工人，充分发挥他们的作用，并且注意在少数民族妇女中培养各级干部和各种专业技术人才。民族自治地方的自治机关自主地发展民族教育，扫除文盲，举办各类学校，普及九年义务教育，采取多种形式发展普通高级中等教育和中等职业技术教育，根据条件和需要发展高等教育，培养各少数民族专业人才。

3. 退役军人的就业保障

《中华人民共和国兵役法》（以下简称《兵役法》）和《退役士兵安置条例》规定，国家建立健全以扶持就业为主，采取逐月领取退役金、自主就业、安排工作、退休、供养等多种方式妥善安置。

义务兵退出现役自主就业的，按照国家规定发给一次性退役金，由安置地的县级以上地方人民政府接收，根据当地的实际情况，可以发给经济补助。国家根据经济社会发展，适时调整退役金的标准。军士退出现役，服现役满规定年限的，采取逐月领取退役金方式予以妥善安置。

（1）自主就业。义务兵和服现役不满 12 年的士官退出现役的，由人民政府扶持自主就业。

对自主就业的退役士兵，由部队发给一次性退役金，一次性退役金由中央财政专项安排；地方人民政府可以根据当地实际情况给予经济补助，各级人民政府应当加强对退役士兵自主就业的指导和服务。县级以上地方人民政府应当采取组织职业介绍、就业推荐、专场招聘会等方式，扶持退役士兵自主就业。

县级以上地方人民政府退役士兵安置工作主管部门应当组织自主就业的退役士兵参加职业教育和技能培训，经考试考核合格的，发给相应的学历证书、职业资格证书并推荐就业。退役士兵退役 1 年内参加职业教育和技能培训的，费用由县级以上人民政府承担；退役士兵退役 1 年以上参加职业教育和技能培训的，按照国家相关政策执行。

自主就业退役士兵的职业教育和技能培训经费列入县级以上人民政府财

政预算。

各级人民政府举办的公共就业人才服务机构，应当免费为退役士兵提供档案管理、职业介绍和职业指导服务。国家鼓励其他人力资源服务机构为自主就业的退役士兵提供免费服务。

对从事个体经营的退役士兵，按照国家规定给予税收优惠，给予小额担保贷款扶持，从事微利项目的给予财政贴息。除国家限制行业外，自其在工商行政管理部门首次注册登记之日起3年内，免收管理类、登记类和证照类的行政事业性收费。

国家鼓励用人单位招收录用或者聘用自主就业的退役士兵，用人单位招收录用或者聘用自主就业退役士兵符合规定条件的，依法享受税收等优惠。

自主就业的退役士兵入伍前是国家机关、社会团体、企业事业单位工作人员或者职工的，退出现役后可以选择复职复工，其工资、福利和其他待遇不得低于本单位同等条件人员的平均水平。

自主就业的退役士兵入伍前通过家庭承包方式承包的农村土地，承包期内不得违法收回或者强制流转；通过招标、拍卖、公开协商等非家庭承包方式承包的农村土地，承包期内其家庭成员可以继续承包；承包的农村土地被依法征收、征用或者占用的，与其他农村集体经济组织成员享有同等权利。

自主就业的退役士兵回入伍时户口所在地落户，属于农村集体经济组织成员但没有承包农村土地的，可以申请承包农村土地，村民委员会或者村民小组应当优先解决。

有劳动能力的残疾退役士兵，优先享受国家规定的残疾人就业优惠政策。

自主就业的退役士兵进入中等职业学校学习、报考成人高等学校或者普通高等学校的，按照国家有关规定享受优待。

入伍前已被普通高等学校录取并保留入学资格或者正在普通高等学校就学的退役士兵，退出现役后2年内允许入学或者复学，并按照国家有关规定享受奖学金、助学金和减免学费等优待，家庭经济困难的，按照国家有关规定给予资助；入学后或者复学期间可以免修公共体育、军事技能和军事理论等课程，直接获得学分；入学或者复学后参加国防生选拔、参加国家组织的农村基层服务项目人选选拔，以及毕业后参加军官人选选拔的，优先录取。

（2）安排工作。退役士兵符合下列条件之一的，由人民政府安排工作：①士官服现役满12年的；②服现役期间平时荣获二等功以上奖励或者战时荣获三等功以上奖励的；③因战致残被评定为5级至8级残疾等级的；④是烈士子女的。

符合前款规定条件的退役士兵在艰苦地区和特殊岗位服现役的，优先安排工作；因精神障碍基本丧失工作能力的，予以妥善安置。

安置地县级以上地方人民政府应当按照属地管理的原则，对符合安排工作条件的退役士兵进行安置，保障其第一次就业。

国家机关、事业单位、国有及国有控股和国有资本占主导地位的企业招收录用或者聘用人员的，应当在同等条件下优先招收录用或者聘用退役士兵。

承担安排退役士兵工作任务的单位应当按时完成所在地人民政府下达的安排退役士兵工作任务，在退役士兵安置工作主管部门开出介绍信 1 个月内安排退役士兵上岗，并与退役士兵依法签订期限不少于 3 年的劳动合同或者聘用合同。合同存续期内单位依法关闭、破产、改制的，退役士兵与所在单位其他人员一同执行国家的有关规定。

接收退役士兵的单位裁减人员的，应当优先留用退役士兵。

由人民政府安排工作的退役士兵，服现役年限和符合本条例规定的待安排工作时间计算为工龄，享受所在单位同等条件人员的工资、福利待遇。

对安排工作的残疾退役士兵，所在单位不得因其残疾与其解除劳动关系或者人事关系。

安排工作的因战、因公致残退役士兵，享受与所在单位工伤人员同等的生活福利和医疗待遇。

以案说法 3-2

职工服兵役，原单位能解除劳动合同吗？

2013 年 2 月，青年李某被一家公司聘用，双方签订了为期 5 年的劳动合同。为了圆自己的军旅梦想，李某决定应征入伍服兵役。然而，李某在其入伍后不久，该公司即通知李某解除劳动关系，理由是李某已经不能履行劳动合同约定的义务。李某对自己退伍后的去向感到很忧虑。职工应征入伍后，单位有权与其解除劳动关系吗？

案例点评

依法服兵役是每个适龄公民应尽的责任和义务。职工应征入伍后，对用人单位来说，该职工的确不能实际履行劳动义务。为了保证他们没有后顾之忧，国家对职工应征入伍后的劳动关系的处理作出了特殊规定。《兵役法》（2011年修正）第五十五条第二款规定："义务兵和服现役不满十二年的士官入伍前是机关、团体、企业事业单位工作人员或者职工的，服役期间保留人事关系或者劳动关系；退出现役后可以选择复职复工。"《劳动部办公厅关于职工应征入伍后与企业劳动关系的复函》（劳办发〔1997〕50号）中指出："职工应征入伍后，根据国家现行法律法规的规定，企业应当与其继续保持劳动关系，但双方可以变更原劳动合同中具体的权利与义务条款。按照《兵役法》《退伍义务兵安置条例》的有关规定，义务兵入伍前原是国家机关、人民团体、企业事业单位正式职工，退伍后原则上回原单位复工复职。在全面实行劳动合同制度后，对应征入伍的职工，仍应执行上述规定。同时按照《军人抚恤优待条例》的规定，执行义务后优待办法。"

根据这些规定，李某应征入伍后，在义务服兵役期间，原单位解除与他的劳动关系的做法是错误的，应予以纠正。李某在义务兵两年服役期满后，有权回到该公司继续上班。

资料来源：朱先明．职工服兵役，单位要解除劳动合同 [N]．工人日报，2014-02-15。内容有修改。

4. 未成年人劳动就业的保护

已满16周岁不满18周岁就业的未成年人称为未成年工。《劳动法》第十五条规定："禁止用人单位招用未满十六周岁的未成年人。文艺、体育和特种工艺单位招用未满十六周岁的未成年人，必须遵守国家有关规定，并保障其接受义务教育的权利。"这些规定也表明我国对未成年人劳动就业的保护包括禁止未满16周岁的未成年人就业；对已满16周岁不满18周岁的未成年人，在其可以从事的职业、工种上做了排除规定，未成年人只能从事与其身体的成长发育程度相适应的劳动，用人单位还应对其进行特殊劳动保护。

第二节 职业介绍

一、职业介绍的概念

职业介绍是指国家指定的有关部门和机构依法为劳动者和用人单位提供沟通和咨询，从而促成劳动者就业和用人单位招工的一种就业中介服务。

二、职业介绍机构

（一）职业介绍机构的设立条件

《劳动法》第十一条规定："地方各级人民政府应当采取措施，发展多种类型的职业介绍机构，提供就业服务。"《就业促进法》第四十条也对设立职业中介机构应当具备的条件作出规定："（一）有明确的章程和管理制度；（二）有开展业务必备的固定场所、办公设施和一定数额的开办资金；（三）有一定数量具备相应职业资格的专职工作人员；（四）法律、法规规定的其他条件。设立职业中介机构应当在工商行政管理部门办理登记后，向劳动行政部门申请行政许可。未经依法许可和登记的机构，不得从事职业中介活动。国家对外商投资职业中介机构和向劳动者提供境外就业服务的职业中介机构另有规定的，依照其规定。"

以案说法 3-3

中介机构不得提供虚假就业信息

小王是一名山西来京务工人员。他根据火车站散发的小广告找到了一家中介机构求职，这家中介机构当即表示马上能帮他找到工作，工作人员向他收取了 300 元的中介费后，把他推荐到一家所谓的装修公司当保安。装修公司要求小王先交培训费进行岗前培训，随后又要他交服装费等。等小王明白过来这是中介机构和这家公司合作搞的一环套一环的骗局时，他已经交了1000 多元。

案例点评

《就业促进法》第四十一条规定，"职业中介机构不得有下列行为：（一）提供虚假就业信息；（二）为无合法证照的用人单位提供职业中介服务；（三）伪造、涂改、转让职业中介许可证；（四）扣押劳动者的居民身份证和其他证件，或者向劳动者收取押金；（五）其他违反法律、法规规定的行为"。根据此项规定，该中介机构的行为是违法的，应依法予以纠正。

资料来源：《就业促进法》案例解析 [EB/OL].（2009-11-07）[2018-10-12].http://www.docin.com/p-311966286.html。内容有修改。

（二）政府设立的公共就业服务机构与职业中介机构的区别

政府设立的公共就业服务机构与职业中介机构在性质、开设的程序、服务的范围、收费标准等方面均有区别，具体体现在：

1. 性质不同

前者为公益性的就业服务机构，不得从事经营性活动；后者可以是公益性的，也可以是营利性的，对职业中介机构提供公益性就业服务的，政府按照规定给予补贴。

2. 开设的程序不同

公益性的就业服务机构开办的程序为：县级以上劳动部门开办就业服务机构，由同级劳动行政部门审批；乡、镇和街道开办的就业服务机构，由当地县级劳动部门审批。

设立职业中介机构应当在工商行政管理部门办理登记后，向劳动行政部门申请行政许可。未经依法许可和登记的机构，不得从事职业中介活动。

3. 服务的范围不同

公共就业服务机构不得从事经营性活动，为劳动者免费提供下列服务：①就业政策法规咨询；②职业供求信息、市场工资指导价位信息和职业培训信息发布；③职业指导和职业介绍；④对就业困难人员实施就业援助；⑤办理就业登记、失业登记等事务；⑥其他公共就业服务。

职业中介机构从事职业中介活动，应当遵循合法、诚实信用、公平、公开的原则。

4. 收费标准不同

公共就业服务经费纳入同级财政预算，公共就业服务机构举办的招聘会，不得向劳动者收取费用。职业中介机构收取的中介服务费的标准，由省、自治区、直辖市劳动行政部门会同当地财政、物价部门确定。

第三节　禁止使用童工

童工是指未满16周岁，与单位或者个人发生劳动关系，从事有经济收入的劳动或者从事个体劳动的少年儿童。未满16周岁的少年儿童，身体正处于成长发育时期，过重的体力劳动会损害他们的身体健康；他们在心理上也不成熟，16周岁之前是少年儿童增长知识、培养情操和基本素质的时期，他们尚不具备作为一个完全的劳动者的条件。使用童工不仅剥夺了少年儿童身心健康发育的权利及受教育的权利，甚至会对国家和社会未来劳动力的供给水平带来影响。因此，禁止使用童工是各国劳动立法的重要内容。在我国，公民的最低就业年龄标准为 16 周岁，用人单位不得招用未满 16 周岁的未成年人。

我国对未成年人的保护，有《宪法》、《劳动法》、《中华人民共和国未成年人保护法》（以下简称《未成年人保护法》）以及《禁止使用童工规定》等法律法规。这些法律法规构成了我国未成年人保护的法律法规体系，明确规定包括国家机关、社会团体、企事业单位、民办非企业单位、个体工商户在内的用人单位，均不得招用未满 16 周岁的未成年人（童工）；禁止任何单位或个人为未满 16 周岁的未成年人介绍工作，禁止未满 16 周岁的未成年人开业从事个体经营活动。用人单位使用童工的，由行政部门按每使用一名童工每月处 5000 元罚款的标准给予处罚，最高额度可达每人每月罚款 1 万元。

2023 年 6 月，人力资源社会保障部办公厅等六部门联合印发《消除工作场所童工和加强工作场所未成年工特殊劳动保护制度（参考文本）》（人社厅发〔2023〕17 号），指导用人单位完善消除工作场所童工和加强工作场所未成年工特殊劳动保护制度，切实维护未成年人的合法权益，构建和谐稳定的劳动关系，指导用人单位制定完善有关规章制度或与未成年工签订劳动合同时参考。

我国法律对于使用童工的禁止性规定具体包括：禁止国家机关、社会团体、企事业单位和个体工商户、农户和城镇居民使用童工。禁止各种职业介绍机构以及其他单位和个人为未满 16 周岁的少年儿童介绍职业。各级工商行政管理部门不得为未满 16 周岁的少年儿童核发个体营业执照。父母或者其他监护人不得允许未满 16 周岁的子女或者被监护人做童工。

根据法律的规定，使用童工的用人单位应当立即将童工送回原居住地交其父母或者其他监护人，并承担因此所需的全部费用。如在规定期限内仍不改正的，将按照每使用一名童工每月处 1 万元罚款的标准给予处罚，并吊销营业执照或撤销民办非企业单位登记。对被送回原居住地之前患病或伤残的童工应当负责治疗，并承担治疗期间全部医疗和生活费用，医疗终结后，还应当向伤残童工本人发给致残抚恤费。对使用童工并造成童工伤残或死亡的，用人单位不仅要对伤残童工、死亡童工的直系亲属给予赔偿，还将被吊销营业执照或撤销民办非企业单位登记，并将依法对机关、事业单位性质的用人单位直接负责的主管人员和其他直接责任人员给予降级或者撤职的行政处分或纪律处分。拐骗童工，强迫童工劳动，使用童工从事高空、井下、放射性、高毒、易燃易爆以及国家规定的第四级体力劳动强度的劳动，使用未满 14 周岁的童工从事劳动，或造成童工死亡或严重伤残的，依照刑法关于拐卖儿童罪、强迫劳动罪或者其他罪的规定追究刑事责任。

单位或个人为未满 16 周岁的未成年人介绍就业的，每介绍一人罚款 5000 元。职业中介机构为未满 16 周岁的未成年人介绍就业的，由劳动保障行政部门吊销其职业介绍许可证。未满 16 周岁的未成年人的父母或者其他监护人应当保护其身心健康，保障其接受义务教育的权利，不得允许其被用人单位非法招用。未满 16 周岁的未成年人的父母或者其他监护人允许其被用人单位非法招用的，所在地的乡（镇）人民政府、城市街道办事处以及村民委员会、居民委员会应当给予批评教育。

在一些例外的情况下，让未满 16 周岁的未成年人参加劳动不属于使用童工：

（1）文艺、体育单位经未成年人的父母或者其他监护人同意，可以招用未满 16 周岁的专业文艺工作者、运动员。用人单位应当保障被招用的未满 16 周岁的未成年人的身心健康，保障其接受义务教育的权利。

（2）学校、其他教育机构以及职业培训机构按照国家有关规定组织未满 16 周岁的未成年人进行不影响其人身安全和身心健康的教育实践劳动、职业技能培训劳动，不属于使用童工。

以案说法 3-4

用人单位禁止使用童工

天津市某区人社综合行政执法支队接群众举报线索，反映某饭店存在雇用童工的违法行为。经查，该饭店确实存在雇用童工的违法行为，该童工为该饭店厨师长的侄子，辍学后被厨师长带在身边学习厨艺，该童工系 2007 年 5 月出生，于 2022 年 2 月 12 日入职，入职时未满 16 周岁。该区人社综合行政执法支队责令该饭店将童工交还其监护人，对该饭店依法给予罚款 5000 元的行政处罚，同时对童工家长进行批评教育。

案例点评

根据《禁止使用童工规定》，用人单位如使用童工，一经查实，将按照每使用一名童工每月处 5000 元罚款的标准给予处罚。为保障未成年人身体健康与受教育权利，法律严禁用人单位雇用童工，以未满16周岁未成年人系自身亲朋好友及其子女等理由予以录用的也属违法行为，用人单位不得以任何理由逃避法律责任。同时，用人单位在招用人员时，应认真核查求职者身份证，确认应聘人员与身份证件的信息一致，避免未满16周岁未成年人以未带身份证、冒用他人信息等方式入职。

资料来源：人社案例 用人单位禁止使用童工〔EB/OL〕.（2022-06-01）[2024-05-19].https://mp.weixin.qq.com/s?__biz=MzA4MTM0MTY4NA==&mid=2651607262&idx=3&sn=3a5c34cc87116a7f4725a601e95f79e7&chksm=846e8d45b3190453a87dad53831beb945e78b9fe27e9e3191156f13c57f84562bbaff5ab01c4&scene=27。内容有修改。

📚 本章小结

（1）劳动就业是指具有劳动权利能力和劳动行为能力并有就业愿望的公民获得有报酬的职业的活动。劳动就业的基本原则包括国家促进就业的原则、劳动就业的市场原则、平等自主择业原则、男女就业权利平等原则、特殊就业群体就业保障原则。

（2）职业介绍是指国家指定的有关部门和机构依法为劳动者和用人单位提供沟通和咨询，从而促成劳动者就业和用人单位招工的一种就业中介服务。设立职业介绍机构必须符合一定的条件：有明确的章程和管理制度；有开展业务必备的固定场所、办公设施和一定数额的开办资金；有一定数量具备相应职业资格的专职工作人员；法律、法规规定的其他条件。

（3）童工是指未满16周岁，与单位或者个人发生劳动关系，从事有经济收入的劳动或者从事个体劳动的少年儿童。我国法律规定，禁止任何用人单位使用童工，否则由劳动保障行政部门按每使用一名童工每月处5000元罚款的标准给予处罚，最高额度可达每人每月罚款1万元。但以下情况例外：文艺、体育单位经未成年人的父母或者其他监护人同意，可以招用未满16周岁的专业文艺工作者、运动员。学校、其他教育机构以及职业培训机构按照国家有关规定组织未满16周岁的未成年人进行不影响其人身安全和身心健康的教育实践劳动、职业技能培训劳动。

本章习题

一、单项选择题

1.（　　）不仅是劳动就业权实现的内在要求，也是国家保障公民生存权的重要举措。

A．促进就业　　　B．平等就业　　C．自由择业　　D．就业保障

2．下列关于劳动就业基本原则的说法，错误的是（　　　）。

A．国家通过促进就业帮助公民实现劳动就业

B．国家以市场作为劳动力资源配置的基础性手段

C．我国公民不论民族、性别、宗教信仰的不同，均享有平等的就业机会

D．用人单位可以就不同岗位适当提高妇女劳动者的录用标准

二、多项选择题

1．以下是劳动就业基本特征的是（　　　）。

A．劳动就业的主体必须是具有劳动权利能力和劳动行为能力的人

B．劳动就业的主体必须是具有劳动权利能力和劳动行为能力的公民

C．在主观上必须有求职的愿望

D．必须获得劳动报酬或经营性收入

2．设立职业介绍机构必须符合如下条件（　　　）。

A．有固定的交流场所、办公设施

B．有必要的资金

C．有明确的章程和管理制度

D．有一定数量具备相应职业资格的专职工作人员

3．下列情况属于非法使用童工的是（　　　）。

A．13岁的小明在学校的组织下参加勤工俭学

B．8岁的小强经父母同意并经县人社局批准到县跳水队学习跳水

C．14岁的小刚在辍学后到一家汽车修理厂打工

D．某黑砖窑拐骗未满16岁的智障少年到砖窑干活

三、案例分析题

15岁的王某家住农村，2010年5月，王某父亲带着王某到其所从事的保安公司，要求公司领导收留王某在此工作，公司领导碍于情面收留王某在公

司从事保安巡逻工作。2010年8月，王某在巡逻时不慎摔伤，造成左臂粉碎性骨折。

请问：

（1）保安公司收留王某从事保安巡逻工作是否合法？为什么？

（2）保安公司和王某的父亲应该受到什么处理？

第四章
劳动安全卫生

学习目标

认知目标

复述劳动安全卫生概念，阐述劳动安全卫生的意义，描述我国劳动安全卫生立法概况，解释工厂安全技术规程，陈述劳动卫生规程的主要内容，简述劳动安全卫生监察制度，简述伤亡事故报告和处理制度。

技能目标

结合实际情况，编写在新建、改建和扩建项目中如何贯彻劳动安全卫生设施的"三同时"原则；结合实际情况，编写伤亡事故报告和处理制度。

引导案例

员工不领上岗证，单位可以解除合同吗？

2008年彦某入职江苏省某地一家旅馆从事前台旅客登记工作，与旅馆签订了劳动合同。2013年5月，当地公安机关为加强特种行业治安管理工作，建立了旅馆业信息化管理系统，要求采集旅馆基础信息以及从业人员信息，上传系统进行管理，并规定旅馆前台登记人员必须持证上岗，未取得上岗证的人员不得从事登记传输旅客信息工作。彦某所在旅馆收到通知后，要求彦某提供身份证及照片，以用于报名参加上岗证等有关培训。彦某答复旅馆称身份证丢失，需要重新办理身份证，暂时不能提供身份证件和照片。旅馆认为彦某此举为有意拒绝参加培训，立即口头通知其不要上班。彦某认为旅馆此行为是违法解除劳动合同；旅馆则坚持认为彦某拒不参加培训、不领取上岗证，不符合公安机关的上岗要求，可以解除劳动合同。双方发生争议，彦某申请劳动争议仲裁，要求旅馆支付违法解除劳动合同的赔偿金。

案例点评

2010年5月1日起施行的《江苏省特种行业治安管理条例》（2021修订）指出，在服务业中，需要采取特定治安管理措施的行业包括旅馆业、典当业、开锁业等。从事特种行业经营活动，服务对象为个人的，应当严格查验其身份证件，如实登记姓名、住址、身份证件种类和号码以及服务时间等信息，特种行业经营者应当将前述规定中登记的从业人员及服务对象为个人的信息、留存的照片，实时传输报送公安机关。

作为旅馆前台服务员的彦某应按照旅馆的通知，提供身份证件和照片，以便用于参加上岗培训和领取上岗证，按规定持证上岗。如果彦某不提供身份证件和照片，不参加上岗培训，不领取上岗证，可以解除其劳动合同。

但是，本案中，该旅馆应当先与彦某协商变更工作岗位；协商不成的，应提前30日以书面形式通知彦某本人或者额外支付一个月工资后，解除其劳动合同。

资料来源：朱忠虎.不领取上岗证就可以解除劳动合同吗[N].中国劳动保障报，2013-11-26（A5）。内容有修改。

第一节　劳动安全卫生概述

一、劳动安全卫生的概念

劳动安全卫生是指劳动者在劳动中安全和健康的法律保障，包括劳动安全技术规程、劳动卫生规程、劳动安全卫生管理制度等。

获得劳动安全卫生保护是劳动者的一项基本权利。由于劳动过程中存在各种不安全和不卫生的因素，给劳动者的生命安全和身体健康带来极大的危害，必须通过立法对劳动安全和劳动卫生作出规范，以保障劳动者在劳动过程中的安全和健康。

劳动者还受自身劳动能力和生理因素的限制，只能在一定的劳动强度和劳动时间下从事劳动，如果劳动强度和劳动时间超过了人体正常的生理限度，则会使人体机能不能自我恢复，导致劳动者早衰或死亡。为了保护劳动者的身体健康，维护劳动力的生产和再生产，国家必须采取各种措施改善劳动条件，通过制定各种劳动保护法来保护劳动者劳动过程中的安全和健康。

二、劳动安全卫生的意义

1. 防止、减少伤亡事故和职业危害，保障劳动者的安全和健康

劳动者是社会生产力发展的推动者，也是社会财富的创造者。保护劳动者在劳动过程中的安全和健康，防止伤亡事故和职业病的危害是国家立法的重要任务。国家通过制定劳动安全卫生法，要求用人单位为劳动者提供安全卫生的物质条件和工作环境，不断改善劳动条件，防止和减少伤亡事故的发生，保护劳动者在生产过程中的安全与健康。

2. 改善劳动条件，保护劳动者

劳动者是生产要素中最活跃的因素，具有创造性。要提高劳动生产率，劳动者就必须有充沛的精力和健康的体魄，因此，对劳动者的保护，也就是对生产力的保护。

用人单位要认真贯彻执行国家劳动安全卫生标准，为劳动者创造安全、卫生、舒适的劳动条件和劳动环境，消除伤亡事故和职业病对劳动者的威胁，使劳动者精神愉快地从事劳动，充分发挥劳动者的劳动积极性、主动性和创造性，从而推动劳动生产率不断提高。

3. 促进劳动生产率的提高和技术的进步

提高劳动生产率是促进生产发展的最重要途径，而加强劳动安全卫生又是提高劳动生产率的先决条件，只有采取必要措施对生产中的不安全、不卫生因素加以防止和消除，才能保证生产的顺利进行。同时，现代化水平的劳动安全卫生规程和标准与先进的科学技术是分不开的，如高质量的电子元件不可能在高浓度烟雾粉尘的作业环境中生产出来，因此，劳动安全卫生的法律保障，对促进劳动生产率的提高和技术的进步起着重要作用。改善劳动条件伴随着生产技术和生产工具的改进，而生产技术和生产工具的改进又是提高劳动生产率的另一重要因素。采用先进技术和设备，不仅能够减轻劳动

沉重的劳动负担，还能推动技术进步。因此，劳动安全卫生立法，能够为有效地促进生产力的发展和劳动生产率的提高创造有利的条件。

4. 对女工和未成年工的特殊劳动保护，有利于国家的兴盛发达，民族优秀体质的延续

对女工的特殊保护是由女工的身体条件和所担负任务的特殊性决定的。女性身体结构和生理机能的特点与男子不同。妇女在生产中会遇到经期、孕期、产期、哺乳期等生理机能的变化过程，更需要在劳动中给予她们特殊保护，这关系到我国下一代健康体质的延续和优秀民族体质的繁衍。

对未成年工的特殊保护也关系到我国职工队伍的健康水平。未成年工正处于生长发育时期，身体发育尚未成熟，一些劳动会对他们的身体健康有不良影响，如繁重的体力劳动、精神（心理）过度紧张的劳动、接触有毒有害物质的劳动等。因此，在劳动时间、作业环境、工具的使用等方面要有特殊保护措施，以保护未成年工的身体健康。

以案说法 4-1

某鞋业公司正己烷中毒事故

某鞋业公司主要生产运动鞋，该公司所在地的省职业卫生检测中心对该公司使用最多的 AD103 生胶和 AD82 胶水采样检测显示，其挥发气体中主要含有甲苯、丁酮、甲基戊烷、正基环戊烷、甲基己烷、甲基丁烷、正戊烷、二甲基丁烷、二甲基戊烷、二氯甲烷、正己烷等。生产工人接触的职业病危害因素还有高温、噪声等。

该公司泡绵（刷胶）组刷胶女工王某的丈夫致信该公司负责人，称其妻进入该公司工作后，自觉手指麻木、双腿乏力，怀疑中毒，要求该公司赔偿医疗费和生活费共计 2 万元。该公司安排时间让王某自行前往当地医院就诊，被诊断为"风湿病"。该公司认为此病与职业无关，故拒绝了王某的要求。王某的丈夫向省妇联致信求助，省妇联即向省职业病防治院做通报。

当地卫生监督所接到省职业病防治院关于该事件的通报后，对该公司进行职业卫生监督检查。根据该公司有毒作业的职业病防护措施及个人职业卫生防护设施不足的违法行为，向该公司发出责令改正通知书，责令该公司必须设置有效的职业病防护设施，并为劳动者提供个人防护用品；责令该公司迅速将可疑正己烷中毒的工人送至医疗机构进行医学观察和职业病诊断，并通知已离开该公司的可疑正己烷中毒工人迅速返回，接受医学观察和职业病诊断。

案例点评

　　按照《中华人民共和国职业病防治法》（以下简称《职业病防治法》），卫生执法行政部门对此次职业病危害事故作出如下处理：对该公司罚款15万元；责令继续将可疑正己烷中毒工人送至省职业病防治院进行医学检查；2天内对所有接触有毒物质的工人进行职业性健康体检；加快职业卫生防治设施的整改，建立完善的职业卫生管理制度。

　　资料来源：某鞋业有限公司正己烷中毒事故分析[EB/OL].（2010-11-13）[2018-10-12]. http://www.safehoo.com/San/Case/200912/35462.shtml。内容有修改。

三、我国劳动安全卫生立法概况

　　宪法规定，要加强劳动保护，改善劳动条件。我国在宪法的基础上颁布了一系列劳动安全卫生法规。例如，1950年5月劳动部颁布的《工厂卫生暂行条例（草案）》；1956年1月劳动部颁布的《劳动部为公布"关于防止沥青中毒的办法"的通知》；1956年5月国务院颁布的关于劳动安全卫生的"三大规程"，即《工厂安全卫生规程》《建筑安装工程安全技术规程》《工人职员伤亡事故报告规程》。这些法规明确了劳动过程中的安全与卫生标准。1963年3月国务院颁布的《国务院关于加强企业生产中安全工作的几项规定》，对安全卫生责任制、安全技术措施计划、安全生产教育、安全生产的定期检查、伤亡事故的调查和处理等作出了明确规定。

　　改革开放后，我国进行了劳动安全卫生标准化立法工作，并取得了很大的进展。国家颁布了包括管理标准、作业标准、劳动生产设备、工具安全卫生、生产工艺安全卫生、防护用品等内容的国家标准。这些标准为我国劳动安全卫生工作法制化奠定了基础，是实行劳动安全卫生监察的重要依据。

　　1982年，国务院发布了《矿山安全条例》《矿山安全监察条例》《锅炉压力容器安全监察暂行条例》。

　　1983年，国务院发布了《国务院批转劳动人事部、国家经委、全国总工会关于加强安全生产和劳动安全监察工作的报告的通知》。

　　1984年，国务院发布了《国务院关于加强防尘防毒工作的决定》。

　　1987年11月，卫生部、劳动人事部、财政部、中华全国总工会修订颁布了《职业病范围和职业病患者处理办法的规定》。同年12月，国务院还发布了《中华人民共和国尘肺病防治条例》。

1988年，国务院发布了《女职工劳动保护规定》。

1991年，国务院发布了《企业职工伤亡事故报告和处理规定》，取代了1956年的《工人职员伤亡事故报告规程》。

1992年11月7日，第七届全国人民代表大会常务委员会第二十八次会议通过了《中华人民共和国矿山安全法》。

1993年1月，国务院发布了《国务院批转劳动部等部门关于制止小煤矿乱挖滥采确保煤矿安全生产意见的通知》。同年8月，劳动部发布了《劳动部关于发布〈劳动监察规定〉的通知》。

1994年11月，劳动部发布了《劳动监察员管理办法》（劳部发〔1994〕448号）。同年12月，劳动部发布了《未成年工特殊保护规定》（劳部发〔1994〕498号）。

2002年6月29日，第九届全国人民代表大会常务委员会第二十八次会议通过了《中华人民共和国安全生产法》（以下简称《安全生产法》），自2002年11月1日起施行。

2004年11月，国务院发布了《劳动保障监察条例》。

2007年6月1日，国务院发布了《生产安全事故报告和调查处理条例》，1991年发布的《企业职工伤亡事故报告和处理规定》同时废止。

2011年12月31日，第十一届全国人民代表大会常务委员会第二十四次会议通过了《全国人民代表大会常务委员会关于修改〈中华人民共和国职业病防治法〉的决定》（以下简称《职业病防治法》）。

2012年4月27日，国家安全生产监督管理总局发布了《工作场所职业卫生监督管理规定》。

在上述所有的法律法规中，与劳动安全卫生密切相关的一部重要法律就是安全生产法。该法对从事生产经营活动的单位的安全生产作了具体规定。根据要求，生产经营单位的主要负责人对本单位的安全生产工作全面负责，必须加强安全生产管理，建立、健全安全生产责任制度，完善安全生产条件，确保安全生产。工会依法组织职工参加本单位安全生产工作的民主管理和民主监督，维护职工在安全生产方面的合法权益。国家实行生产安全事故责任追究制度，追究生产安全事故责任人员的法律责任，对于在改善安全生产条件、防止生产安全事故、参加抢险救护等方面取得显著成绩的单位和个人，给予奖励。

安全生产法明确规定了从业人员的相关权利与义务。生产经营单位与从业人员订立的劳动合同，应当载明有关保障从业人员劳动安全、防止职业危害的事项，以及依法为从业人员办理工伤社会保险的事项，不得以任何形式与从业人员订立协议，免除或者减轻其对从业人员因生产安全事故伤亡依法应承担的责任。从业人员有权了解其作业场所和工作岗位存在的危险因素、防范措施及事故应急措施，有权对本单位的安全生产工作提出建议，对本单位安全生产工作中存在的问题提出批评、检举、控告；有权拒绝违章指挥和强令冒险作业。从业人员发现直接危及人身安全的紧急情况时，有权停止作业或者在采取可能的应急措施后撤离作业场所。生产经营单位不得因从业人员在前述紧急情况下停止作业或者采取紧急撤离措施而降低其工资、福利等待遇，或者解除与其订立的劳动合同。生产经营单位不得因从业人员对本单位安全生产工作提出批评、检举、控告或者拒绝违章指挥、强令冒险作业，而降低其工资、福利等待遇或者解除与其订立的劳动合同。同时，从业人员在作业过程中，应当严格遵守本单位的安全生产规章制度和操作规程，服从管理，正确佩戴和使用劳动防护用品；应当接受安全生产教育和培训，掌握本职工作所需的安全生产知识，提高安全生产技能，增强事故预防和应急处理能力。从业人员发现事故隐患或者其他不安全因素，应当立即向现场安全生产管理人员或者本单位负责人报告；接到报告的人员应当及时予以处理。

第二节　劳动安全技术规程

一、劳动安全技术规程的概念

劳动安全技术规程是指国家为了保护劳动者在劳动过程中的安全、防止伤亡事故发生，而采取的各种安全技术保护措施的规章制度，包括工厂安全技术规程、建设工程安全生产管理条例和矿山安全技术规程等。

劳动过程中的复杂性，决定了劳动设备、劳动条件也具有复杂性。由于各行各业的生产特点和工艺过程有所不同，需要解决的劳动安全技术问题也有所不同。国家针对不同的劳动设备和条件以及不同行业的生产特点，规定了适合各行业的劳动安全技术规程，主要有《中华人民共和国矿山安全法》《起重机械安全规程》《磨削机械安全规程》《工业企业煤气安全规程》《橡胶工业静电安全规程》《工业企业厂内运输安全规程》《爆破安全规程》等。

二、工厂安全技术规程

《劳动法》第五十三条规定："劳动安全卫生设施必须符合国家规定的标准。""新建、改建、扩建工程的劳动安全卫生设施必须与主体工程同时设计、同时施工、同时投入生产和使用。"安全生产法和职业病防治法规定了生产过程中必须达到的安全卫生标准。以下主要介绍其中的几项。

（一）建筑物和通道的安全要求

工厂内的建筑物必须坚固安全，符合防火防爆的规定，发现建筑物有损坏或者危险的征兆，应立即修理。厂区内的道路要求平坦、畅通，夜间要有足够的照明设备。道路和轨道交叉处必须有明显的警告标志、信号装置或者落杆。为生产需要所设的坑、壕和池，应该有围栏或者盖板。原材料、成品、半成品和废料的堆放，应该不妨碍通行和装卸时的便利和安全。电网内外都应该有护网和明显的警告标志。

（二）工作场所的安全要求

工作场所是劳动者进行劳动和生产的地方，必须保持整齐清洁。机器和工作台等设备的布置，应该便于工人安全操作。通道的宽度不能小于 1 米。升降机和走台应该加围栏。走台的围栏高度不得低于 1 米。原材料、成品和半成品的堆放不能妨碍操作和通行。废料应该及时清除。地面、墙壁和天花板要保持完好。在易使脚部潮湿、受寒的工作地点，要设木头站板。

（三）机器设备的安全要求

机器设备是劳动者进行生产劳动的必要工具，必须符合安全要求。机器设备的危险部分，如传动带、明齿轮、砂轮、电锯、接近于地面的联轴节、转轴、皮带轮和飞轮等，都要安设防护装置。压力机械的施压部分，如延压机、冲压机等都要有安全装置。起重机应该标明起重吨位，并要有信号装置。轿式起重机应该有卷扬限制器、行程限制器、缓冲器和自动连锁装置。起重机在使用时，不能超负荷、超速度和斜吊，禁止任何人站在吊运物品上或者在下面停留和行走。机器设备和工具要定期检修，如有损坏，应及时修理。

（四）电气设备的安全要求

电气设备在生产过程中被广泛地使用，必须保证安全用电，防止发生触电、火灾事故。电气设备和线路的绝缘性能必须良好，裸露的带电导体应该安装在碰不着的处所，否则应设置安全遮挡和明显的警告标志。电气设备要装有可熔保险器或自动开关。路灯的电压不能超过 36 伏特，在金属容器内或潮湿处所不能超过 12 伏特。电钻、电镐等手持电动工具，在使用前必须采取保护性接地或者接零的措施。产生大量蒸汽、气体、粉尘的工作场所，要使用密闭式电气设备。有爆炸危险的气体或者粉尘的工作场所，要使用防爆型电气设备，电气设备的开关要指定专人管理。

（五）动力锅炉和压力容器的安全要求

动力锅炉和压力容器是工业生产和交通运输等部门常用的生产和运输设备，要求能承受各种温度和压力。工业锅炉要求有安全阀、压力表和水位表，并且要保持准确、有效。应建立保检修和水压试验制度。锅炉的运行工作应该由经过专门训练并考试合格的人员担任。各种压力容器在存放使用时，必须距离明火 10 米以上，并且避免阳光暴晒，搬运时不能碰撞。

以案说法 4-2

尘肺病严重危害职工健康

某县水泥厂忽视劳动安全卫生，舍不得花钱安装必要的防尘设备，使生产区粉尘浓度严重超标。又因该水泥厂提供的劳动防护用品属于不合格产品，严重危害了劳动者的健康，导致 5 年内有 56 名职工先后患上了尘肺病，其中有 18 人死亡。该县劳动安全卫生监察机构根据群众举报，及时进行了调查处理。根据调查结果对该水泥厂进行了经济处罚，并提请当地县人民政府责令该厂停产整顿。

案例点评

《劳动法》第五十四条规定："用人单位必须为劳动者提供符合国家规定的劳动安全卫生条件和必要的劳动防护用品，对从事有职业危害作业的劳动者应当定期进行健康检查。"向劳动者提供符合国家规定的劳动安全卫生条件和必要的劳动防护用品，是用人单位一项应尽的义务。水泥厂无视国家法律规定，未向劳动者提供必要的劳动安全卫生条件，其行为严重侵害了职工的身心健康，应受到有关部门的查处。

资料来源：企业忽视劳动安全责令停产整顿 [EB/OL].（2012-09-23）[2018-10-12]. https://china.findlaw.cn/laodongfa/laodonganli/laodongfaanli/

90065.html。内容有修改。

三、矿山安全技术规程

采矿业是我国重要的原料工业，在国民经济中具有重要的地位。但是，在矿山生产中，受自然条件的限制，存在许多不安全和不卫生的因素，容易对劳动者的安全和健康造成威胁。为了保障矿山生产的安全，保护劳动者的生命安全，国家制定了一系列有关矿山安全的措施。

（一）矿山设计的安全要求

矿山设计的主要项目必须符合矿山安全规程和行业技术规范，包括矿井的通风系统和供风量、风质、风速；露天矿的边坡角和台阶的宽度、高度；供电系统；提升、运输系统；防水、排水系统和防火、灭火系统；防瓦斯系统和防尘系统；等等。矿山建设工程必须按照管理矿山企业的主管部门批准的设计文件施工。设施竣工后，由主管部门验收，并须有劳动行政主管部门参加，不符合矿山安全规程和行业技术规程的，不得验收，不得投入生产。

（二）矿山开采的安全要求

矿山开采必须具备保障安全生产的条件，执行开采不同矿种的矿山安全规程和行业技术规范。如对于地下开采的矿山，井口、建筑物的位置应不受地表塌陷、山洪暴发和雪崩的危害；主要井巷的位置应布置在稳定的岩层中，避免开凿在含水层、断层和受断层破坏的岩组里。对于露天开采的矿山，要求其工作帮和非工作帮的边坡角、台阶高度、平台宽度及台阶坡面角等应符合设计要求，于影响边坡稳定的滑体，应当按设计要求采取有效措施。对于有自然发火倾向的煤层要有灭火系统和设施，深凹高沼气的露天矿场的沼气排放应有通风设施和措施。

（三）作业场所的安全要求

作业场所是劳动者直接从事采矿作业的场所。依照规定，矿山企业必须对下列危害安全的事故采取预防措施：①冒顶、片帮、边坡滑落和地表塌陷；②瓦斯爆炸、煤尘爆炸；③冲击地压、瓦斯突出、井喷；④地面和井下的火灾、水害；⑤爆破器材和爆破作业发生的危害；⑥粉尘、有毒有害气体、放射性物质和其他有害物质引起的危害；等等。矿山企业必须对作业场所中的有毒有害物质和井下空气含氧量进行检测，保证符合安全要求。对于使用机械、电气设备、排土场、尾矿库和矿山闭坑后可能引起的危害，应当采取预防措施。

第三节　劳动卫生规程

一、劳动卫生规程的概念

劳动卫生规程指国家为了改善劳动条件，保障职工在生产过程中的健康，防止、消除职业病和职业中毒而规定的各种法律规范，主要包括各种生产卫生、医疗预防、健康检查等方面的规定。

劳动卫生规程的法律规范主要有：《安全生产法》《工业企业设计卫生标准》《工业企业厂界噪声标准》《国务院关于加强防尘防毒工作的决定》《国家安全生产监督管理总局、卫生部、人力资源和社会保障部、中华全国总工会关于印发防暑降温措施管理办法的通知》《卫生部办公厅关于加强医疗机构放射防护工作的通知》等。职业病防治法是一项重要法律，它全面规定了职业病的前期预防、劳动过程中的防护与管理、职业病诊断与职业病人保障、监督检查和法律责任，全面具体地规定了劳动者和职业病人的健康权益。

二、劳动卫生规程的主要内容

（一）防止粉尘危害

凡是有粉尘作业的环境，要努力实现生产设备的机械化、密闭化，设吸尘、滤尘和通风设备，矿山采用湿式凿岩和机械通风。国家对工作场所中的粉尘浓度含量作出严格规定，厂矿企业的车间或者工作地点每立方米所含游离二氧化矽达 10% 以上的粉尘或石棉尘，最高容许浓度为 2 毫克。《中华人民共和国尘肺病防治条例》（以下简称《尘肺病防治条例》）对防治粉尘危害作出了全面规定。

（二）防止有毒有害物质的危害

为防止有毒有害物质的危害，保障工人在劳动中的健康，劳动卫生规程对防止有毒有害物质的危害作出规定。作业场所中，有毒有害物质的浓度不得超过国家标准。

（三）防止噪声和强光的刺激

在从事衔接、锻压、风镐、电焊、冶炼等作业环境中所产生的噪声和强光，对工人的听觉和视觉都有影响。为防止工业企业噪声的危害和强光的刺激，劳动卫生规程要求作业环境要有消音设备，并达到有关规定的要求。工人操作时要配备个人防护用品。

（四）防暑降温

为防止中暑，保障职工的身体健康，作业场所的温度应当有统一规定。室内工作地点的温度经常高于32℃的，应该采取降温措施。为了减少车间内热量的散发，热源应尽量布置在车间外面，热源在车间内的应采取降温措施和各种有效的隔热、挡热措施。在高温条件下操作的工人，应该由工厂供给含盐清凉饮料。

（五）通风和照明

工作场所和通道，光线应该充足，局部照明的光度应该符合操作要求，也不要光度过强，刺目耀眼；通风装置和取暖设备，必须有专职或兼职人员管理；人工照明设备应该保持清洁完好；窗户要经常擦拭，启闭装置应该灵活；等等。

（六）防护用品

防护用品是使用一定的屏蔽体或浮体，采取阻隔、封闭、吸收、分散、悬、浮等手段，保护机体的局部或全身免受外来有毒有害物质的侵害。防护用品对于保障劳动者的安全健康，防止职业病和慢性病损害的发生，减少或杜绝伤亡事故的发生十分重要。

（七）职工健康管理

加强职工健康管理是保障职工健康，预防、减少职业病的重要工作。企业单位对准备从事硅尘作业的职工必须进行健康检查，未经检查和经过检查发现有结核病等禁忌证的，不得从事硅尘作业。对从事该作业的职工还必须进行定期的健康检查，发现患有硅肺病或结核病等禁忌证的应该及时调离。对硅肺病人，应该根据他们的健康状况和劳动能力分配力所能及的工作，组织疗养和休养，不得安排从事繁重的体力劳动，也不得做病退处理。

对于经过劳动能力鉴定委员会鉴定，证明确实已经参加生产（工作），自愿要求回家休养的，可以允许。企业单位应该根据需要举办疗养所，供硅肺病人脱产疗养或业余疗养。对职业病患者，必须进行定期复查和鉴定。

对从事矿山工作的职工的健康管理：要求新工人入矿前，必须经过健康检查，不适于从事矿山作业的，不得录用。

⚐ 以案说法 4-3

职业病患者提出的换岗要求需满足吗？

张某是某公司劳动合同制工人，其工作是在产生大量粉尘的环境下进行的。2005 年 2 月，经职业病诊断机构诊断后，张某被确诊为尘肺病，住院 3 个月后出院上班。出院时，职业病诊断机构提出张某不应再从事原岗位劳动。张某返回该公司后，要求调离原岗位。但公司 3 个月后仍没有为其更换工作岗位。当张某再次催促公司领导为其调动工作岗位时，公司以各岗位满员，不好安排别的工作为由，让其继续从事原工作。张某无奈，向当地劳动争议仲裁委员会提出申诉，要求用人单位为其更换工作岗位。

✐ 案例点评

尘肺病属职业病，职业病诊断机构认为张某不宜再从事原岗位工作，该公司应当为其调整工作岗位，这是职业病人的合理要求。劳动争议仲裁委员会裁定该公司违反了职业病保护规定，该公司应当为张某调换工作岗位。

资料来源：劳动安全卫生管理案例—[EB/OL].（2009-03-13）[2018-10-12]. https://www.51tk.com/ask/HWUr1n.html。内容有修改。

三、劳动安全卫生设施的"三同时"原则

用人单位新建、改建、扩建工程必须坚持的"三同时"原则是我国劳动安全卫生工作中的一项重要原则。新建、改建、扩建工程的劳动安全卫生设施必须与主体工程同时设计、同时施工、同时投入生产和使用的规定，包含以下五个方面。

（1）建设项目在立项进行可行性研究论证时，必须进行劳动安全卫生方面的论证。明确项目可能对职工造成危害的防范措施，并将论证结果载入可行性论证文件。

（2）设计单位在编制建设项目的初步设计文件时，应当同时编制"劳动安全卫生专篇"。劳动安全卫生设施的设计，必须符合国家标准或者行业

标准。

（3）施工单位必须按照审查批准的设计文件进行施工，不得擅自更改劳动安全卫生设施的设计，并对施工质量负责。

（4）建设项目的竣工验收必须按照国家有关建设项目劳动安全卫生验收规定进行。不符合劳动安全卫生规程和行业技术规范的，不得验收和投产使用。

（5）建设项目验收合格，正式投入运行后，不得将安全卫生设施闲置不用，生产和安全卫生设施必须同时使用。

第四节　劳动安全卫生管理制度

劳动安全卫生管理制度是指为了保障劳动者在劳动过程中的安全和健康，用人单位根据国家有关法规的规定，结合本单位的实际情况所制定的相关劳动安全卫生管理的规章制度。劳动安全卫生管理制度主要有以下六个方面。

一、安全卫生责任制度

安全卫生责任制度是指企业的各级领导、职能部门、有关工程技术人员和生产工人在生产过程中，对安全生产应各负其责的制度。安全生产责任制是企业岗位责任制的重要组成部分，是企业安全生产的基本制度。其具体要求为：企业单位的领导人员在管理生产的同时，必须负责管理安全工作，认真贯彻执行国家有关劳动保护的法律、法规和制度。企业单位中的生产、技术设计、供销、运输、财务等有关专职机构，都应该在各自业务范围内，对实现安全生产的要求负责。企业单位应根据实际情况加强劳动保护工作机构和专职人员的工作。劳动保护工作机构和专职人员应在厂长、副厂长或总工程师的直接领导下，具体地负责组织领导并监督企业有关部门的安全技术、劳动保护工作。劳动保护工作机构或专职人员的职责是贯彻执行劳动保护的法律、法规；汇总和审查安全技术措施计划，督促有关部门切实按期执行；组织和协调有关部门制定或修订安全生产制度和安全技术操作规程；经常进行现场检查，总结和推广安全生产的先进经验；对职工进行安全生产教育；指导生产小组安全员的工作；参加审查新建、改建、大修工程的设计计划，并且参加工程验收和试运转工作；参加伤亡事故的调查和处理；组织有关部门研究执行防止职业中毒和职业病的措施等。企业各生产小组都应设有不脱产的安全员。企业职工应自觉地遵守安全生产规章制度，不进行违章作业，并且要随时制止他人违章作业，积极参加安全生产的各种活动，主动提出改进安全工作的意见，爱护和正确使用机器设备、工具及个人防护用品。

根据安全生产法规定，生产经营单位的主要负责人对本单位安全生产工作负有下列职责：①建立、健全本单位安全生产责任制；②组织制定本单位安全生产规章制度和操作规程；③保证本单位安全生产投入的有效实施；④督促、检查本单位的安全生产工作，及时消除安全生产事故隐患；⑤组织制定并实施本单位的安全生产事故应急救援预案；⑥及时、如实报告安全生产事故。生产经营单位应当具备的安全生产条件所必需的资金投入，由生产经营单位的决策机构、主要负责人或者个人经营的投资人予以保证，并对由于安全生产所必需的资金投入不足导致的后果承担责任。

生产经营单位，从业人员超过 300 人的，应当设置安全生产管理机构或者配备专职安全生产管理人员；从业人员在 300 人以下的，应当配备专职或者兼职的安全生产管理人员，或者委托具有国家规定的相关专业技术资格的工程技术人员提供安全生产管理服务。

二、安全技术措施计划制度

安全技术措施计划是企业为了改善劳动条件、防止工伤事故和预防职业危害而编制的预防和控制措施的计划。它是企业生产、技术、财务计划的一个组成部分。企业在编制生产、技术、财务计划的同时，必须编制安全技术措施计划。安全技术措施所需的设备、材料，应该列入物资、技术供应计划，对于每项措施应该确定实现的期限和负责人。企业的领导人应该对安全技术措施计划的编制和贯彻执行负责。安全技术措施计划的范围包括以改善劳动条件、防止伤亡事故、预防职业病和职业中毒为目的的各项措施。安全技术措施的具体项目有安全技术、工业卫生、辅助房屋及设施、宣传教育等。安全技术措施计划所需的经费，应按国家有关规定提取专项费用。对于安全技术措施专项费用，企业必须按比例提取，实行专项存储、专项核算、统筹安排，把该项费用全部用于以改善企业劳动条件、防止工伤事故和预防职业危害为主要目的的技术措施项目，不得挪作他用。

以案说法 4-4

试用期能享受到同等的劳动保护条件吗？

王某是某公司劳动合同制工人，2009年5月与公司签订了5年的劳动合同，在劳动合同中约定的工作岗位是焊接工，合同试用期为6个月。王某参加工作后，看到其他职工都戴着防护眼镜和手套，自己却没有领到。于是他向公司提出要求，希望尽快发给其防护眼镜和手套。公司以王某还在试用期内，不是正式职工为由拒绝给其发放防护眼镜和手套。王某认为公司的决定不合法，向当地劳动人事争议仲裁委员会提出申诉，要求公司发给其劳动防护用品。

案例点评

劳动者试用期应当享受同等的劳动保护，因此劳动人事争议仲裁委员会裁定该公司发给王某劳动防护用品。

资料来源：劳动安全卫生管理案例二 [EB/OL]. （2009-03-05）[2018-10-12]. https://www.docin.com/p-68480083.html。内容有修改。

三、安全生产教育制度

安全生产教育制度是企业帮助职工提高安全生产意识，普及安全技术法规知识，教育和培训职工掌握安全技术常识的一项经常性教育制度。安全生产教育制度是预防工伤事故发生的重要措施。《劳动法》规定，用人单位必须"对劳动者进行劳动安全卫生教育"，且用人单位"从事特种作业的劳动者必须经过专门培训并取得特种作业资格"。对劳动者进行安全生产教育是用人单位的一项基本义务和责任。

安全生产教育的内容包括思想政治教育、劳动安全卫生法制教育、劳动纪律教育、劳动安全技术知识教育、典型经验和事故教训教育等。安全生产法明确要求生产经营单位应当对从业人员进行安全生产教育和培训，保证从业人员具备必要的安全生产知识，熟悉有关安全生产规章制度和安全操作规程，掌握本岗位的安全操作技能。未经安全生产教育和培训合格的从业人员，不得上岗作业。生产经营单位采用新工艺、新技术、新材料或者使用新设备，必须了解、掌握其安全技术特性，采取有效的安全防护措施，并对从业人员进行专门的安全生产教育和培训。特种作业人员必须按照国家有关规定经专门的安全作业培训，取得特种作业操作资格证书，方可上岗作业。此外，企业还应开展各种形式的活动，对全体职工进行经常性的安全卫生教育。

四、安全卫生检查制度

安全卫生检查制度是落实安全卫生法规，揭露和消除事故隐患，推动劳动安全卫生工作的制度。安全卫生检查既包括用人单位自身对安全卫生工作进行的经常性检查，也包括由地方劳动行政部门、产业主管部门组织的定期检查。另外，工会也有权对企业的安全卫生情况进行检查。检查的内容包括：执行各项安全卫生规程的情况，安全卫生措施计划落实情况，各项通风设备的有效状况，各种机器设备和厂房建筑的安全卫生状况，个人防护用品的管理和使用情况，职工对安全卫生规章制度掌握情况，等等。

安全生产法规定，县级以上地方各级人民政府应当根据本行政区域内的安全生产状况，组织有关部门按照职责分工，对本行政区域内容易发生重大安全生产事故的生产经营单位进行严格检查；发现事故隐患，应当及时处理。涉及安全生产的事项需要审查批准（包括批准、核准、许可、注册、认证、颁发证照等）或者验收的，必须严格依照相关法律、法规和国家标准或者行业标准规定的安全生产条件和程序进行审查；不符合有关法律、法规和国家标准或者行业标准规定的安全生产条件的，不得批准或者验收通过。对未依法取得批准或者验收合格的单位擅自从事有关活动的，负责行政审批的部门发现或者接到举报后应当立即予以取缔，并依法予以处理。对已经依法取得批准的单位，负责行政审批的部门发现其不再具备安全生产条件的，应当撤销原批准。

五、劳动安全卫生监察制度

劳动安全卫生监察制度是指行使劳动监察权的机构对用人单位执行各项劳动安全卫生法规进行监督检查的制度。劳动安全卫生监察制度分为国家劳动安全卫生监察制度、专业劳动安全卫生监察制度和群众劳动安全卫生监察制度。迄今为止，我国已颁布了一系列有关劳动安全卫生监察的法规，现行有效的主要有：《特种设备安全监察条例》《粉尘危害分级监察规定》《有毒作业危害分级监察规定》《液化气体汽车罐车安全监察规程》等。

（一）国家劳动安全卫生监察制度

国家劳动安全卫生监察制度是指由国家授权的劳动安全卫生监察机构对用人单位及其主管部门执行劳动安全卫生法规进行监察的一种制度。它是独立于企业之外的国家监察，有独立的监察系统，其机构的设置、职权范围和监察员的任免等都由专门法规加以规定。监察机构具有广泛的监察权，行使监察权不受任何部门、团体或个人的干预。

根据国家有关法律规定，国家各级劳动行政部门应设置有关劳动安全卫生监察机构，负责劳动安全卫生的监察工作。《安全生产法》第七十一条规定："监察机关依照监察法的规定，对负有安全生产监督管理职责的部门及其工作人员履行安全生产监督管理职责实施监察。"《中华人民共和国监察法》（以下简称《监察法》）第五十五条规定："监察机关通过设立内部专门的监督机构等方式，加强对监察人员执行职务和遵守法律情况的监督，建设忠诚、干净、担当的监察队伍。"《化工劳动安全卫生监察试行办法》第四条规定："各级劳动安全卫生监察组织要本着精简、效能的原则，设立办事机构，指定专人负责。并根据系统安全卫生监察的需要任命和配备劳动安全卫生监察员，负责执行监察任务。"

劳动安全卫生监察机构应设置专职或兼职劳动监察员。《劳动安全卫生监察员管理办法》第四条规定："省级劳动行政部门的劳动安全卫生监察员，由省、自治区、直辖市劳动行政部门推荐，报劳动部考核、发证。地市级、县级劳动行政部门的劳动安全卫生监察员，由同级劳动行政部门推荐，省、自治区、直辖市劳动行政部门考核、发证，报劳动部门备案。劳动安全卫生监察员的考核，每三年进行一次。"第六条规定："劳动安全卫生监察员应履行以下职责：（一）宣传劳动安全卫生法律、法规和国家有关方针政策；（二）监督检查用人单位执行劳动安全卫生、女职工和未成年工特殊保护、工作时间和休息休假等法律、法规的情况；（三）在履行劳动安全卫生监察职责时，发现违法行为有权制止或责令改正；（四）对存在重大事故隐患、职业危害严重的用人单位应及时提出整改意见，并向劳动行政部门报告；（五）参加伤亡事故和职业病的调查处理；（六）法律、法规规定的其他职责。"

（二）专业劳动安全卫生监察制度

专业劳动安全卫生监察制度是指用人单位的主管部门和有关专业部门在各自职责范围内，对用人单位贯彻执行劳动安全卫生法规的情况进行监督检查的制度，主要包括：①银行、审计部门对用人单位劳动安全卫生设施的建设实行专款专用进行监督检查；②卫生部门对用人单位执行劳动安全卫生法规的情况进行监督检查；③用人单位的主管部门对其下属单位执行劳动安全卫生的情况进行监督检查。按照有关规定，主管部门应制定监督检查用人单位执行劳动安全卫生法规情况的计划和要求；建立健全各项监督管理制度；组织领导基层单位开展各种形式的监督检查活动；采取措施使监督检查活动经常化、制度化；听取工会和劳动行政部门针对所属单位在执行劳动安全卫生法规过程中存在的问题的改进意见，责令所属单位及时改进；及时制止和纠正所属单位的违法行为；等等。

职业病防治法规定，县级以上人民政府职业卫生监管部门依照职业病防治法律、法规、国家职业卫生标准和卫生要求，依据职责划分，对职业病防治工作进行监督检查。安全生产监督管理部门履行监督检查职责时，有权采取下列措施：①进入被检查单位和职业病危害现场，了解情况，调查取证；②查阅或者复制与违反职业病防治法律、法规的行为有关的资料和采集样品；③责令违反职业病防治法律、法规的单位和个人停止违法行为。发生职业病危害事故或者有证据证明危害状态可能导致职业病危害事故发生时，安全生产监督管理部门可以采取下列临时控制措施：①责令暂停导致职业病危害事故的作业；②封存造成职业病危害事故或者可能导致职业病危害事故发生的材料和设备；③组织控制职业病危害事故现场。

安全生产法规定，监察机关依照行政监察法的规定，对负有安全生产监督管理职责的部门及其工作人员履行安全生产监督管理职责实施监察。负有安全生产监督管理职责的部门应当建立举报制度，公开举报电话、信箱或者电子邮件地址，受理有关安全生产的举报；受理的举报事项经调查核实后，应当形成书面材料；需要落实整改措施的，报经有关负责人签字并督促落实。

（三）群众劳动安全卫生监察制度

群众劳动安全卫生监察制度是指各级工会组织对用人单位贯彻执行劳动安全卫生法规的情况进行监督检查的制度。《劳动法》第八十八条规定，"各级工会依法维护劳动者的合法权益，对用人单位遵守劳动法律、法规的情况进行监督"。根据《工会劳动保护监督检查员工作条例》《基层工会劳动保护监督检查委员会工作条例》，工会组织依法履行劳动保护监督检查职责，建立劳动保护监督检查制度，对安全生产工作实行群众监督，维护职工的合法权益。

《职业病防治法》第四条规定，"工会组织依法对职业病防治工作进行监督，维护劳动者的合法权益。用人单位制定或者修改有关职业病防治的规章制度，应当听取工会组织的意见"。这些规定的实施，有利于发挥群众劳动安全卫生监察职能。

根据安全生产法规定，任何单位或者个人对事故隐患或者安全生产违法行为，均有权向负有安全生产监督管理职责的部门报告或者举报。居民委员会、村民委员会发现其所在区域内的生产经营单位存在事故隐患或者安全生产违法行为时，应当向当地人民政府或者有关部门报告。县级以上各级人民政府及其有关部门对报告重大事故隐患或者举报安全生产违法行为的有功人员，给予奖励。具体奖励办法由国务院安全生产监督管理部门会同国务院财政部门制定。新闻、出版、广播、电影、电视等单位有进行安全生产公益宣传教育的义务，有对违反安全生产法律、法规的行为进行舆论监督的权利。

六、伤亡事故报告和处理制度

伤亡事故报告和处理制度是对劳动者在劳动过程中发生伤亡事故进行统计、报告、调查、分析和处理的制度，其目的在于及时统计、报告、调查和处理伤亡事故，积极采取预防措施，防止和减少伤亡事故的危害。主要有《生产安全事故报告和调查处理条例》《企业职工伤亡事故分类》《企业职工伤亡事故经济损失统计标准》等法规和标准。

《劳动法》第五十七条规定："国家建立伤亡事故和职业病统计报告和处理制度。县级以上各级人民政府劳动行政部门、有关部门和用人单位应当依法对劳动者在劳动过程中发生的伤亡事故和劳动者的职业病状况，进行统计、报告和处理。"

（一）伤亡事故的分类

伤亡事故是指职工在劳动过程中发生的人身伤害、急性中毒事故。伤亡事故可按不同的标准进行分类：

1. 按事故原因的不同进行分类

按事故原因的不同可分为因工伤亡和非因工伤亡。

2. 按事故造成的损失进行等级分类

根据生产安全事故造成的人员伤亡或者直接经济损失，事故一般分为以下等级：

（1）特别重大事故，是指造成 30 人以上死亡，或者 100 人以上重伤（包括急性工业中毒，下同），或者 1 亿元以上直接经济损失的事故。

（2）重大事故，是指造成 10 人以上 30 人以下死亡，或者 50 人以上 100 人以下重伤，或者 5000 万元以上 1 亿元以下直接经济损失的事故。

（3）较大事故，是指造成 3 人以上 10 人以下死亡，或者 10 人以上 50 人以下重伤，或者 1000 万元以上 5000 万元以下直接经济损失的事故。

（4）一般事故，是指造成 3 人以下死亡，或者 10 人以下重伤，或者 1000 万元以下直接经济损失的事故。

3. 按事故的类别的不同进行分类

按事故的类别的不同可分为物体打击、车辆伤害、机械伤害、起重伤害、触电、淹溺、灼烫、火灾、高处坠落、坍塌、冒顶、片帮、透水、放炮、火药爆炸、瓦斯爆炸、锅炉爆炸、受压容器爆炸、其他爆炸、中毒和窒息、其他伤害等。

（二）伤亡事故的报告

伤亡事故发生后，负伤者或事故现场有关人员应立即直接或逐级报告企业负责人。企业负责人应立即报告企业主管部门和企业所在地劳动行政部门、公安部门、人民检察院、工会。主管部门和劳动行政部门接到死亡、重大死亡事故报告后，应立即按系统逐级上报；死亡事故报至省、自治区、直辖市企业主管部门和劳动行政部门；重大死亡事故报至国务院有关主管部门、劳动行政部门。

安全生产法要求生产经营单位发生生产安全事故后，应当迅速采取有效措施，组织抢救，防止事故扩大，减少人员伤亡和财产损失，并按照国家有关规定立即如实报告当地负有安全生产监督管理职责的部门，不得隐瞒不报、谎报或者迟报，不得故意破坏事故现场、毁灭有关证据。负有安全生产监督管理职责的部门接到事故报告后，应当立即按照国家有关规定上报事故情况。有关地方人民政府和负有安全生产监督管理职责的部门的负责人接到生产安全事故报告后，应当按照生产安全事故应急救援预案的要求立即赶到事故现场，组织事故抢救。任何单位和个人都应当支持、配合事故抢救，并提供一切便利条件。

（三）伤亡事故的调查

伤亡事故发生后，必须进行调查。按规定，特别重大事故由国务院或者国务院授权有关部门组织事故调查组进行调查；重大事故、较大事故、一般事故分别由事故发生地省级人民政府、设区的市级人民政府、县级人民政府负责调查；省级人民政府、设区的市级人民政府、县级人民政府可以直接组织事故调查组进行调查，也可以授权或者委托有关部门组织事故调查组进行调查；未造成人员伤亡的一般事故，县级人民政府也可以委托事故发生单位组织事故调查组进行调查。

伤亡事故调查组的组成应当遵循精简、效能的原则。根据事故的具体情况，伤亡事故调查组由有关人民政府、安全生产监督管理部门、负有安全生产监督管理职责的有关部门、监察机关、公安机关以及工会派人组成，并应当邀请人民检察院派人参加。伤亡事故调查组可以聘请有关专家参与调查。伤亡事故调查组应当查明事故发生的经过、原因、人员伤亡情况及直接经济损失，认定事故的性质和事故的责任，提出对事故责任者的处理建议，总结事故教训，提出防范和整改措施，提交伤亡事故调查报告。事故调查中发现涉嫌犯罪的，伤亡事故调查组应当及时将有关材料或者其复印件移交司法机关处理。伤亡事故调查组应当自事故发生之日起60日内提交事故调查报告；特殊情况下，经负责事故调查的人民政府批准，提交事故调查报告的期限可以适当延长，但延长的期限最长不超过60日。

（四）伤亡事故的处理

对于重大事故、较大事故、一般事故，负责事故调查的人民政府应当自收到事故调查报告之日起15日内作出批复；对于特别重大事故30日内作出批复，特殊情况下，批复时间可以适当延长，但延长的时间最长不超过30日。有关机关应当按照人民政府的批复，依照法律、行政法规规定的权限和程序，对事故发生单位和有关人员进行行政处罚，对负有事故责任的国家工作人员进行处分。事故发生单位应当按照负责事故调查的人民政府的批复，对本单位负有事故责任的人员进行处理。负有事故责任的人员涉嫌犯罪的，依法追究刑事责任。事故处理的情况由负责事故调查的人民政府或者其授权的有关部门、机构向社会公布，依法应当保密的除外。

根据安全生产法规定，负有安全生产监督管理职责的部门的工作人员对不符合法定安全生产条件的涉及安全生产的事项予以批准或者验收通过的；

发现未依法取得批准、验收的单位擅自从事有关活动或者接到举报后不予取缔或者不依法予以处理的；对已经依法取得批准的单位不履行监督管理职责，发现其不再具备安全生产条件而不撤销原批准或者发现安全生产违法行为不予查处的；在监督检查中发现重大事故隐患，不依法及时处理的，给予降级或者撤职的处分；构成犯罪的，依照刑法有关规定追究刑事责任。负有安全生产监督管理职责的部门的工作人员有其他滥用职权、玩忽职守、徇私舞弊行为的，依法给予处分；构成犯罪的，依照刑法有关规定追究刑事责任。

生产经营单位的决策机构、主要负责人或者个人经营的投资人不依照安全生产法保证安全生产所必需的资金投入，致使生产经营单位不具备安全生产条件的，责令限期改正，提供必需的资金；逾期未改正的，责令生产经营单位停产停业整顿；构成犯罪的，依照刑法有关规定追究刑事责任。导致发生生产安全事故构成犯罪的，依照刑法有关规定追究刑事责任；尚不够刑事处罚的，对生产经营单位的主要负责人给予撤职处分，对个人经营的投资人处 2 万元以上 20 万元以下的罚款。生产经营单位主要负责人在本单位发生重大生产安全事故时，不立即组织抢救或者在事故调查处理期间擅离职守或者逃匿的，给予降级、撤职的处分，并由安全生产监督管理部门处上一年年收入 60% 至 100% 的罚款；对逃匿的处 15 日以下拘留；构成犯罪的，依照刑法有关规定追究刑事责任。生产经营单位的主要负责人对生产安全事故隐瞒不报、谎报或者迟报的，依照前述规定处罚。

从业人员不服从管理，违反安全生产规章制度或者操作规程的，由生产经营单位给予批评教育，依照有关规章制度给予处分；造成重大事故，构成犯罪的，依照刑法有关规定追究刑事责任。

有关地方人民政府、负有安全生产监督管理职责的部门，对生产安全事故隐瞒不报、谎报或者迟报的，对直接负责的主管人员和其他直接责任人员依法给予行政处分；构成犯罪的，依照刑法有关规定追究刑事责任。

根据职业病防治法规定，用人单位工作场所职业病危害因素的强度或者浓度超过国家职业卫生标准的；未提供职业病防护设施和个人使用的职业病防护用品，或者提供的职业病防护设施和个人使用的职业病防护用品不符合国家职业卫生标准和卫生要求的；对职业病防护设备、应急救援设施和个人使用的职业病防护用品未按照规定进行维护、检修、检测，或者不能保持正常运行、使用状态的；未按照规定对工作场所职业病危害因素进行检测、评价的；工作场所职业病危害因素经治理仍然达不到国家职业卫生标准和卫生要求时，未停止存在职业病危害因素的作业的；未按照规定安排职业病病人、疑似职业病病人进行诊治的，发生或者可能发生急性职业病危害事故时，未立即采取应急救援和控制措施或者未按照规定及时报告的；未按照规定在产生严重职业病危害的作业岗位醒目位置设置警示标志和中文警示说明的；拒绝卫生行政主管部门监督检查的，由卫生行政主管部门给予警告，责令限期改正，逾期不改正的，处 5 万元以上 20 万元以下的罚款；情节严重的，责令停止产生职业病危害的作业，或者提请有关人民政府按照国务院规定的权限责令关闭。

用人单位造成重大职业病危害事故或者其他严重后果，构成犯罪的，对直接负责的主管人员和其他直接责任人员，依法追究刑事责任。卫生行政主管部门不按照规定报告职业病和职业病危害事故的，由上一级卫生行政主管部门责令改正，通报批评，给予警告；虚报、瞒报的，对单位负责人、直接负责的主管人员和其他直接责任人员依法给予降级、撤职或者开除的行政处分。

📚 本章小结

（1）劳动安全卫生是指劳动者在劳动中安全和健康的法律保障，包括劳动安全技术规程、劳动卫生规程、劳动安全卫生管理制度等。获得劳动安全卫生保护是劳动者的一项基本权利。劳动安全卫生的意义包括：防止、减少伤亡事故和职业危害，保障劳动者的安全和健康；改善劳动条件，保护劳动者，促进劳动生产率的提高和技术的进步；对女职工和未成年工的特殊劳动保护，有利于国家的兴盛发达，民族优秀体质的延续。

（2）劳动安全技术规程是指国家为了保护劳动者在劳动过程中的安全、防止伤亡事故发生，而采取的各种安全技术保护措施的规章制度。劳动安全技术规程包括工厂安全技术规程、建设工程安全生产管理条例和矿山安全技术规程等。

（3）劳动卫生规程指国家为了改善劳动条件，保障职工在生产过程中的健康，防止、消除职业病和职业中毒而规定的各种法律规范。劳动卫生规程的主要内容有防止粉尘危害、防止有毒有害物质的危害、防止噪声和强光的刺激、防暑降温、通风和照明、防护用品、职工健康管理。

新建、改建、扩建工程的劳动安全卫生设施必须与主体工程同时设计、同时施工、同时投入生产和使用。

（4）劳动安全卫生管理制度是指为了保障劳动者在劳动过程中的安全和健康，用人单位根据国家有关法规的规定，结合本单位的实际情况所制定的有关劳动安全卫生管理的规章制度。劳动安全卫生管理制度包括：安全卫生责任制度、安全技术措施计划制度、安全生产教育制度、安全卫生检查制度、劳动安全卫生监察制度、伤亡事故报告和处理制度。

本章习题

一、单项选择题

1. 从法律的角度来讲，劳动安全卫生是一种（　　　）。

A. 制度　　　　B. 法律保障　　　C. 日常习惯　　　D. 标准

2. 劳动安全技术规程是指国家为了保护（　　　）在劳动过程中的安全、防止伤亡事故发生，而采取的各种安全技术保护措施的规章制度。

A. 劳动者　　　B. 设备　　　　C. 工厂　　　　　D. 原材料

3. 伤亡事故发生后，必须进行调查。按规定，（　　　）由国务院或者国务院授权有关部门组织事故调查组进行调查。

A. 特别重大事故　　　　　　B. 重大事故

C. 较大事故　　　　　　　　D. 伤亡事故

4. 室内工作地点的温度经常高于（　　　）℃的，要采取降温措施。

A. 30　　　　B. 32　　　　C. 35　　　　　D. 37

5. 企业在编制生产、技术、财务计划的（　　　），必须编制安全技术措施计划。

A. 之前　　　B. 之后　　　C. 同时　　　　D. 以上都可以

二、多项选择题

1. 新建、改建、扩建工程的劳动安全卫生设施必须与主体工程（　　　）。

A. 同时设计

B. 同时施工

C. 同时投入生产和使用

D. 同时装修

2. 劳动卫生规程的目的包括（　　　）。

A. 改善劳动条件

B. 增加劳动者的工作复杂程度

C. 保障职工在生产过程中的健康

D. 防止、消除职业病和职业中毒

3．安全卫生检查包括（　　　）。

A．用人单位自身对安全卫生工作进行的经常性检查

B．地方劳动行政主管部门、产业主管部门组织的定期检查

C．工商部门进行的抽查

D．工会进行的检查

三、案例分析题

2012年12月，湖南省株洲市醴陵市的某花炮厂因员工李某违反规定抽烟发生爆炸，造成2人死亡、7人受伤的安全生产事故。事后，该厂厂长郭某为了息事宁人，和受害人家属协商后进行私了并对事故信息进行封锁。根据上述事例，结合所学知识，回答以下问题：

（1）该厂厂长郭某的做法是否违法？为什么？

（2）该案中的事故按照伤害程度和伤亡人数分类，应是什么事故？应该向谁报告？

第五章
社会保险法律制度

学习目标

认知目标

　　描述改革开放后我国社会保险法的发展概况，阐述社会保险法的基本原则，指明社会保险法的革新点，说明社会保险法律关系的特征，描述城镇职工基本养老保险法律制度的内容，复述城乡居民基本养老保险法律制度的内容，描述城镇职工基本医疗保险法律制度的内容，复述城乡居民基本医疗保险法律制度的内容，复述工伤保险法的基本原则，说明失业保险的参保对象。

技能目标

　　结合实际，设计工伤认定流程和制度；结合实际，编写失业保险金给付流程和制度；结合实际，编写发放生育保险待遇流程和制度。

引导案例

职工见义勇为而受伤属于工伤吗？

　　罗某系重庆市 ZD 物业管理有限公司（以下简称 ZD 物业公司）保安。2011 年 12 月 24 日，罗某在 ZD 物业公司服务的 Q 小区上班。上午 9 点左右，小区附近有人对一过往行人实施抢劫，罗某听到呼喊声后立即拦住抢劫者的去路，在与抢劫者搏斗的过程中，不慎摔倒而受伤。罗某于2012年6月12日向重庆市涪陵区人力资源和社会保障局（以下简称涪陵区人社局）提出工伤认定申请。涪陵区人社局当日受理，认定罗某所受之伤属因工受伤。ZD物业公司不服，向法院提起行政诉讼。在诉讼过程中，涪陵区人社局撤销原工伤认定决定，并于2013年6月25日作出认定，认定罗某受伤属于视同因工受伤。ZD物业公司仍然不服，于2013年7月15日向重庆市人力资源和社会保障局（以下简称重庆市人社局）申请行政复议，重庆市人社局于2013年8月21日作出行政复议，维持视同因工受伤的决定。ZD物业公司不服，遂诉至法院，请求判决撤销涪陵区人社局作出的认定工伤决定书，并责令被告重新作出认定。

另查明，重庆市涪陵区社会管理综合治理委员会对罗某的行为进行了表彰，并作出了见义勇为行为的通报。

涪陵区人民法院于2013年9月23日作出行政判决，驳回ZD物业公司要求涪陵区人社局作出的认定工伤决定书的诉讼请求。一审宣判后，双方当事人均未上诉，裁判现已发生法律效力。

📝案例点评

被告涪陵区人社局是县级劳动行政主管部门，根据《工伤保险条例》第五条第二款规定，其具有受理本行政区域内的工伤认定申请，并根据事实和法律作出是否工伤认定的行政管理职权。被告根据罗某提供的涪陵区社会管理综合治理委员会《关于表彰罗某同志见义勇为行为的通报》，认定罗某在见义勇为中受伤，事实清楚，证据充分。

《工伤保险条例》第十五条第一款第二项规定："职工在抢险救灾等维护国家利益、公共利益活动中受到伤害的，视同工伤。"据此，虽然职工不是在工作地点、因工作原因受到伤害，但其是在维护国家利益、公共利益活动中受到伤害的，也应当按照工伤处理。公民见义勇为，同违法犯罪行为作斗争，与抢险救灾一样，同样属于维护社会公共利益的行为，应当予以大力提倡和鼓励。

资料来源：指导案例94号 重庆市涪陵ZD物业管理有限公司诉重庆市涪陵区人力资源和社会保障局劳动和社会保障行政确认案[EB/OL].（2018-06-27）[2018-10-12].https://www.court.gov.cn/zixun/xiangqing/104272.html。内容有修改。

第一节　社会保险法律制度概述

社会保险法是调整社会保险关系的法律规范。社会保险关系是在劳动者暂时或永久丧失劳动能力或者失业的情况下，因国家和社会对其本人及家庭进行物质帮助而发生的社会关系。社会保险法是国家、单位和个人按照"社会风险、社会化解"的原则对年老、疾病、失业、伤残、生育等社会风险进行管理的法规。

一、改革开放后我国社会保险法的发展

1986 年国务院颁布的《国营企业实行劳动合同制暂行规定》和《国营企业职工待业保险暂行规定》标志着我国社会保险制度开始脱离传统体制。但由于当时的改革思路仍未摆脱计划经济的阴影，社会保险立法没有多大进展。

《劳动法》第七十条规定："国家发展社会保险事业，建立社会保险制度，设立社会保险基金，使劳动者在年老、患病、工伤、失业、生育等情况下获得帮助和补偿。"这些规定，为我国社会保险体系的建立提供了基本依据。

1991 年国务院发布了《国务院关于企业职工养老保险制度改革的决定》，社会保险新体制开始启动。沿着这一方向，国务院及劳动行政管理部门陆续公布了《国有企业职工待业保险规定》（1993 年）、《关于职工医疗制度改革的试点意见》（1994 年）、《企业职工生育保险试行办法》（1994 年）、《劳动部关于发布〈企业职工工伤保险试行办法〉的通知》（1996 年）、《国务院关于建立统一的企业职工基本养老保险制度的决定》（1997 年）、《国务院关于建立城镇职工基本医疗保险制度的决定》（1998 年）、《失业保险条例》（1999年）等一系列规范性文件，社会保险制度框架初步建立。

进入 21 世纪，2003 年国务院颁布《工伤保险条例》，劳动和社会保障部颁布《关于城镇灵活就业人员参加基本医疗保险的指导意见》；2004 年劳动和社会保障部颁布《企业年金试行办法》，劳动部办公厅颁布《关于推进混合所有制企业和非公有制经济组织从业人员参加医疗保险的意见》；2005 年国务院颁布《国务院关于完善企业职工基本养老保险制度的决定》；2006 年国务院颁布《国务院关于解决农民工问题的若干意见》；2007 年国务院颁布《国务院关于开展城镇居民基本医疗保险试点的指导意见》；2009 年国务院颁布《国务院关于开展新型农村社会养老保险试点的指导意见》；2010 年国务院颁布《国务

院关于修改〈工伤保险条例〉的决定》。

2010年10月28日，《中华人民共和国社会保险法》（以下简称《社会保险法》）由中华人民共和国第十一届全国人民代表大会常务委员会第十七次会议审议通过，自2011年7月1日起施行。《社会保险法》的出台，标志着我国社会保险立法进入到发展与完善的新阶段。2018年12月29日，《全国人民代表大会常务委员会关于修改〈中华人民共和国社会保险法〉的决定》由中华人民共和国第十三届全国人民代表大会常务委员会第七次会议审议通过，自公布之日起施行。

2023年9月1日，国务院公布《社会保险经办条例》（国务院令第765号），自2023年12月1日起施行，主要规定了以下内容：

一是紧扣社会保险法，明确条例调整范围。规定经办基本养老保险、基本医疗保险、工伤保险、失业保险、生育保险等国家规定的社会保险适用本条例。

二是明确经办机构职责，强化服务管理监督。规定社会保险经办机构（以下简称经办机构）办理社会保险关系登记和转移，记录和保管社会保险经办信息，及时进行社会保险待遇核定和支付。要求经办机构规范社会保险经办服务和管理，明确社会保险经办监督的具体内容和要求。

三是减少证明材料，明确办理时限。加强有关部门与经办机构信息共享，明确享受社会保险待遇的相关证明材料，缩短社会保险经办时限，明确社会保险关系转移接续程序，建立健全异地就医医疗费用结算制度，要求经办机构加强无障碍环境建设，为老年人、残疾人等提供便利。

四是完善管理制度，强化监督措施。要求经办机构与符合条件的机构协商签订服务协议，规范社会保险服务。建立社会保险信用管理制度。要求主管部门对经办机构、社会保险服务机构等进行监督检查；财政部门、审计机关依法实施监督。要求主管部门畅通监督渠道，经办机构公开有关信息。

五是明确法律责任，严惩违法犯罪行为。对骗取社会保险基金支出、隐匿、转移、侵占、挪用社会保险基金或者违规投资运营等违法行为，规定了相应的法律责任。

二、社会保险法的基本原则

（一）普遍保障性原则

普遍保障性原则是指社会保险所实施的范围应涵盖所有的社会成员。社会保险应当尽可能地覆盖每一名劳动者。普遍保障性原则强调人人平等地享有社会保险权利，要求给予条件相同者以平等的社会保险待遇。

（二）基本保障原则

基本保障原则强调国家和社会给予公民的保障首先是满足基本生活需要和提供基本生存条件的保障。生存权是最基本的人权，是人权保障的核心内容。生存权是人类在社会中健康生活，从而享受各种权利的基础，离开对人类生存权的保护，人类其他的权利则无从谈起。必要的物质基础不仅是人类生存的基础，而且是人类享有人格权的基础。

（三）多层次原则

社会保险待遇水平既要体现社会公平的因素，确保每一位劳动者都能维持基本生活，又要适度体现不同劳动者之间的差别，以提高用人单位和劳动者参保缴费的积极性。社会保险法律制度在维护社会公平的同时，也需要强调社会保险对于促进效率的作用，力求做到公平与效率兼顾、统一与差别并重，建立多层次、多元化的社会保险制度。

（四）合理性原则

合理性原则是指社会保险水平要与社会生产力发展水平相适应，社会保险标准应当与社会经济发展水平相适应。《劳动法》第七十一条规定："社会保险水平应当与社会经济发展水平和社会承受能力相适应。"《社会保险法》第三条规定："社会保险制度坚持广覆盖、保基本、多层次、可持续的方针，社会保险水平应当与经济社会发展水平相适应。"

（五）社会化原则

社会化原则是指社会保险资金来源的社会化、社会保险管理的社会化和社会保险责任的社会化。社会保险的社会性集中表现为保险基金筹集的社会性。社会保险的基金通常是多方面筹集的，雇主、被保险人及政府三方负担的方式是最符合社会保险的特点和实践要求的一种模式，这种模式符合社会保险的社会互助宗旨。

（六）国家承担最终责任原则

国家既是社会保险制度的发起者和监督者，同时也是社会保险制度的资助者和保证者。国家对于社会保险制度承担的责任是最终的，在社会保险基金入不敷出的情况下，国家负有向社会保险基金提供紧急财政援助的责任。

三、社会保险法的主要特点

（一）统筹城乡，覆盖全民

社会保险法在覆盖范围上把各类劳动者以及城乡全体居民全部纳入相应的基本养老保险、基本医疗保险制度，把职业人群纳入工伤保险、失业保险和生育保险制度，不使任何一个社会群体因为游离在制度之外而丧失享受社会保险权益的机会，主要体现在以下两点：

一是在覆盖人员上，以法律形式实现了社会保险从职业人群向全体居民的扩展。建立了基本养老保险制度和基本医疗保险制度，将全体居民纳入社会保险制度覆盖范围。

二是在覆盖地域上，以法律形式实现了社会保险从城镇向农村的重大历史性跨越。将广大农民的医疗和养老纳入社会保险覆盖范围；同时对进城务工的农村居民、被征地农民的社会保险问题也作出相应的法律规定。

（二）明确了社会保险关系转移接续制度

社会保险法规定了基本养老保险、医疗保险和失业保险累计缴费年限均可随本人转移的接续制度，使社会保险关系在城乡之间、地区之间、人群之间实现有效转移接续，以确保社会保障制度的持续性和有效性：

一是《社会保险法》第十九条规定："个人跨统筹地区就业的，其基本养老保险关系随本人转移，缴费年限累计计算。个人达到法定退休年龄时，基本养老金分段计算、统一支付。"

二是《社会保险法》第三十二条规定："个人跨统筹地区就业的，其基本医疗保险关系随本人转移，缴费年限累计计算。"

三是《社会保险法》第五十二条规定："职工跨统筹地区就业的，其失业保险关系随本人转移，缴费年限累计计算。"

（三）解决了缴费不足 15 年人员的养老保险待遇难题

参保人达到法定退休年龄但累计缴费不足 15 年的，《社会保险法》第十六条给出了两个解决办法：

一是"可以缴费至满十五年"，然后按月领取基本养老金。

二是可以转入新型农村社会养老保险或者城镇居民社会养老保险，按照国务院规定享受相应的养老保险待遇。

（四）先行支付与代位求偿

为保证劳动者受伤后得到及时救治，社会保险法对治疗发生的医疗费用作出了"先行支付、代位求偿"的规定。

一是《社会保险法》第三十条规定："医疗费用依法应当由第三人负担，第三人不支付或者无法确定第三人的，由基本医疗保险基金先行支付。基本医疗保险基金先行支付后，有权向第三人追偿。"

二是《社会保险法》第四十二条规定："由于第三人的原因造成工伤，第三人不支付工伤医疗费用或者无法确定第三人的，由工伤保险基金先行支付。工伤保险基金先行支付后，有权向第三人追偿。"

三是《社会保险法》第四十一条规定："职工所在用人单位未依法缴纳工伤保险费，发生工伤事故的，由用人单位支付工伤保险待遇。用人单位不支付的，从工伤保险基金中先行支付。""从工伤保险基金中先行支付的工伤保险待遇应当由用人单位偿还。用人单位不偿还的，社会保险经办机构可以依照本法第六十三条的规定追偿。"

（五）突出了参保人员的合法权利

一是健全了养老保险中的遗属、残疾待遇制度。规定参加基本养老保险的个人，因病或者非因工死亡的，其遗属可以领取丧葬补助金和抚恤金；在未达到法定退休年龄时因病或者非因工致残完全丧失劳动能力的，可以领取病残津贴。

二是在工伤保险待遇中，"住院伙食补助费""到统筹地区以外就医的交通食宿费"和"终止或者解除劳动合同时，应当享受的一次性医疗补助金"三项费用由工伤保险基金支付，减轻了参保用人单位的负担。

三是《社会保险法》第四十八条规定："失业人员在领取失业保险金期间，参加职工基本医疗保险，享受基本医疗保险待遇。""失业人员应当缴纳的基本医疗保险费从失业保险基金中支付，个人不缴纳基本医疗保险费。"

四是规定参保职工未就业配偶按照国家规定享受生育医疗费用待遇。《社会保险法》第五十四条第一款规定:"用人单位已经缴纳生育保险费的,其职工享受生育保险待遇;职工未就业配偶按照国家规定享受生育医疗费用待遇。所需资金从生育保险基金中支付。"也就是说,如果有一位全职的准妈妈,没有工作,但她的丈夫在单位参加了生育保险,她也能享受生育保险中生育医疗费用的待遇。

(六)增强了社会保险费征收的强制性

由于社会保险的长久性和持续性,如果用人单位未能按时足额履行社会保险的缴费义务,日后劳动者享受社会保险待遇就会受到影响。例如,当劳动者在退休时遭遇养老保险费未全额缴纳的境况时,劳动者的养老保险待遇就打了折扣。因此,社会保险法进一步增强了征缴的强制性,采取了以下措施:

(1)规定了社会保险信息沟通共享机制。社会保险法规定,市场监督管理部门、民政部门和机构编制管理机关应当及时向社会保险经办机构通报用人单位的成立、终止情况,公安机关应当及时向社会保险经办机构通报个人的出生、死亡以及户口登记、迁移、注销等情况。

(2)规定了社会保险费实行统一征收,即社会保险费实行基本养老保险费、基本医疗保险费、工伤保险费、失业保险费和生育保险费统一征收,以及征收机构实行全国统一,并授权国务院规定实施步骤和具体办法。

(3)建立了社会保险费的强制征缴制度。该制度包括以下内容:

一是从用人单位存款账户直接划拨社会保险费。《社会保险法》第六十三条规定:用人单位未按时足额缴纳社会保险费的,由社会保险费征收机构责令其限期缴纳或者补足。用人单位逾期仍未缴纳或者补足社会保险费的,社会保险费征收机构可以向银行和其他金融机构查询其存款账户;并可以申请县级以上有关行政部门作出划拨社会保险费的决定,书面通知其开户银行或者其他金融机构划拨社会保险费。

二是用人单位账户余额少于应当缴纳的社会保险费的,社会保险费征收机构可以要求该用人单位提供担保,签订延期缴费协议。

三是用人单位未足额缴纳社会保险费且未提供担保的,社会保险费征收机构可以申请人民法院扣押、查封、拍卖其价值相当于应当缴纳社会保险费的财产,以拍卖所得抵缴社会保险费。

（七）强化了政府在社会保险筹资方面的责任

社会保险法规定政府在社会保险筹资中的责任主要有：

一是县级以上人民政府对社会保险事业给予必要的经费支持，县级以上人民政府在社会保险基金出现支付不足时，给予补贴。

二是国有企业、事业单位职工参加基本养老保险前，视同缴费年限期间应当缴纳的基本养老保险费由政府承担。

三是基本养老保险基金出现支付不足时，政府给予补贴。

四是国家设立全国社会保障基金，由中央财政预算拨款以及国务院批准的其他方式筹集的资金构成，用于社会保障支出的补充、调剂。

以案说法 5-1

劳资双方约定不交社保合法吗？

崔某于 2009 年 2 月应聘到某公司工作。该公司与崔某达成口头协议：公司不为其参加社会保险，每月工资多发 200 元。随后，崔某与该公司签订了为期 1 年的劳动合同。2010 年 2 月合同到期后，该公司以崔某工作不努力为由与其终止了劳动合同。崔某于是向当地劳动人事争议仲裁委员会提起申诉，要求该公司支付经济补偿，并缴纳工作期间的社会保险费。

案例点评

用人单位和劳动者必须依法参加社会保险，缴纳社会保险费。劳动人事争议仲裁委员会裁决公司支付给崔某 1 个月工资的经济补偿，并为崔某补缴 2009 年 2 月至 2010 年 2 月的社会保险费（个人部分由崔某自己承担）。

资料来源：社会保险必须缴纳（仲裁案例）[EB/OL].（2011-04-22）[2018-10-12]. https://www.lawtime.cn/info/laodong/ldzyal/2010111874404.html。内容有修改。

四、社会保险法律关系及特征

社会保险法律关系是社会保险法在调整社会保险活动过程中形成的，保险人、缴费义务人、被保险人和受益人之间因社会保险费用的缴纳、支付、管理和监督所发生的权利与义务关系。社会保险法律关系除了具备法律关系的一般特征外，还有自身的特征。

（一）综合性

社会保险法律关系的综合性是由社会保险主体的多元性以及主体活动的复杂性决定的。参与社会保险活动的主体包括管理人、监督人、保险人、投保人、受益人、鉴定人、代办人、投资人、服务人等类型。社会保险几乎涉及所有的社会组织和个人，各类主体的活动又是复合交叉的。

（二）兼备从属性与平等性

首先，社会保险法律关系具有从属性。在社会保险关系中，国家是社会保险法的制定者、执行者，不仅享有征收社会保险费（税）的权利，而且享有对违反社会保险法规定行为的处罚权；国家的主要义务是给付社会保险金。雇主仅承担按照法律规定缴付社会保险费的义务，而不享有相应的权利。雇员则既承担缴付社会保险费的义务，又享有获得社会保险金的权利。其次，部分社会保险关系具有平等性。如社会保险合同法律关系、社会保险服务法律关系以及社会保险投资法律关系，这些社会保险关系具有民事法律关系的性质，双方当事人地位平等，并实行意思自治原则，双方平等地享有权利与承担义务。

（三）兼备人身性与财产性

社会保险关系是人身关系和财产关系的结合。首先，社会保险是针对特定人群的，具有一定主体身份才能享受社会保险项目，因此社会保险关系具有人身性。如获得养老金的主体是达到法定退休年龄的老人，获得失业救济金的主体是丧失工作的劳动者。其次，社会保险的核心内容是参加社会保险的对象，一旦发生保险事故，应及时对社会保险对象给予物质帮助。如养老金、失业救济金等均表现为财产内容。

（四）国家干预性

社会保险法是国家为了社会的稳定与和谐，运用国家权力强制干预社会财富的分配和再分配的重要方式。社会保险法律关系属于创制性的法律关系，没有国家的社会保险政策，没有社会保险政策的法律形式，就没有社会保险法律关系。社会保险法律关系的产生、变更或消灭都必须依照社会保险法的规定，社会保险法律关系的主体的活动必须按照社会保险法的规定进行，社会保险法的规定一般都是强制性的规定。

第二节　基本养老保险

基本养老保险是国家根据劳动者的体质和劳动力资源的状况，规定一个年龄界限，允许劳动者在达到这个年龄时，因年老丧失劳动能力而解除劳动义务，由国家和社会提供物质帮助，保证劳动者晚年生活，使其老有所养的一种社会保险制度。

一、城镇职工基本养老保险法律制度

（一）适用范围

1. 各类企业及其职工

从所有制形式来看，我国企业及其职工包括国有企业、城镇集体企业、外商投资企业、城镇私营企业等；而根据企业责任形式则包括城镇企业法人、合伙企业以及个人独资企业；但原则上企业经营资格的取得都必须经过工商登记。

2. 事业单位及其工作人员

目前我国的事业单位可以分为三类：①参照公务员法管理的履行公共管理职能的事业单位；②实行企业化管理的事业单位；③以科技、教育、文化、卫生为代表的公益性事业单位。根据我国现行立法的规定，除第一种类型的事业单位及其工作人员外，第二、第三种类型的事业单位及其工作人员都应参加城镇职工基本养老保险。

3. 灵活就业人员

灵活就业人员是指以非全日制、临时性、季节性、弹性工作等灵活多样的形式实现就业的人员，包括无雇工的个体工商户、非全日制从业人员以及律师、会计师、自由撰稿人、演员等自由职业者等，这类人员在工作时间、劳动报酬、工作场所、劳动关系等方面与传统的建立在工厂制度基础上的劳动者不一样。

4. 中国境内就业的外国人

《社会保险法》第九十七条规定："外国人在中国境内就业的，参照本法规定参加社会保险。"

以案说法 5-2

辞职后，可否要求原单位补缴养老金？

2008 年 1 月 18 日，某汽车配件有限公司招收杜某为其员工，双方签订了书面劳动合同，合同期限从 2008 年 1 月 18 日至 2010 年 1 月 17 日。2009 年 11 月 25 日，杜某提出辞职，双方正式解除劳动关系。但在劳动关系存续期间，某汽车配件有限公司却从未为杜某缴纳城镇职工基本养老保险。2011 年 3 月，杜某向某区法院提出起诉，请求法院判令某汽车配件有限公司为其补缴社会保险费。

案例点评

被告某汽车配件有限公司应当为原告杜某补缴 2008 年 2 月至 2009 年 11 月的社会保险费。

资料来源：曹智勇 . 律师教您应对常见劳动纠纷 100 案 [M]. 北京：中国法制出版社，2012。内容有修改。

（二）城镇职工基本养老保险基金的筹集和管理

1. 城镇职工基本养老保险基金的组成

（1）用人单位和个人缴费。基本养老保险费由企业和被保险人共同承担。其中企业缴纳基本养老保险费的比例，一般不得超过企业工资总额的 20%（包括划入个人账户的部分），具体比例由省、自治区、直辖市人民政府确定。

（2）基本养老保险费利息和其他收益。基本养老保险费利息是指将基本养老保险费存入银行或按照国家规定购买国家债券所得的利息收入。

（3）财政补贴。政府的财政补贴是指同级财政给予基金的补贴收入。在城镇职工基本养老保险基金筹集中，政府应承担一定职责，但只是发挥辅助性作用，并不直接缴纳基本养老保险费，而是在用人单位和劳动者双方负担的基础上，承担基本养老保险费收不抵支的部分。根据社会保险法规定，政府财政补贴主要集中在以下两方面：一是国有企业、事业单位职工参加基本养老保险前，视同缴费年限期间应当缴纳的基本养老保险费；二是基本养老保险基金出现支付不足时，政府给予补贴。

（4）滞纳金。滞纳金是指企业未按期缴纳基本养老保险费时，由法定收缴部门要求其承担的一种迟延履行的法律责任。《社会保险法》第八十六条规定："用人单位未按时足额缴纳社会保险费的，由社会保险费征收机构责令限期缴纳或者补足，并自欠缴之日起，按日加收万分之五的滞纳金；逾期仍不缴纳的，由有关行政部门处欠缴数额一倍以上三倍以下的罚款。"滞纳金并入社会保险基金。

（5）其他依法可以纳入基本养老保险基金的资金。其他依法可以纳入基本养老保险的资金主要是指法律规定的上述资金之外的应该纳入养老保险基金的资金，如养老保险基金投资运营的收益。

2. 个人账户资金

个人缴纳的基本养老保险费记入个人账户，作为退休后养老金的一部分，补充退休养老费用。个人账户养老金是基本养老保险待遇的重要组成部分，由国家强制提取，退休前个人不得提前支取。

目前我国城镇职工基本养老保险个人账户全部由个人缴费形成，其为本人缴费工资的8%。城镇个体工商户等自谋职业者以及采取各种灵活方式就业的人员参加社会保险也采取社会统筹和个人账户相结合的模式，但是，由城镇个体工商户与灵活就业人员自己承担相应的缴费义务，城镇个体工商户和灵活就业人员参加基本养老保险的缴费基数为当地上年度在岗职工平均工资，缴费比例为20%，其中8%记入个人账户。此外，个体工商户的从业人员（雇工）也要参加基本养老保险，其保险费用由个体工商户以及从业人员共同承担。

《社会保险法》第十四条规定："个人账户不得提前支取，记账利率不得低于银行定期存款利率，免征利息税。个人死亡的，个人账户余额可以继承。"

（三）城镇职工基本养老保险待遇的给付

1. 基本养老保险待遇的给付条件

根据《社会保险法》第十六条规定，享受养老保险待遇必须符合两个条件：一是达到国家规定的退休年龄并办理相关手续；二是基本养老保险费累计缴费年限满15年。

2. 因病或者非因工致残的养老保险待遇

《社会保险法》第十七条规定："参加基本养老保险的个人，因病或者非因工死亡的，其遗属可以领取丧葬补助金和抚恤金；在未达到法定退休年龄时因病或者非因工致残完全丧失劳动能力的，可以领取病残津贴。所需资金从基本养老保险基金中支付。"

3. 养老保险待遇的给付标准

根据 2005 年国务院发布的《国务院关于完善企业职工基本养老保险制度的决定》（国发〔2005〕38 号）第六条规定，我国基本养老保险金采取以下方式计算。

（1）"新人新办法"。"新人新办法"是指社会统筹和个人账户相结合的改革方案实施后参加工作的新职工的基本养老金计发办法，即自《国务院关于建立统一的企业职工基本养老保险制度的决定》（国发〔1997〕26 号）实施后参加工作、缴费年限（含视同缴费年限，下同）累计满 15 年的人员，退休后按月发给基本养老金。基本养老金由基础养老金和个人账户养老金组成。退休时的基础养老金月标准以当地上年度在岗职工月平均工资和本人指数化月平均缴费工资的平均值为基数，缴费每满 1 年发给 1%。个人账户养老金月标准为个人账户储存额除以计发月数，计发月数根据职工退休时城镇人口平均预期寿命、本人退休年龄、利息等因素确定。

（2）"老人老办法"。2006 年 1 月 1 日以前已经离退休的人员，仍按国家原来的规定发给基本养老金，同时执行基本养老金调整办法。

（3）"中人中办法"。国发〔1997〕26 号文件实施前参加工作，而 2006 年 1 月 1 日以后退休且缴费年限累计满 15 年的人员，在发给基础养老金和个人账户养老金的基础上，再发给过渡性养老金。各省、自治区、直辖市人民政府要按照待遇水平合理衔接、新老政策平稳过渡的原则，在认真测算的基础上，制定具体的过渡办法，并报劳动保障部、财政部备案。2006 年 1 月 1 日以后到达退休年龄但缴费年限累计不满 15 年的人员，不发给基础养老金；个人账户储存额一次性支付给本人，终止基本养老保险关系。《社会保险法》将其修改为"可以缴费至满十五年，按月领取基本养老金；也可以转入新型农村社会养老保险或者城镇居民社会养老保险，按照国务院规定享受相应的养老保险待遇"。

（四）城镇职工基本养老保险关系的转移与接续

《社会保险法》第十九条规定："个人跨统筹地区就业的，其基本养老保险关系随本人转移，缴费年限累计计算。个人达到法定退休年龄时，基本养老金分段计算、统一支付。具体办法由国务院规定。"根据该法条，分段计算是指参保人员以本人各年度缴费工资、缴费年限和待遇取得地对应的各年度在岗职工平均工资计算其基本养老保险金。为了方便参保人员领取基本养老金，《社会保险法》还规定了统一支付原则，即无论参保人员在哪里退休，退休地社会保险经办机构应当将各统筹地区的缴费年限和相应的养老保险待遇分段计算，将养老金统一支付给参保人员。

二、公务员和参照公务员法管理的工作人员基本养老保险法律制度

（一）适用对象

1. 公务员

根据公务员法规定，公务员是指依法履行公职、纳入国家行政编制、由国家财政负担工资福利的工作人员。具体包括：①国家行政机关中除工勤人员以外的所有工作人员，包括政府机关、人大和政协机关；②司法机关工作人员，如法官、检察官，法官法、检察官法有相关的制度规定；③除工勤人员以外的民主党派机关工作人员与中国共产党机关工作人员。

2. 参照公务员法管理的工作人员

根据公务员法规定，参照公务员法管理的单位及其工作人员应符合以下条件：①法律、法规授权的具有公共事务管理职能的事业单位，如党委系统事业单位担负的党的领导机关工作职能以及政府系统事业单位；②除工勤人员以外的工作人员；③经批准参照公务员法进行管理、符合条件的事业单位，应由主管部门提交审批表等材料经当地组织部门或人事部门批准。

（二）具体内容

我国现行的公务员和参照公务员法管理的工作人员基本养老保险法律制度的依据主要是《国务院关于安置老弱病残干部的暂行办法》（国发〔1978〕104号）、《国务院关于老干部离职休养的暂行规定》（国发〔1980〕253号）、《中共中央组织部、劳动人事部关于女干部离休退休年龄问题的通知》、《人事部、财政部关于印发〈关于机关事业单位离退休人员计发离退休费等问题的实施办法〉的通知》（国人部发〔2006〕60号）等，各地也都颁布了相应的规范性文件，以具体落实上述规定。

《社会保险法》第十条第三款规定："公务员和参照公务员法管理的工作人员养老保险的办法由国务院规定。"公务员和参照公务员法管理的工作人员

的养老保险制度改革正在研究中，但尚无具体的政策。所以《社会保险法》采取搁置的策略，规定公务员和参照公务员法管理的工作人员养老保险的办法由国务院另行规定。

三、城乡居民基本养老保险制度

2014 年 2 月，国务院发布《国务院关于建立统一的城乡居民基本养老保险制度的意见》（国发〔2014〕8 号），决定合并新型农村社会养老保险（新农保）和城镇居民社会养老保险（城居保），建立全国统一的城乡居民基本养老保险制度。在此之前，我国养老保险分为五种，即机关公务员、事业单位、城镇职工、城居保和新农保。合并后的城乡居民基本养老保险在制度模式、筹资方式、待遇支付等方面与合并前的新农保和城居保保持基本一致。基金筹集采取个人缴、集体助、政府补的方式，中央财政按基础养老金标准，对中西部地区给予全额补助，对东部地区给予 50% 的补助。

（一）参保对象

城乡居民基本养老保险的适用对象应符合以下条件：年满 16 周岁（不含在校学生），非国家机关和事业单位工作人员及不属于职工基本养老保险制度覆盖范围的城乡居民，可以在户籍地参加城乡居民养老保险。

（二）基金筹集

城乡居民养老保险基金由个人缴费、集体补助、政府补贴构成。

1. 个人缴费

参加城乡居民养老保险的人员应当按规定缴纳养老保险费。缴费标准为每年 100 元、200 元、300 元、400 元、500 元、600 元、700 元、800 元、900元、1000 元、1500 元、2000 元 12 个档次，省（区、市）人民政府可以根据实际情况增设缴费档次，最高缴费档次标准原则上不超过当地灵活就业人员参加职工基本养老保险的年缴费额，并报人力资源社会保障部备案。人力资源社会保障部会同财政部依据城乡居民收入增长等情况适时调整缴费档次标准。参保人自主选择档次缴费，多缴多得。

2. 集体补助

有条件的村集体经济组织应当对参保人缴费给予补助，补助标准由村民委员会召开村民会议民主确定，鼓励有条件的社区将集体补助纳入社区公益事业资金筹集范围。鼓励其他社会经济组织、公益慈善组织、个人为参保人缴费提供资助。补助、资助金额不超过当地设定的最高缴费档次标准。

3. 政府补贴

政府对符合领取城乡居民养老保险待遇条件的参保人全额支付基础养老金，其中，中央财政对中西部地区按中央确定的基础养老金标准给予全额补助，对东部地区给予 50% 的补助。

地方人民政府应当对参保人缴费给予补贴，对选择最低档次标准缴费的，补贴标准不低于每人每年 30 元；对选择较高档次标准缴费的，适当增加补贴金额；对选择 500 元及以上档次标准缴费的，补贴标准不低于每人每年 60 元，具体标准和办法由省（区、市）人民政府确定。对重度残疾人等缴费困难群体，地方人民政府为其代缴部分或全部最低标准的养老保险费。

（三）建立个人账户

国家为每个参保人员建立终身记录的养老保险个人账户，个人缴费、地方人民政府对参保人的缴费补贴、集体补助及其他社会经济组织、公益慈善组织、个人对参保人的缴费资助，全部记入个人账户。个人账户储存额按国家规定计息。

（四）养老保险待遇及调整

城乡居民养老保险待遇由基础养老金和个人账户养老金构成，支付终身。

1. 基础养老金

中央确定基础养老金最低标准，建立基础养老金最低标准正常调整机制，根据经济发展和物价变动等情况，适时调整全国基础养老金最低标准。地方人民政府可以根据实际情况适当提高基础养老金标准；对长期缴费的，可适当加发基础养老金，提高和加发部分的资金由地方人民政府支出，具体办法由省（区、市）人民政府规定，并报人力资源社会保障部备案。

2. 个人账户养老金

个人账户养老金的月计发标准，目前为个人账户全部储存额除以 139。若参保人死亡，个人账户资金余额可以依法继承。

（五）养老保险待遇领取条件

参加城乡居民养老保险的个人，年满 60 周岁、累计缴费满 15 年，且未领取国家规定的基本养老保障待遇的，可以按月领取城乡居民养老保险待遇。

新农保或城居保制度实施时已年满60周岁，在2014年2月21日前未领取国家规定的基本养老保障待遇的，不用缴费，自2014年2月21日起，可以按月领取城乡居民养老保险基础养老金；距离规定领取年龄不足15年的，应逐年缴费，也允许补缴，累计缴费不超过15年；距离规定领取年龄超过15年的，应按年缴费，累计缴费不少于15年。

城乡居民养老保险待遇领取人员死亡的，从次月起停止支付其养老金。

第三节　基本医疗保险

基本医疗保险是指根据法律规定，通过强制性社会保险，由国家、雇主（用人单位）和个人共同建立起医疗保险基金，为个人接受医疗保险服务提供医疗费用补偿的一种社会保险制度。医疗保险法是调整医疗保险对象患病或者非因工负伤在生活和医疗救治方面获得社会保险提供的物质帮助过程中发生的社会关系的法律规范的总称。我国目前尚没有制定专门的医疗保险法，但有大量关于医疗保险的政策及法律文件，其中社会保险法中有关于基本医疗保险的专门规定。

一、城镇职工基本医疗保险法律制度

城镇职工基本医疗保险是针对城镇所有用人单位和职工，以强制参保为原则的一项基本医疗保险制度。

（一）城镇职工基本医疗保险的对象

《社会保险法》第二十三条规定："职工应当参加职工基本医疗保险，由用人单位和职工按照国家规定共同缴纳基本医疗保险费。无雇工的个体工商户、未在用人单位参加职工基本医疗保险的非全日制从业人员以及其他灵活就业人员可以参加职工基本医疗保险，由个人按照国家规定缴纳基本医疗保险费。"

（二）城镇职工基本医疗保险的范围

城镇职工基本医疗保险保障被保险人在自然生病时享受基本的医疗服务。具体项目包括：因病情需要的各种检验、诊断、治疗、用药、住院等所需医疗费用支出。《社会保险法》第二十八条规定："符合基本医疗保险药品目录、诊疗项目、医疗服务设施标准以及急诊、抢救的医疗费用，按照国家规定从基本医疗保险基金中支付。"基本医疗保险目录的主要内容包括：①药品目录，即指主要由医疗保险基金购买的，在定点医院和定点药店发生的药；②诊疗项目，即指主要由医疗保险基金购买的，在定点医院和定点药店发生的诊疗项目；③医疗服务设施标准，即指主要由医疗保险基金购买的，在定点医院使用的医疗服务设施；④急诊、抢救的医疗费用。

（三）城镇职工基本医疗保险基金的筹集

城镇职工基本医疗保险费由用人单位和职工双方共同负担。用人单位缴费率应控制在职工工资总额的 6% 左右，职工缴费率一般为本人工资收入的 2%。随着经济发展，用人单位和职工缴费率可作相应调整，具体缴费比例由各统筹地区根据实际情况确定。职工个人缴纳的基本医疗保险费，全部计入个人账户。用人单位缴纳的基本医疗保险费分为两部分，一部分用于建立统筹基金，另一部分划入个人账户。划入个人账户的比例一般为用人单位缴费的 30% 左右，具体比例由统筹地区根据个人账户的支付范围和职工年龄等因素确定。

（四）城镇职工基本医疗保险基金的结算与支付

1. 统筹基金的起付标准和最高支付限额

城镇职工基本医疗保险基金实行社会统筹和个人账户相结合，其中的统筹基金主要支付大额医疗费或住院费，通常被称为大病统筹。统筹基金和个人账户分开管理，分别核算，这就要求统筹基金自求收支平衡，不得挤占个人账户。统筹基金和个人账户的支付范围不同，各地制定统筹基金的起付标准和最高支付限额。个人账户主要用于门诊（小病）医疗费用支出，统筹基金主要用于住院（大病）医疗费用支出。要确定统筹基金的起付标准和最高支付限额，起付标准原则上控制在当地职工年平均工资的 10% 左右，最高支付限额原则上控制在当地职工年平均工资的 4 倍左右。统筹基金起付标准原则上控制在当地职工年平均工资的 10% 左右，是结合我国国情和各地经验提出的。

2. 基本医疗保险费用直接结算制度

《社会保险法》第二十九条第一款规定："参保人员医疗费用中应当由基本医疗保险基金支付的部分，由社会保险经办机构与医疗机构、药品经营单位直接结算。"

3. 基本医疗保险费用异地结算制度

《社会保险法》第二十九条第二款规定："社会保险行政部门和卫生行政部门应当建立异地就医医疗费用结算制度,方便参保人员享受基本医疗保险待遇。"

4. 基本医疗保险基金的排除支付

《社会保险法》第三十条第一款规定："下列医疗费用不纳入基本医疗保险基金支付范围:(一)应当从工伤保险基金中支付的;(二)应当由第三人负担的;(三)应当由公共卫生负担的;(四)在境外就医的。"我国的医疗保险报销只限于在我国境内"两定点"(定点医院和定点药店)所发生的相关医疗费用。

5. 基本医疗保险基金的先行支付

《社会保险法》第三十条第二款规定："医疗费用依法应当由第三人负担,第三人不支付或者无法确定第三人的,由基本医疗保险基金先行支付。基本医疗保险基金先行支付后,有权向第三人追偿。"

(五)城镇职工基本医疗保险的用药范围

基本医疗保险用药范围通过《国家基本医疗保险药品目录》(以下简称《药品目录》)进行管理。确定《药品目录》中的药品品种时,考虑了临床治疗的基本需要,也考虑了地区间的经济水平差异和用药习惯,中西药并重。

纳入《药品目录》的药品需符合下列条件之一:①《中华人民共和国药典》(现行版)收载的药品;②符合国家药品监督管理部门颁发标准的药品;③国家药品监督管理部门批准正式进口的药品。《药品目录》所列药品包括西药、中成药(含民族药,下同)、中药饮片(含民族药,下同)。西药和中成药所列基本医疗保险基金准予支付的药品目录,药品名称采用通用名,并标明剂型。中药饮片所列基本医疗保险基金不予支付的药品目录,所列药品名称采用药典名。

下列药品不纳入基本医疗保险用药范围:①主要起营养滋补作用的药品;②部分可以入药的动物及动物脏器,干(水)果类;③用中药材和中药饮片泡制的各类酒制剂;④各类药品中的果味制剂、口服泡腾剂;⑤血液制品、蛋白类制品(特殊适应证与急救、抢救除外);⑥劳动保障部规定的基本医疗保险基金不予支付的其他药品。

（六）个人基本医疗保险关系转移接续制度

《社会保险法》第三十二条规定："个人跨统筹地区就业的，其基本医疗保险关系随本人转移，缴费年限累计计算。"

以案说法 5-3

用人单位未缴纳医疗保险，医疗费如何报销？

刘某于 2009 年到某公司工作，双方未签订劳动合同，公司也没有为其缴纳社会保险费。2011 年 6 月，刘某因病住院，医疗费用约 2 万元。刘某要求公司报销，遭到拒绝。刘某不服，遂向当地劳动人事争议仲裁委员会提出申诉。

案例点评

依据《劳动法》第七十二条规定："用人单位和劳动者必须依法参加社会保险，缴纳社会保险费。"《社会保险法》第二十三条规定："职工应当参加职工基本医疗保险，由用人单位和职工按照国家规定共同缴纳基本医疗保险费。"刘某所在单位未按规定为其缴纳基本医疗保险费，导致刘某患病时不能依法享受医疗保险待遇，故其医疗费用应当由单位来承担，但仅限于由社保部门核定属于按规定可以报销的合理医疗费用，并非全部医疗费用。经调解，该公司参照城镇职工医疗保险的有关规定为刘某报销医疗费用 1.2 万元。

资料来源：用人单位未缴纳医疗保险应按规定报销医疗费 [EB/OL].（2011-10-28）[2018-10-12]. https://www.66law.cn/domainblog/28941.aspx。内容有修改。

二、城乡居民基本医疗保险制度

2016 年 1 月 3 日，国务院发布《关于整合城乡居民基本医疗保险制度的意见》（国发〔2016〕3 号）。整合城镇居民基本医疗保险（以下简称城镇居民医保）和新型农村合作医疗（以下简称新农合）两项制度，建立统一的城乡居民基本医疗保险（以下简称城乡居民医保）制度。

（一）基本原则

1. 统筹规划、协调发展

要把城乡居民医保制度整合纳入全民医保体系发展和深化医改全局，统筹安排，合理规划，突出医保、医疗、医药三医联动，加强基本医保、大病保险、医疗救助、疾病应急救助、商业健康保险等的衔接，强化制度的系统性、整体性、协同性。

2. 立足基本、保障公平

要准确定位，科学设计，立足经济社会发展水平、城乡居民负担和基金承受能力，充分考虑并逐步缩小城乡差距、地区差异，保障城乡居民公平享有基本医保待遇，实现城乡居民医保制度可持续发展。

3. 因地制宜、有序推进

要结合实际，全面分析研判，周密制订实施方案，加强整合前后的衔接，确保工作顺畅接续、有序过渡，确保群众基本医保待遇不受影响，确保医保基金安全和制度运行平稳。

4. 创新机制、提升效能

要坚持管办分开，落实政府责任，完善管理运行机制，深入推进支付方式改革，提升医保资金使用效率和经办管理服务效能。充分发挥市场机制作用，调动社会力量参与基本医保经办服务。

（二）整合基本制度政策

1. 统一覆盖范围

城乡居民医保制度覆盖范围包括现有城镇居民医保和新农合所有应参保（合）人员，即覆盖除职工基本医疗保险应参保人员以外的其他所有城乡居民。农民工和灵活就业人员依法参加职工基本医疗保险，有困难的可按照当地规定参加城乡居民医保。各地要完善参保方式，促进应保尽保，避免重复参保。

2. 统一筹资政策

坚持多渠道筹资，实行个人缴费与政府补助相结合为主的筹资方式，鼓励集体、单位或其他社会经济组织给予扶持或资助。各地要统筹考虑城乡居民医保与大病保险保障需求，按照基金收支平衡的原则，合理确定城乡统一的筹资标准。

完善筹资动态调整机制。在精算平衡的基础上，逐步建立与经济社会发展水平、各方承受能力相适应的稳定筹资机制。逐步建立个人缴费标准与城乡居民人均可支配收入相衔接的机制。合理划分政府与个人的筹资责任，在提高政府补助标准的同时，适当提高个人缴费比重。

3. 统一保障待遇

遵循保障适度、收支平衡的原则，均衡城乡保障待遇，逐步统一保障范围和支付标准，为参保人员提供公平的基本医疗保障。妥善处理整合前的特殊保障政策，做好过渡与衔接。

城乡居民医保制度原则上实行市（地）级统筹。城乡居民医保基金主要用于支付参保人员发生的住院和门诊医药费用。稳定住院保障水平，政策范围内住院费用支付比例保持在 75% 左右。进一步完善门诊统筹，逐步提高门诊保障水平。逐步缩小政策范围内支付比例与实际支付比例间的差距。

4. 统一医保目录

统一城乡居民医保药品目录和医疗服务项目目录，明确药品和医疗服务支付范围。各省（区、市）要按照国家基本医保用药管理和基本药物制度有关规定，遵循临床必需、安全有效、价格合理、技术适宜、基金可承受的原则，在现有城镇居民医保和新农合目录的基础上，适当考虑参保人员的需求变化进行调整，有增有减、有控有扩，做到种类基本齐全、结构总体合理。完善医保目录管理办法，实行分级管理、动态调整。

5. 统一定点管理

统一城乡居民医保定点机构管理办法，强化定点服务协议管理，建立健全考核评价机制和动态的准入退出机制。

6. 统一基金管理

城乡居民医保执行国家统一的基金财务制度、会计制度和基金预决算管理制度。城乡居民医保基金纳入财政专户，实行"收支两条线"管理。基金独立核算、专户管理，任何单位和个人不得挤占挪用。

结合基金预算管理全面推进付费总额控制。基金使用遵循以收定支、收支平衡、略有结余的原则，确保应支付费用及时足额拨付，合理控制基金当年结余率和累计结余率。建立健全基金运行风险预警机制，防范基金风险，提高使用效率。

强化基金内部审计和外部监督，坚持基金收支运行情况信息公开和参保人员就医结算信息公示制度，加强社会监督、民主监督和舆论监督。

（三）完善支付方式

系统推进按人头付费、按病种付费、按床位日付费、总额预付等多种付费方式相结合的复合支付方式改革，建立健全医保经办机构与医疗机构及药品供应商的谈判协商机制和风险分担机制，推动形成合理的医保支付标准，引导定点医疗机构规范服务行为，控制医疗费用不合理增长。

通过支持参保居民与基层医疗机构及全科医师开展签约服务、制定差别化的支付政策等措施，推进分级诊疗制度建设，逐步形成基层首诊、双向转诊、急慢分治、上下联动的就医秩序。

第四节　工伤保险

工伤保险又称为职业伤害保险，是指劳动者在生产、工作过程中，由于意外事故负伤、致残、死亡，或者患职业病，造成本人及家属收入中断，从工伤保险基金中获得必要的医疗费、康复费、生活费、经济补偿等必要费用的一种社会保险制度。目前，我国的工伤保险适用广义的工伤概念，将职业病作为工伤保险的一项内容。

工伤保险法是指劳动者在从事生产劳动或与之相关的工作时，发生意外伤害，包括事故伤残、职业病，以及因这两种情况造成死亡时，由政府向劳动者本人或其供养的直系亲属提供物质帮助的一项社会保险法律制度。《社会保险法》有专门的一章对"工伤保险"作了规定。2010 年 12 月 24 日，国务院发布《国务院关于修改〈工伤保险条例〉的决定》（国务院令第 586 号），自 2011 年 1 月 1 日起施行。

一、工伤保险法的基本原则

（一）无过错雇主责任原则

无过错雇主责任原则意味着在劳动过程中发生的职业伤害，无论用人单位有无过错，受伤害者主观上有无过错均应得到法定的补偿，除非有法定情形存在。但是，工伤保险补偿不究过错是相对的，如果职工受到伤害是由于自身的故意，如自杀、自残，或实施了法律禁止的行为如故意犯罪、醉酒或吸毒，则不能获得补偿。

（二）严格区别工伤与非工伤的原则

劳动者因工伤残是劳动者个人在工作中付出的代价，应规定较高的待遇，包括在生活上的照顾、在精神上的奖励和安慰。其社会保险待遇属于"损害补偿"性质。非因工伤残，虽然个人也付出了代价，但不是为社会劳动所付出的代价，保险待遇应适当低一些。它同社会保险中的医疗保险一样，属于"物质帮助"的范畴。因此，必须严格区分因工伤残和非因工伤残的界限，明确因工伤事故发生的费用应由工伤保险基金来承担，而且医疗康复待遇、伤残待遇和死亡抚恤待遇均要比因疾病和非因工亡待遇优厚。

（三）工伤补偿与预防、康复相结合原则

工伤补偿是工伤保险制度的首要宗旨，工伤保险目的在于使因工作遭受事故伤害或者患职业病的职工能够得到及时的医疗救治和经济补偿，使其家属的基本生活能够得到保障。同时，工伤保险制度还要利用工伤保险基金实施职业康复计划，尽可能地恢复工伤职工的劳动能力，促使他们重返工作岗位，重新融入社会。然而，工伤补偿、职业康复对于工伤职工而言毕竟是一种事后的消极救济，要从源头上减轻工伤事故对职工、用人单位及社会造成的危害，最根本的是要抓好工伤预防，采取有力措施如工伤保险费率中的行业差别费率和浮动费率制来预防工伤事故和职业病的发生。因此，必须把经济补偿与医疗康复和工伤预防有机结合起来，形成一条龙的社会化服务体系。

（四）科学严格的工伤认定与鉴定标准原则

在工伤保险制度的运行过程中，无论是工伤的认定标准、条件与程序，还是工伤待遇，均由法律直接规定。工伤保险待遇应当按照一定的原则和标准公平给付。因此，工伤保险制度需要通过立法建立严格科学的认定、鉴定标准。工伤保险仅对因工使职工发生伤、病、死、残等情况进行补偿和提供保障待遇。

二、工伤保险法的对象

《工伤保险条例》第二条第一款规定："中华人民共和国境内的企业、事业单位、社会团体、民办非企业单位、基金会、律师事务所、会计师事务所

等组织和有雇工的个体工商户（以下称用人单位）应当依照本条例规定参加工伤保险，为本单位全部职工或者雇工（以下称职工）缴纳工伤保险费。"

对我国被派遣出境工作的职工，《工伤保险条例》第四十四条规定，"职工被派遣出境工作，依据前往国家或者地区的法律应当参加当地工伤保险的，参加当地工伤保险，其国内工伤保险关系中止；不能参加当地工伤保险的，其国内工伤保险关系不中止"。

◆ 以案说法 5-4

退休返聘人员能否享受工伤待遇？

老赵是一家汽车公司的员工，2010年12月退休后，被汽车公司返聘。老赵和公司双方签订了临时劳动协议。2012年7月份，老赵在指挥生产时右腿被机器切伤，司法鉴定为十级伤残。老赵觉得这是在工作时受的伤，应该算工伤，医疗费应该由单位来支付。但单位却以在返聘期间，没有为赵某缴纳工伤保险费为由，不给老赵出医疗费。老赵一怒之下向法院起诉。

◆ 案例点评

依据我国法律规定，对于退休人员再就业的，用人单位与其之间不再属于劳动关系，不受劳动法的保护，受到事故伤害时不按工伤标准进行赔偿，但双方之间形成劳务关系，退休人员可通过民事赔偿途径获得救济。因此，本案中赵某与单位之间为劳务关系，应按照人身损害赔偿的标准进行赔偿。

资料来源：退休人员再就业受伤不视为工伤 [EB/OL]. (2012-09-25) [2018-10-18].http://www.safehoo.com/Injury/Case/201209/285888.shtml。内容有修改。

三、工伤认定

工伤认定是指工伤认定机构按照法定的程序，依据一定的标准对职工遭受事故伤害或者患病是否属于工伤进行确认的行为。工伤认定必须符合一定的条件和程序。我国工伤认定制度主要包括以下两个方面。

（一）工伤范围

综观各国工伤保险法律以及国际劳工公约，确定工伤范围的立法模式有概括式立法模式、列举式立法模式、混合式立法模式。我国《工伤保险条例》采取列举式立法模式，并通过肯定性列举和否定性列举相结合的方式明确工伤范围。

1. 典型工伤情形

《工伤保险条例》第十四条列举了几类典型工伤的情形。

（1）在工作时间和工作场所内，因工作原因受到事故伤害的。其中"工作时间"是指法律规定的或者单位要求职工工作的时间。"工作场所"是指职工日常工作所在的场所，以及领导临时指派其所从事工作的场所。"工作原因"是指职工所受事故伤害是因其从事本职工作、用人单位临时指派工作所致。职工在用人单位组织或者安排的集体活动中受到事故伤害的，应当视为因工作原因。

《最高人民法院关于审理工伤保险行政案件若干问题的规定》（法释〔2014〕9号）对社会保险行政部门认定下列情形为工伤的，人民法院应予支持：①职工在工作时间和工作场所内受到伤害，用人单位或者社会保险行政部门没有证据证明是非工作原因导致的；②职工参加用人单位组织或者受用人单位指派参加其他单位组织的活动受到伤害的；③在工作时间内，职工来往于多个与其工作职责相关的工作场所之间的合理区域因工受到伤害的；④其他与履行工作职责相关，在工作时间及合理区域内受到伤害的。

（2）工作时间前后在工作场所内，从事与工作有关的预备性或者收尾性工作受到事故伤害的。其中，"预备性工作"是指在工作前的一段合理时间内，从事与工作有关的准备工作，诸如运输、备料、准备工具等。"收尾性工作"是指在工作后的一段合理时间内，从事与工作有关的收尾工作，诸如清理、安全储存、收拾工具和衣物等。

（3）在工作时间和工作场所内，因履行工作职责受到暴力等意外伤害的。主要包括：一是指职工因履行工作职责，使某些人不合理或违法的目的没有达到，这些人出于报复而对该职工进行的暴力人身伤害；二是指在工作时间和工作场所内，职工因履行工作职责受到的意外伤害，如地震、厂区失火、单位设施不安全而造成的伤害等。

（4）患职业病的。根据职业病防治法规定，职业病是指企业、事业单位和个体经济组织等用人单位的劳动者在职业活动中，因接触粉尘、放射性物质和其他有毒、有害因素而引起的疾病。

（5）因工外出期间，由于工作原因受到伤害或者发生事故下落不明的。其中，"因工外出"是指职工不在本单位的工作范围内，由于工作需要被指派到本单位以外工作，或为了更好地完成工作，自己到本单位以外从事与本职工作有关的工作。

《最高人民法院关于审理工伤保险行政案件若干问题的规定》（法释〔2014〕9号）对社会保险行政部门认定下列情形为"因工外出期间"的，人民法院应予支持。"因工外出期间"主要包括以下几种情况：①职工受用人单位指派或者因工作需要在工作场所以外从事与工作职责有关的活动期间；②职工受用人单位指派外出学习或者开会期间；③职工因工作需要的其他外出活动期间。

职工因工外出期间从事与工作或者受用人单位指派外出学习、开会无关的个人活动受到伤害，社会保险行政部门不认定为工伤的，人民法院应予支持。

（6）在上下班途中，受到非本人主要责任的交通事故或者城市轨道交通、客运轮渡、火车事故伤害的。其中"上下班途中"包括职工按正常工作时间上下班的途中，以及职工加班加点后上下班的途中。

《最高人民法院关于审理工伤保险行政案件若干问题的规定》（法释〔2014〕9号）对社会保险行政部门认定下列情形为"上下班途中"的，人民法院应予支持。"上下班途中"主要包括以下几种情况：①在合理时间内往返于工作地与住所地、经常居住地、单位宿舍的合理路线的上下班途中；②在合理时间内往返于工作地与配偶、父母、子女居住地的合理路线的上下班途中；③从事属于日常工作生活所需要的活动，且在合理时间和合理路线的上下班途中；④在合理时间内其他合理路线的上下班途中。

（7）法律、行政法规规定应当认定为工伤的其他情形。

以案说法 5-5

假期返岗发生交通事故是否属于工伤？

天津市西青区某电子工业股份有限公司职工刘某明于2023年4月26日乘坐火车返回湖北省襄阳市老家过"五一"假期，因没有买到返津火车票，刘某明决定搭乘朋友的小型汽车返津。刘某明及朋友于2023年5月3日上午从襄阳市出发，计划5月4日早晨6时到达天津，回宿舍休整后于5月4日8时返岗上班。2023年5月3日23时35分许，刘某明朋友驾驶的车辆在大广高速大庆方向1620公里＋700米处发生交通事故，该事故致刘某明受伤，河北省公安厅高速公路交通警察总队衡水支队衡水大队出具《道路交通事故认定书》，认定刘某明在事故中无责任。

2023年9月19日，刘某明向西青区人力资源和社会保障局（以下简称西青区人社局）提出工伤认定申请，西青区人社局认定为工伤。

◆ 案例点评

一是刘某明返回工作地，目的是准时上班提供劳动，为企业创造价值，作出认定工伤的决定既保护了弱势群体利益，又使企业通过工伤保险对职工作出补偿，减少劳资双方发生矛盾的可能性，使劳动关系更加和谐稳定。

二是对"上下班途中"作出适当的扩大解释，有利于保障外地职工的权益。外地职工返回老家休假，是劳动者享受法定休息权的行为。如果返回工作地途中受到伤害而不能认定工伤，在一定程度上会影响用人单位和职工休息休假的决定安排，从而影响职工休息权的实现。

三是对"上下班途中"作出适当的扩大解释，有利于引导良好的社会价值取向。本案职工刘某明回宿舍放东西系为返岗上班所作必要准备，如果简单以"点对点"作为"上下班途中"认定工伤的唯一适用标准，会导致工伤认定实践工作呆板机械，在社会舆论和大众观感上呈现工伤保险脱离实际、脱离群众的不良导向。

资料来源：市人力资源和社会保障局关于发布《天津市人力资源和社会保障2023年度行政执法指导案例》的通知（津人社办函〔2024〕37号）[EB/OL].（2024-01-24）[2024-05-19].https://hrss.tj.gov.cn/zhengwugongkai/zhengcezhinan/zxwjnew/202401/t20240126_6521740.html。内容有修改。

2. 视同工伤的情形

《工伤保险条例》第十五条规定，职工有下列情形之一的，视同工伤：

（1）在工作时间和工作岗位，突发疾病死亡或者在48小时之内经抢救无效死亡的。职工虽然是在工作时间和工作岗位突发疾病，但经过48小时抢救之后才死亡的，不属于视同工伤的情形。

（2）在抢险救灾等维护国家利益、公共利益活动中受到伤害的。维护国家利益是指为了减少或者避免国家利益遭受损失，职工挺身而出；维护公共利益是指为了减少或者避免公共利益遭受损失，职工挺身而出。在这种情形下，没有工作时间、工作地点、工作原因等要素要求。

（3）职工原在军队服役，因战、因公负伤致残，已取得革命伤残军人证，到用人单位后旧伤复发的。

以案说法 5-6

视同工伤情形中的"突发疾病"如何界定?

黄某是某镇小学教师。2011 年 10 月 24 日 10 时 30 分许,黄某在第三节课后来到校长室,告知校长身体不舒服,并在里屋床上躺了约 10 分钟,然后向校长请假回家。当日 11 时许行至其家大门口时,突然摔倒。该村卫生室医生吕某被叫到现场对黄某实施救治,送服救心丸无效,心脏已停止跳动,经诊断为心肌梗死死亡。2012 年 3 月 12 日某县人民医院出具诊断证明书,证明黄某为心源性猝死。2011 年 11 月 4 日,黄某之妻赵某向某县人力资源和社会保障局(以下简称人社局)提出工伤认定申请。人社局经审核调查,于 2012年 5 月 14 日作出不予认定工伤决定书。赵某不服遂向某县人民法院提起行政诉讼,要求撤销被告作出的不予认定工伤的决定。

一审法院认为,黄某在 2011 年 10 月 24 日上午上班期间突感身体不适,身体不适是在工作时间和工作岗位上发生的,且第三节课后黄某到校长室将身体不适的情况告知校长后请假回家。身体不适是疾病突发的先期症状,疾病的加重是一个持续过程,先请假回家休息符合常理。黄某正是在离校 10 分钟后即晕倒在回家途中,经抢救无效死亡的。因此黄某的死亡符合《工伤保险条例》第十五条第一款第(一)项视同工伤的情形。人社局作出不予认定工伤决定,显属主要证据不足。故判决撤销人社局作出的不予认定工伤的决定;限令人社局在判决生效后六十日内对黄某死亡是否视同工伤重新作出具体行政行为。人社局不服,提起上诉。二审法院驳回上诉,维持原判。

案例点评

《工伤保险条例》第十五条规定"职工有下列情形之一的,视同工伤:(一)在工作时间和工作岗位,突发疾病死亡或者在 48 小时之内经抢救无效死亡的;"该条例并没有对疾病的种类和程度作出特别的规定。根据劳动和社会保障部关于实施《工伤保险条例》若干问题的意见(劳社部函〔2004〕256号)第三条规定,上述"突发疾病"(包括各类疾病),"48 小时"起算时间,以医疗机构的初次诊断时间作为突发疾病的起算时间。据此可以认为"身体不适"也属于突发疾病。

本案情形是否属于"突发疾病"范畴。从"视为工伤"的立法精神来看,一般的工伤认定须遵从"三工原则",即"工作时间,工作岗位,因工作原因伤亡"。《工伤保险条例》第十五条第一款第（一）项规定就是"视为工伤"制度，它在要求满足"工作时间""工作岗位"的条件下，并没有要求"因工作原因"伤亡，但对"突发疾病"死亡作出了严格的限制。

本案中，黄某属于在"工作时间"和"工作岗位"上，符合上述"在工作时间和工作岗位突发疾病在48小时之内经抢救无效死亡"的情形，应当视同工伤，法院的工伤认定符合社会常理和法律原旨。

本案中，人社局上诉提出了"原审法院认定黄某在上班期间突发疾病属主观推断""黄某死亡和工作期间身体不适没有因果关系"的意见。我们认为，按照《最高人民法院关于行政诉讼证据若干问题的规定》第六十八条第一款第（五）项的规定，根据日常生活经验法则推定的事实法庭可以直接认定，突发疾病前身体不适符合常理，从身体不适到发病死亡符合疾病发展规律，故对黄某工作期间身体不适与突发疾病死亡之间的因果关系无须举证证明。但本案人社局没有提供任何对抗证据，故其提出的"黄某死亡和工作期间身体不适没有因果关系"的意见不能成立。

资料来源：工伤行政确认案件中"突发疾病"的范畴界定[EB/OL].（2014-07-25）[2018-10-12].https://lvlin.baidu.com/question/2148599243204415748.html。内容有修改。

3. 不得认定为工伤或者不得视同工伤的情形

职工符合《工伤保险条例》第十四条、第十五条规定，但是有下列情形之一的，不得认定为工伤或者视同工伤：

（1）故意犯罪的。犯罪可分为故意犯罪和过失犯罪两大类，由于故意犯罪的主观恶性较重，因故意犯罪而受伤的，不得认定为工伤，但过失犯罪的主观恶性较轻，不能因此否定受伤职工的工伤保险权益。

（2）醉酒或者吸毒的。因醉酒或者吸毒受到伤害，主要是指职工本人受酒精或者毒品的作用，行为失去控制而导致本人受到伤害。应当强调，职工受到伤害是由于本人醉酒或吸毒行为引发各种事故导致的，而不包括在醉酒或吸毒的状态下由第三方或自然力造成伤害的情形。

（3）自残或者自杀的。职工自残或自杀而导致的伤亡是其故意造成的，与工作之间不存在因果关系，后果应当自己承担；如果职工的自残或者自杀行为与工作存在因果关系，是因工作原因导致的，则应当认定为工伤。

（二）工伤认定的程序

1. 工伤认定申请

（1）工伤认定申请的主体。工伤认定申请的主体有两类：一是职工所在用人单位；二是工伤职工或者其家属，以及工伤职工所在用人单位的工会组织。

（2）工伤认定申请的时限。工伤认定申请的时限因申请主体的不同而不同，主要有两种情况。①对用人单位而言，申请时限一般为应当自事故伤害发生之日或者被诊断、鉴定为职业病之日起 30 日内，向统筹地区社会保险行政部门提出工伤认定申请。遇有特殊情况，经报社会保险行政部门同意，申请时限可以适当延长。用人单位未在规定的时限内提交工伤认定申请，在此期间发生符合规定的工伤待遇等有关费用由该用人单位负担。②对个人而言，如果用人单位未按规定提出工伤认定申请的，工伤职工或者其直系亲属、工会组织在事故伤害发生之日或者被诊断、鉴定为职业病之日起 1 年内，可以直接向用人单位所在地统筹地区劳动保障行政部门提出工伤认定申请。

（3）工伤认定申请的机构。工伤认定申请的机构是统筹地区的社会保险行政部门。

2. 工伤认定申请材料

提出工伤认定申请应当提交下列材料：工伤认定申请表；与用人单位存在劳动关系（包括事实劳动关系）的证明材料；医疗诊断证明或者职业病诊断证明书（或者职业病诊断鉴定书）。

3. 工伤事故调查与举证

（1）工伤事故调查。《工伤保险条例》第十九条第一款规定："社会保险行政部门受理工伤认定申请后，根据审核需要可以对事故伤害进行调查核实，用人单位、职工、工会组织、医疗机构以及有关部门应当予以协助。职业病诊断和诊断争议的鉴定，依照职业病防治法的有关规定执行。对依法取得职业病诊断证明书或者职业病诊断鉴定书的，社会保险行政部门不再进行调查核实。"

（2）工伤事故举证。《工伤保险条例》第十九条第二款规定："职工或者其近亲属认为是工伤，用人单位不认为是工伤的，由用人单位承担举证责任。"

4. 工伤认定的时限与回避

（1）工伤认定的时限。《工伤保险条例》第二十条第一、第二款规定："社会保险行政部门应当自受理工伤认定申请之日起60日内作出工伤认定的决定，并书面通知申请工伤认定的职工或者其近亲属和该职工所在单位。""社会保险行政部门对受理的事实清楚、权利义务明确的工伤认定申请，应当在15日内作出工伤认定的决定。"

（2）工伤认定的回避。《工伤保险条例》第二十条第四款规定："社会保险行政部门工作人员与工伤认定申请人有利害关系的，应当回避。"社会保险行政部门的工作人员，包括部门的领导、一般工作人员，无论是否与工伤认定工作直接相关，凡与工伤认定申请人有亲戚、同事、同学、老乡等熟悉的关系，可能影响公正作出工伤认定的，都须回避。

以案说法 5-7

员工在公司打架受伤是否算工伤？

李某在南京某公司负责仓库运输管理。2010年6月的一天晚上，他和同事王某留下来加班。当晚，两人因工作原因发生纠纷继而殴斗。李祥被王宁打破左眼球。几个月后，李某向南京市人社局提出了工伤认定申请。2011年12月30日，人社局出具文书，认定李某在工作中被打伤属工伤。公司不服裁决，起诉到法院，要求人社局撤销工伤认定。

案例点评

《工伤保险条例》第十四条第三款规定，职工在工作时间和工作场所内，因履行工作职责受到暴力等意外伤害的，应当认定为工伤。本案中，虽然李某是被王某打伤的，但事情是在工作中发生的，且王某对李某实施暴力伤害与李某履行工作职责之间有直接的因果关系。人社局认定李某为工伤并无不当，因此驳回了公司的诉讼请求。一审法院的判决结果让公司很是不满，故其向南京市中级人民法院提起了上诉。二审法院审理后，认为原审认定事实清楚，适用法律正确，驳回了上诉。

资料来源：马薇薇.员工在公司打架受伤这也算工伤！[N]现代快报，2013-08-16。内容有修改。

四、劳动能力鉴定

劳动能力鉴定，亦称丧失工作能力鉴定，是鉴定机构根据法定的鉴定标准，对因工伤事故或患职业病的劳动者劳动功能障碍程度和生活自理障碍程度的等级鉴定。

（一）劳动能力鉴定的内容

劳动能力鉴定的内容是对受工伤事故伤害或患职业病的劳动者，进行劳动功能障碍程度和生活自理障碍程度的等级鉴定。劳动功能障碍鉴定分为十个伤残等级，最重的为一级，最轻的为十级。生活自理障碍分为三个等级：生活完全不能自理、生活大部分不能自理和生活部分不能自理。

（二）劳动能力鉴定的程序

劳动能力鉴定由用人单位、工伤职工或者其直系亲属向设区的市级劳动能力鉴定委员会提出申请，并提供工伤认定决定和职工工伤医疗的有关资料。

劳动能力鉴定委员会收到劳动能力鉴定申请后，应当及时对申请人提交的材料进行审核；申请人提供材料不完整的，劳动能力鉴定委员会应当自收到劳动能力鉴定申请之日起 5 个工作日内一次性书面告知申请人需要补正的全部材料。

申请人提供材料完整的，劳动能力鉴定委员会应当及时组织鉴定，并在收到劳动能力鉴定申请之日起 60 日内作出劳动能力鉴定结论。伤情复杂、涉及医疗卫生专业较多的，作出劳动能力鉴定结论的期限可以延长 30 日。

劳动能力鉴定委员会应当视伤情程度等从医疗卫生专家库中随机抽取 3 名或者 5 名与工伤职工伤情相关科别的专家组成专家组进行鉴定。设区的市级劳动能力鉴定委员会根据专家组的鉴定意见，作出工伤职工劳动能力鉴定结论。

工伤职工或者其用人单位对初次鉴定结论不服的，可以在收到该鉴定结论之日起 15 日内向省、自治区、直辖市劳动能力鉴定委员会申请再次鉴定。申请再次鉴定，除提供《工伤职工劳动能力鉴定管理办法》第八条规定的材料外，还需提交劳动能力初次鉴定结论原件和复印件。省、自治区、直辖市劳动能力鉴定委员会作出的劳动能力鉴定结论为最终结论。

五、工伤保险待遇

（一）由工伤保险基金负担的工伤保险待遇

针对伤残对象的不同，由工伤保险基金负担的工伤保险待遇分为以下四类。

1. 工伤医疗康复类待遇

工伤医疗康复类待遇主要包括以下四项：

（1）治疗工伤的医疗费用和康复费用，包括治疗工伤所需的挂号费、医疗费、药费、住院费等费用和进行康复性治疗的费用。

（2）职工治疗工伤需要住院的，由工伤保险基金按照规定发给住院伙食补助费；经医疗机构出具证明，报经办机构同意，工伤职工到统筹地区以外就医的，所需交通、食宿费由工伤保险基金负担。

（3）生活不能自理的，经劳动能力鉴定委员会确认的生活护理费。生活护理费按照生活完全不能自理、生活大部分不能自理或者生活部分不能自理 3 个不同等级支付，其标准分别为统筹地区上年度职工月平均工资的 50%、40% 或者 30%。

（4）劳动能力鉴定费。

2. 辅助器具配置待遇

工伤职工因日常生活或者就业需要，经劳动能力鉴定委员会确认，可以安装假肢、矫形器、假眼、假牙和配置轮椅等辅助器具，所需费用按照国家规定的标准从工伤保险基金中支付。

3. 伤残待遇

（1）一次性工伤医疗补助金。职工因工致残被鉴定为五至十级伤残的，该职工与用人单位解除或者终止劳动关系后，由工伤保险基金支付一次性工伤医疗补助金。

（2）一次性伤残补助金。一次性伤残补助金是指职工因工致残并经劳动能力鉴定委员会评定伤残等级的，按照该伤残等级，从工伤保险基金中对其一次性支付的伤残补助费用，其数额为规定月数的本人工资，并且是一次性支付。标准为：一级伤残为 27 个月的本人工资，二级伤残为 25 个月的本人工资，三级伤残为 23 个月的本人工资，四级伤残为 21 个月的本人工资；五级伤残为 18 个月的本人工资，六级伤残为 16 个月的本人工资；七级伤残为

13 个月的本人工资，八级伤残为 11 个月的本人工资，九级伤残为 9 个月的本人工资，十级伤残为 7 个月的本人工资。

（3）伤残津贴。伤残津贴按照伤残鉴定等级的不同而有所区别。工伤保险基金需要负担一至四级伤残职工按月领取的伤残津贴。一至四级伤残又称为完全丧失劳动能力，对这类伤残职工，与用人单位保留劳动关系，退出工作岗位，由工伤保险基金按月支付伤残津贴，具体标准为：一级伤残为本人工资的 90%；二级伤残为本人工资的 85%；三级伤残为本人工资的 80%；四级伤残为本人工资的 75%。伤残津贴实际金额低于当地最低工资标准的，由工伤保险基金补足差额。关于伤残津贴和养老保险的关系，工伤职工达到退休年龄并办理退休手续后，符合领取基本养老保险待遇条件的，停发伤残津贴，按照国家有关规定享受基本养老保险待遇。基本养老保险待遇低于伤残津贴的，由工伤保险基金补足差额；关于伤残津贴和医疗保险的关系，职工因工致残被鉴定为一至四级伤残的，由用人单位和职工个人以伤残津贴为基数，缴纳基本医疗保险费。

4. 死亡待遇

（1）丧葬补助金。职工因工死亡的，伤残职工在停工留薪期内因工导致死亡的，一至四级伤残职工在停工留薪期满后死亡的，其近亲属按照规定从工伤保险基金中领取丧葬补助金。丧葬补助金是安葬因工死亡职工、处理后事的必须费用。丧葬补助金按 6 个月的统筹地区上年度职工月平均工资的标准计发，计发对象是因工死亡职工的近亲属，一般包括配偶、父母、子女、兄弟姐妹、祖父母、外祖父母、孙子女、外孙子女。

（2）供养亲属抚恤金。按照因工死亡职工生前本人工资的一定比例计发，计发对象是由因工死亡职工生前提供主要生活来源、无劳动能力的亲属。具体标准为：配偶每月 40%，其他亲属每人每月 30%，孤寡老人或者孤儿每人每月在上述标准的基础上增加 10%。核定的各供养亲属的抚恤金之和不应高于因工死亡职工生前的工资。该项待遇为长期待遇，一旦供养亲属具备、恢复劳动能力或者死亡的，供养亲属抚恤金即停止发放。

（3）一次性工亡补助金。标准为上一年度全国城镇居民人均可支配收入的 20 倍计发。发放的对象为因工死亡职工的近亲属，当有数个近亲属时，对于工伤职工生前对其进了较多照顾义务的近亲属，应当予以照顾。

（二）由用人单位负担的工伤保险待遇

根据《工伤保险条例》及社会保险法规定，由用人单位负担的工伤保险待遇主要有：①停工留薪期内的工资福利及陪护；②五级、六级伤残职工，用人单位难以安排工作的，按月发给伤残津贴，标准分别为本人工资的70%、60%，伤残津贴实际金额低于当地最低工资标准的，由用人单位补足差额；③一次性伤残就业补助金。五至十级的伤残职工与用人单位解除或者终止劳动关系，由用人单位支付一次性伤残就业补助金。

此外，职工因工外出期间发生事故或者在抢险救灾中下落不明的，从事故发生当月起3个月内照发工资，从第4个月起停发工资，由工伤保险基金向其供养亲属按月支付供养亲属抚恤金。生活有困难的，可以预支一次性工亡补助金的50%。职工被人民法院宣告死亡的，按照《工伤保险条例》第三十九条职工因工死亡的规定处理。

（三）停止享受工伤保险待遇的情形

《工伤保险条例》第四十二条规定："工伤职工有下列情形之一的，停止享受工伤保险待遇：（一）丧失享受待遇条件的；（二）拒不接受劳动能力鉴定的；（三）拒绝治疗的。"

六、工伤保险基金及其管理

（一）工伤保险基金的构成

工伤保险基金由依法参加工伤保险的用人单位缴纳的工伤保险费、工伤保险基金的利息和依法纳入工伤保险基金的其他资金构成。其中工伤保险费是工伤保险基金的主要来源。因此，凡是纳入工伤保险范围的用人单位，都应当按照规定，及时足额缴纳工伤保险费，以保证基金的支付能力，切实保障工伤职工及时获得医疗救治和经济补偿。工伤保险基金按照规定存入银行或者购买国债，取得的利息并入工伤保险基金。其他资金是指按规定征收的滞纳金、社会捐赠等资金。

（二）工伤保险费的缴纳

社会保险法明确规定各类用人单位均应参加工伤保险，缴纳工伤保险费。职工个人不缴纳工伤保险费，用人单位也不得采取任何手段，将工伤保险费分摊到职工个人。

用人单位缴纳工伤保险费的数额为本单位职工工资总额乘以单位缴费费率之积。本单位职工工资总额是指单位在一定时期内直接支付给本单位全部职工的劳动报酬总额，包括计时工资、计件工资、奖金、津贴和补贴、加班加点工资以及特殊情况下支付的工资。费率是指按照《工伤保险条例》第八条规定的行业差别费率以及行业内的费率档次所确定的每一个用人单位应当缴纳的实际费率。行业差别费率及行业内费率档次由国务院社会保险行政部门制定，报国务院批准后公布施行。目前，全国工伤保险的费率幅度为工资总额的 0.5%～2%，平均为 1%。对一些特殊的行业、企业及其用工群体，可以依照条例的原则规定，结合实践中的变通做法，作出缴费的具体规定。

（三）工伤保险基金统筹

《社会保险法》第六十四条第三款规定："基本养老保险基金逐步实行全国统筹，其他社会保险基金逐步实行省级统筹，具体时间、步骤由国务院规定。"跨地区、生产流动性较大的行业，可以采取相对集中的方式异地参加统筹地区的工伤保险。具体办法由国务院社会保险行政部门会同有关行业的主管部门制定。

（四）工伤保险基金的管理和用途

工伤保险基金按照以支定收、收支平衡的原则，确定费率。由于从筹集到支付的时间跨度较短，沉淀的资金不多，而且工伤事故的发生具有不确定性，工伤保险基金随时面临支付的可能。为了保障将工伤保险资金主要用于工伤职工的救治、救济，《工伤保险条例》规定，工伤保险基金只能用于工伤保险待遇、劳动能力鉴定以及法律、法规规定的费用支出，任何单位或者个人不得将工伤保险基金用于投资运营、兴建或者改建办公场所、发放奖金，或者挪作其他用途。

另外，根据《工伤保险条例》第十三条规定，"工伤保险基金应当留有一定比例的储备金，用于统筹地区重大事故的工伤保险待遇支付；储备金不足支付的，由统筹地区的人民政府垫付。储备金占基金总额的具体比例和储备金的使用办法，由省、自治区、直辖市人民政府规定"。

第五节　失业保险

失业保险是指国家通过建立失业保险基金，对因失业而暂时中断生活来源的劳动者在法定期间内给予物质帮助，以维持其基本生活需要的一项社会保险制度。

　　失业保险法，就是调整失业保险关系的法律规范的总称。就业促进法强调要健全失业保险制度，依法确保失业人员的基本生活，并促进其实现就业。《社会保险法》以专章的形式规定了"失业保险"，从而在法律的层面上对失业保险制度的完善产生了深远的影响。

一、失业保险的参保对象

　　《社会保险法》第四十四条规定："职工应当参加失业保险，由用人单位和职工按照国家规定共同缴纳失业保险费。"该法已经将参加失业保险的对象范围扩大到所有企业的职工。

二、失业保险金的给付

（一）失业保险待遇给付的项目

　　根据《失业保险条例》《社会保险法》规定，失业保险待遇给付以下项目：

　　（1）失业保险金。失业保险金是失业保险经办机构按规定支付给符合条件的失业人员的基本生活费用，也是最主要的失业保险待遇。

　　（2）领取失业保险金期间的医疗补助金或基本医疗待遇。医疗补助金是支付给失业人员的在其领取失业保险金期间发生的医疗费用的补助。社会保险法规定失业人员在领取失业保险金期间，参加职工基本医疗保险，享受基本医疗保险待遇。失业人员应当缴纳的基本医疗保险费从失业保险基金中支付，个人不缴纳基本医疗保险费。

　　（3）领取失业保险金期间死亡的失业人员的丧葬补助金和其供养的配偶、直系亲属的抚恤金。

　　（4）领取失业保险金期间接受职业培训、职业介绍的补贴，补贴的办法和标准由省、自治区、直辖市人民政府规定。

　　（5）国务院规定或者批准的与失业保险有关的其他费用。

（二）享受失业保险待遇的条件

　　《社会保险法》第四十五条规定："失业人员符合下列条件的，从失业保险基金中领取失业保险金：（一）失业前用人单位和本人已经缴纳失业保险费满一年的；（二）非因本人意愿中断就业的；（三）已进行失业登记，并有求职要求。"

（三）失业保险待遇的给付期限

《社会保险法》第四十六条规定："失业人员失业前用人单位和本人累计缴费满一年不足五年的，领取失业保险金的期限最长为十二个月；累计缴费满五年不足十年的，领取失业保险金的期限最长为十八个月；累计缴费十年以上的，领取失业保险金的期限最长为二十四个月。重新就业后，再次失业的，缴费时间重新计算，领取失业保险金的期限与前次失业应当领取而尚未领取的失业保险金的期限合并计算，最长不超过二十四个月。"

（四）失业保险待遇的标准

失业保险待遇标准不能过低，否则不足以保障失业者的基本生活，但又不能过高，否则会减弱失业者寻找工作的努力程度，甚至损害在业者的劳动积极性。《社会保险法》第四十七条规定："失业保险金的标准，由省、自治区、直辖市人民政府确定，不得低于城市居民最低生活保障标准。"

（五）停止领取失业保险待遇情形

《社会保险法》第五十一条规定："失业人员在领取失业保险金期间有下列情形之一的，停止领取失业保险金，并同时停止享受其他失业保险待遇：（一）重新就业的；（二）应征服兵役的；（三）移居境外的；（四）享受基本养老保险待遇的；（五）无正当理由，拒不接受当地人民政府指定部门或者机构介绍的适当工作或者提供的培训的。"

值得注意的是，与《失业保险条例》相比，《社会保险法》不再规定"被判刑收监执行或者被劳动教养"的失业人员停止享受失业保险待遇。

以案说法 5-8

因不参加培训而被停发失业保险金，合法吗？

2010 年 8 月，小张与某公司签订的为期 3 年的劳动合同到期，公司并没有与小张续签劳动合同，而是通知小张办理劳动合同终止交接手续。与公司终止劳动合同后，小张没有马上找工作，由于在职期间公司为小张买了失业保险，因此小张在社会保险部门每个月领取失业保险金维持生活。在失业的第二个月，劳动部门通知小张去接受短期培训，以适应新的工种的需要，但小张没有去，小张认为自己的专业很适合，而且能够找到工作。于是在第三个月，社会保险部门停发了小张的失业保险金。

◆ 案例点评

　　失业保险作为整个社会保险制度的重要组成部分，以"三条保障线"为核心的社会安全网，起着保障劳动者基本生活需要，维护社会安定的作用，促进就业再就业。所以，根据法律规定，职工在失业时领取失业保险金是有法可依的，但是，也不是无条件限制地领取，否则失业保险金的性质和作用就失去了作用。《社会保险法》第五十一条规定："失业人员在领取失业保险金期间有下列情形之一的，停止领取失业保险金，并同时停止享受其他失业保险待遇：（一）重新就业的；（二）应征服兵役的；（三）移居境外的；（四）享受基本养老保险待遇的；（五）无正当理由，拒不接受当地人民政府指定部门或者机构介绍的适当工作或者提供的培训的。"

　　资料来源：人力资源案例分析 3[EB/OL].（2014-01-14）[2018-10-12].https://www.hrloo.com/qa/t/93766.html?id=382442。内容有修改。

三、失业保险基金及其管理

（一）失业保险基金的构成

　　我国目前失业保险基金来源上采取用人单位、劳动者个人缴费和政府财政补贴的方式。《失业保险条例》规定失业保险基金由下列各项构成：

1. 城镇企业事业单位、城镇企业事业单位职工缴纳的失业保险费

　　城镇企业事业单位、城镇企业事业单位职工缴纳的失业保险费是失业保险基金的主要来源。按规定，城镇企业事业单位须按照本单位工资总额的 2% 缴纳失业保险费；城镇企业事业单位职工则按照本人工资的 1% 缴纳失业保险费。国家行政主管部门可根据经济整体形势，下调保险费率。

　　失业保险缴费单位必须按月向社会保险经办机构申报应缴纳的失业保险费数额，经社会保险经办机构核定后，在规定的期限内缴纳失业保险费。个人应当缴纳的失业保险费，由所在单位从其本人工资中代扣代缴。缴费单位和个人应以货币形式全额缴纳保险费，不得减免。

2. 失业保险基金的利息

　　失业保险基金的利息是失业保险基金存入银行和购买国债的收益部分。失业保险基金可存入银行或购买国债，所得的利息并入失业保险基金。

3. 财政补贴

财政补贴是政府负担的一部分，失业保险基金不足时，由地方财政予以补贴。

4. 依法纳入失业保险基金的其他资金

依法纳入失业保险基金的其他资金主要包括对不按期缴纳失业保险费的单位征收的滞纳金。

（二）失业保险费的缴纳

失业保险费的缴费基数是指计算缴费单位或者缴费个人缴纳失业保险费的资金起点数目。目前，我国缴费单位的缴费基数是该单位的工资总额，缴费单位的工资总额按照国家有关工资政策认定其构成和计算方式，主要是指单位在一定时期内直接支付给本单位全部职工的劳动报酬总额。职工个人的缴费基数是本人工资，是指由单位支付的劳动报酬。按照《失业保险条例》规定，具体缴费模式是城镇企业事业单位按照本单位工资总额的 2% 缴纳失业保险费。城镇企业事业单位职工按照本人工资的 1% 缴纳失业保险费。城镇企业事业单位招用的农民合同制工人本人不缴纳失业保险费。同时，还规定失业保险基金实行现收现付制。省、自治区、直辖市人民政府根据本行政区域失业人员数量和失业保险基金数额，报经国务院批准，可以适当调整本行政区域失业保险费的费率。

（三）失业保险基金的统筹与调剂

我国失业保险基金是按照现收现付的模式筹集，并在一定的范围内统筹使用。所谓统筹，是指失业保险基金在一定的行政区域内实行统一筹集、管理和使用。社会保险法规定，失业保险基金逐步实行省级统筹，具体时间、步骤由国务院规定。

《失业保险条例》规定，省、自治区可以建立失业保险调剂金。失业保险调剂金以统筹地区依法应当征收的失业保险费为基数，按照省、自治区人民政府规定的比例筹集。统筹地区的失业保险基金不敷使用时，由失业保险调剂金调剂、地方财政补贴。

（四）失业保险基金的管理

根据《失业保险条例》规定，失业保险基金必须存入财政部门在国有商业银行开设的社会保障基金财政专户，实行收支两条线管理，由财政部门依法进行监督。存入银行和按照国家规定购买国债的失业保险基金，分别按照城乡居民同期存款利率和国债利息计息。失业保险基金的利息并入失业保险基金。失业保险基金专款专用，不得挪作他用，不得用于平衡财政收支。失业保险基金收支的预算、决算，由统筹地区社会保险经办机构编制，经同级劳动保障行政部门复核、同级财政部门审核，报同级人民政府审批。

第六节　生育保险

生育保险是国家通过立法，对怀孕、分娩的女职工给予生活保障和物质帮助的一项社会政策。其宗旨在于通过向职业妇女提供生育津贴、医疗服务和产假，帮助她们恢复劳动能力，重返工作岗位。

生育保险法是调整在女职工因怀孕和分娩造成暂时丧失劳动能力、中断正常收入来源时，从社会获得物质帮助的过程中发生的社会关系的法律规范的总称。我国 1994 年颁布了《企业职工生育保险试行办法》，《社会保险法》也以专门章节的形式将生育保险明确作为我国社会保险制度的基本内容和重要组成部分，为女职工和职工未就业配偶依法享有生育保险权益提供了法律保障。

一、生育保险的参保对象

《社会保险法》第五十三条规定："职工应当参加生育保险，由用人单位按照国家规定缴纳生育保险费，职工不缴纳生育保险费。"本条规定的职工应是参加生育保险的企业和机关的职工、社会团体和事业单位的劳动合同制职工。其中的企业包括国有企业、股份制企业、集体企业、私营企业、乡镇企业和外商投资企业等。

二、生育保险待遇

（一）申请生育保险待遇的条件

根据《企业职工生育保险试行办法》和《社会保险法》规定，申请生育保险待遇的条件为申请主体已参加了生育保险的职工或职工的未就业配偶。《社会保险法》第五十四条规定："用人单位已经缴纳生育保险费的，其职工享受生育保险待遇；职工未就业配偶按照国家规定享受生育医疗费用待遇。

所需资金从生育保险基金中支付。生育保险待遇包括生育医疗费用和生育津贴。"

（二）生育保险待遇的内容

生育保险待遇的具体内容是指生育保险对象所能享受的生育保险的具体项目。生育保险待遇包括对女职工因生育需要的身体康复进行物质上的补偿，享受生育保险待遇的时间是女职工生育期间，生育期间包括怀孕期、分娩期、哺乳婴儿期。生育保险待遇包括生育医疗费用和生育津贴。

1. 生育医疗费用

生育医疗费用是指由医院为生育女职工提供的妊娠、分娩、产后的医疗照顾以及职工实施节育手术时所产生的费用。根据《社会保险法》第五十五条规定，生育医疗费用包括下列各项：

（1）生育的医疗费用。这是指女职工在妊娠期、分娩期、产褥期内，因生育所发生的检查费、接生费、手术费、住院费、药费等医疗费用。女职工在生育出院后，因生育引起疾病的医疗费，也由生育保险基金支付。这里需要注意的是，在生育期间超出规定的医疗服务费和药费（含自费药品和营养药品的药费）由职工个人负担。

（2）计划生育的医疗费用。职工计划生育的医疗费用是指职工因实行计划生育需要，实施放置（取出）宫内节育器、流产术、引产术、绝育及复通手术所发生的医疗费用。参保职工在基本医疗保险定点医疗机构和经计划生育行政管理部门、劳动保障行政部门认可的计划生育服务机构实施计划生育手术，其费用可以由生育保险基金支付。

（3）法律、法规规定的其他项目费用。

2. 生育津贴

生育津贴指国家法律法规规定对职业妇女因生育而离开工作岗位期间，给予的生活费用，用以保障女职工产假期间的基本生活需要。生育津贴按照职工所在用人单位上年度职工月平均工资计发。根据《社会保险法》第五十六条规定，职工有下列情形之一的，可以按照国家规定享受生育津贴：

（1）女职工生育享受产假。产假是指国家法律、法规规定，女职工产期前后的休假待遇，一般从分娩前半个月至产后两个半月，晚婚晚育者可前后延长至四个月。2012年4月18日实施的《女职工劳动保护特别规定》第七条规定："女职工生育享受98天产假，其中产前可以休假15天；难产的，增加产假 15 天；生育多胞胎的，每多生育 1 个婴儿，增加产假 15 天。女职工怀孕未满 4 个月流产的，享受 15 天产假；怀孕满 4 个月流产的，享受 42 天产假。"

（2）享受计划生育手术休假。公民实行计划生育手术，享受国家规定的休假，按照《中华人民共和国卫生部、国家计划生育委员会关于转发〈节育手术常规〉的通知》的规定，具体如下：①放置宫内节育器：自手术日起休息 2 天，重体力劳动者，在术后 1 周内不作重劳动。②取宫内节育器：当日休息 1 天（包括有尾丝节育器）。③输精管结扎：休息 7 天。④单纯输卵管结扎：休息 21 天。⑤人工流产：休息 14 天。人工流产同时放置宫内节育器：休息 16 天。人工流产同时结扎输卵管：休息 1 个月。⑥中期终止妊娠：休息 1 个月。中期终止妊娠同时结扎输卵管：休息 40 天。⑦产后结扎输卵管：按产假另加 14 天。

（3）法律、法规规定的其他情形。

以案说法 5-9

女职工可兼得产假期间正常提供劳动的报酬和生育津贴

朱某某于 2020 年 6 月 16 日入职某机械公司，2021 年 4 月 6 日生育一男婴。2021 年 4 月 6 日至 2021 年 5 月 9 日期间，朱某某因生育休假，机械公司未支付上述期间工资。2021 年 5 月 10 日起，朱某某经公司要求返岗上班并发放返岗后工资。2023 年 5 月 12 日，社保中心将朱某某生育津贴 16056.04 元支付至机械公司账户。朱某某经仲裁程序前置后起诉至法院，主张机械公司支付其生育津贴等。

一审法院经审理认为，朱某某在产假期间经公司要求提前返岗上班，其虽取得相关劳动报酬，但该部分工资是朱某某放弃产假提供劳动的对价。机械公司仍应向朱某某足额发放生育津贴，生育津贴低于朱某某产假前工资标准的部分应由机械公司补足，故一审判决机械公司支付朱某某生育津贴 35511.67 元（含社保基金已发放生育津贴 16056.04 元）等。一审判决后，双方均未提起上诉。

案例点评

产假是指在职女职工产期前后的休假待遇，旨在解决女职工在劳动中因生理特点造成的特殊困难，从而加强女职工劳动保护。产假工资是指用人单位支付女职工产假期间视同正常提供劳动的工资。生育津贴是指用人单位在已经缴纳生育保险的情形下，从生育保险基金中支付的生育保险待遇。《江苏省职工生育保险规定》第十八条规定，职工产假期间，享受的生育津贴低于其产假前工资标准的，由用人单位予以补足。由此，产假工资、生育津贴不能兼得。与此同时，本案对生育津贴、产假工资、女职工产假期间返岗劳动获取报酬的不同性质加以区分。在用人单位已缴纳生育保险的情形下，女职工在产假期间返岗并提供正常劳动，除获得返岗后劳动报酬外，也应同时享有生育津贴。本案对于保障女职工在产假期间依法享受法定权益具有典型意义。

资料来源：苏州/无锡/川渝各地公布的典型劳动争议汇总！[EB/OL].（2024-05-09）[2024-05-19].https://baijiahao.baidu.com/s?id=1798539646025547715&wfr=spider&for=pc。内容有修改。

三、生育保险基金及其管理

生育保险基金是生育保险待遇发放和生育保险制度运行的基础，通过生育保险费的筹集而形成的生育保险基金，用于生育保险待遇的支付和其他相关费用的支出。

（一）生育保险费的筹集

《社会保险法》第五十三条规定："职工应当参加生育保险，由用人单位按照国家规定缴纳生育保险费，职工不缴纳生育保险费。"因此，生育保险基金主要来自用人单位缴纳的生育保险费。其具体构成包括以下四部分：

1. 用人单位缴纳的生育保险费

用人单位按照职工工资总额的一定比例按月向社会保险经办机构缴纳生育保险费，建立生育保险基金。

2. 生育保险基金的利息收入

社会保险经办机构筹集的生育保险基金应存入社会保险经办机构在银行开设的生育保险基金专户。银行应按照城乡居民个人储蓄同期存款利率计息，所得利息转入生育保险基金。生育保险基金及其利息不征税费。

3. 滞纳金

缴费企业未按规定缴纳和代扣代缴社会保险费的，由劳动保障行政部门或者税务机关责令限期缴纳；逾期仍不缴纳的，除补缴欠缴数额外，从欠缴之日起，按日加收万分之五的滞纳金。滞纳金并入社会保险基金。

4. 其他依法应当纳入生育保险基金的资金

其他应该纳入生育保险基金的资金，主要包括生育保险基金运营收入以及国家的财政补贴等。

（二）生育保险费的缴纳

1. 生育保险费的缴纳方式

1994 年由劳动部发布的《企业职工生育保险试行办法》第四条规定：生育保险根据"以支定收，收支基本平衡"的原则筹集资金，由企业按照其工资总额的一定比例向社会保险经办机构缴纳生育保险费，建立生育保险基金。

2. 生育保险费的缴纳标准

生育保险费的缴纳标准由当地人民政府根据计划内生育人数和生育津贴、生育医疗费等项费用确定，并可根据费用支出情况适时调整，但最高不得超过工资总额的 1%。企业缴纳的生育保险费作为期间费用处理，列入企业管理费用。

（三）生育保险基金的管理和监督

生育保险基金由社会保险经办机构负责收缴、支付和管理，如社会保险经办机构在银行开设生育保险基金专户，专款专用。银行应按城乡居民个人储蓄同期存款利率计息，所得利息转入生育保险基金。生育保险基金不需缴纳税费。生育保险基金的筹集、使用，实行财务预、决算制度，由社会保险经办机构作出年度报告，并接受同级财政、审计监督。市（县）社会保险监督机构定期监督生育保险基金管理工作。

2017 年 1 月国务院办公厅颁布《国务院办公厅关于印发生育保险和职工基本医疗保险合并实施试点方案的通知》（国办发〔2017〕6 号），将生育保险和职工基本医疗保险（以下统称两项保险）合并。该通知遵循保留险种、保障待遇、统一管理、降低成本的总体思路，推进两项保险合并实施，通过整合两项保险基金及管理资源，强化基金共济能力，提升管理综合效能，降低管理运行成本。两项保险合并实施的 12 个试点城市，不再单列生育保险基金收入，在职工基本医疗保险统筹基金待遇支出中设置生育待遇支出项目。

📑 本章小结

（1）社会保险法是调整社会保险关系的法律规范。社会保险关系是在劳动者暂时或永久丧失劳动能力或者失业的情况下，因国家和社会对其本人及家庭进行物质帮助而发生的社会关系。社会保险法的基本原则包括：普遍保障性原则、基本保障原则、多层次原则、合理性原则、社会化原则、国家承担最终责任原则。

（2）社会保险法律关系是社会保险法在调整社会保险活动过程中形成的，保险人、缴费义务人、被保险人和受益人之间因社会保险费用的缴纳、支付、管理和监督所发生的权利与义务关系。

（3）基本养老保险是国家根据劳动者的体质和劳动力资源的状况，规定一个年龄界限，允许劳动者在达到这个年龄时，因年老丧失劳动能力而解除劳动义务，由国家和社会提供物质帮助，保证劳动者晚年生活，使其老有所养的一种社会保险制度。主要制度有：城镇职工基本养老保险法律制度、公务员和参照公务员法管理的工作人员基本养老保险法律制度、城乡居民基本养老保险制度。

（4）基本医疗保险是指根据法律规定，通过强制性社会保险，由国家、雇主（用人单位）和个人共同建立起医疗保险基金，为个人接受医疗保险服务提供医疗费用补偿的一种社会保险制度。包括城镇职工基本医疗保险制度、城乡居民基本医疗保险制度。

（5）工伤保险又称为职业伤害保险，是指劳动者在生产、工作过程中，由于意外事故负伤、致残、死亡，或者患职业病，造成本人及家属收入中断，从工伤保险基金中获得必要的医疗费、康复费、生活费、经济补偿等必要费用的一种社会保险制度。工伤保险法的基本原则包括：无过错雇主责任原则、严格区别工伤与非工伤的原则、工伤补偿与预防、康复相结合原则、科学严格的工伤认定与鉴定标准原则。工伤保险的内容有工伤认定、劳动能力鉴定、工伤保险待遇及工伤保险基金及其管理。

（6）失业保险是指国家通过建立失业保险基金，对因失业而暂时中断生活来源的劳动者在法定期间内给予物质帮助，以维持其基本生活需要的一项社会保险制度。主要内容有：失业保险的参保对象、失业保险金的给付、失业保险基金及其管理。

（7）生育保险是国家通过立法，对怀孕、分娩的女职工给予生活保障和物质帮助的一项社会政策。主要内容有：生育保险的参保对象、生育保险的待遇和生育保险基金及其管理。

本章习题

一、单项选择题

1.《中华人民共和国社会保险法》于（　　　）起开始实施，标志着我国社会保险立法进入发展与完善的新阶段。

A. 2010 年 10 月 28 日　　　　B. 2011 年 7 月 1 日

C. 2012 年 10 月 28 日　　　　D. 2012 年 7 月 1 日

2. 社会保险法是国家、单位和（　　　）按照"社会风险、社会化解"的原则对年老、疾病、失业、伤残、生育等社会风险进行管理的法规。

A. 个人　　　　B. 集体　　　　C. 社区　　　　D. 家庭

3.《社会保险法》第三条规定：社会保险制度坚持（　　　）的方针，社会保险水平应当与经济社会发展水平相适应。

A. 广覆盖、高水平、多层次、可持续

B. 广覆盖、保基本、多层次、可持续

C. 广覆盖、保基本、多层次、一次性

D. 广覆盖、保基本、一致性、可持续

4. 个人跨统筹地区就业的，其基本养老保险关系（　　　）。

A. 保留在原工作单位，缴费年限可以累积计算

B. 随本人转移，缴费年限累计计算

C. 随本人转移，缴费年限重新计算

D. 到新单位后重新入保和计算缴费年限

5. 对于个人而言，申请认定工伤的时限是事故伤害发生之日起或者被确诊为职业病之日起的（　　　）。

A. 一月内　　B. 半年内　　　C. 一年内　　　　D. 两年内

6. 失业人员领取失业保险金的累计期限最长可为（　　　）个月。

A. 24　　　　B. 18　　　　　C. 12　　　　　D. 6

二、多项选择题

1.《社会保险法》指出，参保人达到法定退休年龄但累计缴费不足 15 年的，可以（　　　）。

A. 缴费至满 15 年，然后按月领养老金

B. 转入城乡居民基本养老保险，按国务院规定享受相应养老保险待遇

C．根据个人意愿自行处置

D．一次性支取个人账户，终止养老保险关系

2．职工基本养老保险基金的组成包括（　　　）。

A．用人单位缴交的养老保险费

B．职工个人缴交的养老保险费

C．政府的财政补贴

D．基本养老保险费利息和其他收益

3．工伤保险法的基本原则包括（　　　）。

A．无过错雇主责任原则

B．严格区别工伤与非工伤的原则

C．工伤补偿与预防、康复相结合的原则

D．科学严格的工伤认定与鉴定标准原则

三、案例分析题

杨某在广州黄埔区 A 公司担任生产部经理，其部门员工蒋某被 A 公司开除，蒋某的丈夫张某迁怒于杨某，纠集他人于 2011 年 12 月 5 日上午 8 时许，在杨某上班途中将其殴打致轻伤。广州市黄埔区人民法院作出刑事判决，对张某及殴打杨某的四人分别以故意伤害罪判处有期徒刑。该判决亦认定张某系因妻子蒋某被 A 公司开除，而迁怒于杨某。根据该判决查明，案发后张某已与杨某达成和解协议，并按照协议向杨某赔偿 13 万元。杨某于 2012 年 10 月向广州市黄埔区人力资源和社会保障局申请工伤认定。

请问：上班途中受到暴力伤害符合工伤认定的范围吗？杨某的受伤为工伤吗？为什么？

第六章
劳动合同制度

学习目标

认知目标

阐述劳动合同的概念，复述订立劳动合同的原则，明确劳动合同双方应当履行的义务，说明用人单位违法解除、终止劳动合同的法律后果，陈述解除或者终止劳动合同后的义务，说明劳动合同约定条款包含的内容，阐述劳动合同期满不得终止的情形，说出劳动者单方、用人单位单方解除劳动合同的规定。

技能目标

结合实际，说明如何建立劳动关系，说出劳动合同期限包括几种类型，陈述劳动合同必备条款包括哪些情形，说出劳动合同何时生效，说明劳动合同终止与解除的区别，阐述劳动合同终止的情形，说明如何支付经济补偿金。

引导案例

聂某兰诉北京某文化有限公司确认劳动关系案

2016 年 4 月 8 日，聂某兰与北京某文化有限公司（以下简称文化公司）签订了合作设立茶叶经营项目的协议，内容为："第一条：双方约定，甲方出资进行茶叶项目投资，聘任乙方为茶叶经营项目经理，乙方负责公司的管理与经营。第二条：待项目启动后，双方相机共同设立公司，乙方可享有管理股份。第三条：利益分配：在公司设立之前，乙方按基本工资加业绩方式取酬。公司设立之后，按双方的持股比例进行分配。乙方负责管理和经营，取酬方式：基本工资＋业绩、奖励＋股份分红。第四条：双方在运营过程中，未尽事宜由双方友好协商解决。第五条：本合同正本一式两份，公司股东各执一份。"

协议签订后，聂某兰从事该项目的相关工作，工作内容为负责茶社的经营管理，主要负责接待、茶叶销售等工作。文化公司的法定代表人林某汤按照每月基本工资 10000 元的标准，每月 15 日通过银行转账向聂某兰发放上一自然月工资。聂某兰请假需经林某汤批准，且实际出勤天数影响工资的实发数额。2017 年 5 月 6 日文化公司通知聂某兰终止合作协议。聂某兰实际工作至 2017 年 5 月 8 日。

聂某兰申请劳动仲裁，认为双方系劳动关系成立并要求文化公司支付未签订书面劳动合同二倍工资差额，文化公司主张双方系合作关系。北京市海淀区劳动人事争议仲裁委员会裁决驳回聂某兰的全部仲裁请求。聂某兰不服仲裁裁决，于法定期限内向北京市海淀区人民法院提起诉讼。

北京市海淀区人民法院于 2018 年 4 月判决：一、确认文化公司与聂某兰于 2016 年 4 月 8 日至 2017 年 5 月 8 日期间存在劳动关系；二、文化公司于判决生效后七日内支付聂某兰 2017 年 3 月 1 日至 2017 年 5 月 8 日期间工资 22758.62 元；三、文化公司于判决生效后七日内支付聂某兰 2016 年 5 月 8 日至 2017 年 4 月 7 日期间未签订劳动合同二倍工资差额 103144.9 元；四、文化公司于判决生效后七日内支付聂某兰违法解除劳动关系赔偿金 27711.51 元；五、驳回聂某兰的其他诉讼请求。文化公司不服一审判决，提出上诉。北京市第一中级人民法院于 2018 年 9 月判决：一、维持北京市海淀区人民法院判决第一项、第二项、第四项；二、撤销北京市海淀区人民法院判决第三项、第五项；三、驳回聂某兰的其他诉讼请求。文化公司不服二审判决，向北京市高级人民法院申请再审。北京市高级人民法院于 2019 年 4 月裁定驳回文化公司的再审申请。

✒ 案例点评

文化公司与被申请人聂某兰签订的合作设立茶叶经营项目的协议系自愿签订的，不违反强制性法律、法规规定，属有效合同。双方签订的协议第一条明确约定聘任聂某兰为茶叶经营项目经理，"聘任"一词一般表明当事人有雇佣劳动者为其提供劳动之意；协议第三条约定了聂某兰的取酬方式，无论在双方设定的目标公司成立之前还是之后，聂某兰均可获得"基本工资""业绩"等报酬，与合作经营中的收益分配明显不符。合作经营合同的典型特征是共同出资，共担风险，本案合同中既未约定聂某兰出资比例，也未约定共担风险，与合作经营合同不符。从本案相关证据上看，聂某兰接受文化公司的管理，按月汇报员工的考勤、款项分配、开支、销售、工作计划、备用金的申请等情况，且所发工资与出勤天数密切相关。双方在履行合同过程中形成的关系，符合劳动合同中人格从属性和经济从属性的双重特征。故认定申请人与被申请人之间存在劳动关系。双方签订的合作协议还可视为书面劳动合同，虽缺少一些必备条款，但并不影响已约定的条款及效力，仍可起到固定双方劳动关系、权利义务的作用。文化公司于 2017 年 5 月 6 日向聂某兰出具了《终止合作协议通知》，告知聂某兰终止双方的合作，具有解除双方之间劳动关系的意思表示，根据《最高人民法院关于民事诉讼证据的若干规定》第六条，在劳动争议纠纷案件中，因用人单位作出的开除、除名、辞退、解除劳动合同等决定而发生的劳动争议，由用人单位负举证责任，文化公司未能提供解除劳动关系原因的相关证据，应当承担不利后果。

资料来源：指导案例 179 号　聂某兰诉北京某文化有限公司确认劳动关系案 [EB/OL]. （2022-07-06）[2024-07-05].https://www.court.gov.cn/fabu/xiangqing/364631.html。内容有修改。

第一节　劳动合同概述

一、劳动合同的概念

《劳动法》第十六条规定："劳动合同是劳动者与用人单位确立劳动关系、明确双方权利和义务的协议。建立劳动关系应当订立劳动合同。"劳动合同是确立劳动关系的法律形式，是产生劳动法律关系的法律事实。我们一般所说的劳动合同有狭义和广义之分，狭义的劳动合同仅指为建立劳动法律关系而签订的合同；而广义的劳动合同除前者外，还包括集体合同。为了完善劳动合同制度，明确劳动合同双方当事人的权利和义务，保护劳动者的合法权益，构建和发展和谐稳定的劳动关系，我国制定了《劳动合同法》。

劳动合同具有一般经济合同的诺成、有偿、双务的特性。劳动合同主体一方是劳动者，另一方是用人单位，具有特定性。双方在实现劳动过程中具有支配与被支配、领导与被领导的从属关系。劳动合同内容具有权利与义务的统一性和对应性，劳动者与用人单位均享有一定的权利并履行相应的义务。

劳动合同还具有自愿性与强制性。虽然劳动法规定订立和变更劳动合同，应当遵循平等自愿、协商一致的原则，但民事法律中的契约自由、意思自治原则并不完全适用劳动合同，因为劳动合同的必要条款中有些是法定标准性条款，如工时、工资、劳动保护、社会保险都有法定的最低或最高标准，并不完全由双方约定。

二、订立劳动合同的原则

《劳动合同法》第三条第一款规定："订立劳动合同，应当遵循合法、公平、平等自愿、协商一致、诚实信用的原则。"

（一）合法原则

合法是劳动合同有效的前提条件。所谓合法就是劳动合同的形式和内容必须符合法律法规的规定。

1. 劳动合同的形式要合法

除非全日制用工外，劳动合同需要以书面形式订立，这是《劳动合同法》对劳动合同形式的要求。如果是口头合同，当双方发生争议，法律不承认其效力，用人单位要承担不订立书面合同的法律后果，如《劳动合同法》第八十二条第一款规定："用人单位自用工之日起超过一个月不满一年未与劳动者订立书面劳动合同的，应当向劳动者每月支付二倍的工资。"

2. 劳动合同的内容要合法

《劳动合同法》第十七条规定了劳动合同应当具备的九项内容。如关于劳动合同的期限，什么情况下应当订立固定期限、什么情况下应当订立无固定期限，应当符合本法的规定；关于工作时间，不得违反国家关于工作时间的规定；关于劳动报酬，不得低于当地最低工资标准；关于劳动保护，不得低于国家规定的劳动保护标准；等等。如果劳动合同的内容违法，劳动合同不仅不受法律保护，当事人还要承担相应的法律责任。

（二）公平原则

公平原则是指劳动合同的内容应当公平、合理，即在符合法律规定的前提下，劳动合同双方公正、合理地确立双方的权利和义务。对于一些合同内容，相关劳动法律、法规往往只规定了一个最低标准，在此基础上双方自愿达成协议，就是合法的，但有时合法的未必公平、合理。此外，还要注意的是用人单位不能滥用优势地位，迫使劳动者订立不公平的合同。公平原则是社会公德的体现，将公平原则作为劳动合同订立的原则，可以防止劳动合同当事人尤其是用人单位滥用优势地位，损害劳动者的权利，有利于平衡劳动合同双方当事人的利益，有利于建立和谐稳定的劳动关系。

（三）平等自愿

平等自愿原则包括两层含义：一是平等原则，二是自愿原则。

平等原则，是劳动者和用人单位在订立劳动合同时在法律地位上是平等的，没有高低、从属之分，不存在命令和服从、管理和被管理的关系。只有地位平等，双方才能自由表达真实的意思。当然，在订立劳动合同后，劳动者成为用人单位的员工，受用人单位的管理，处于被管理者的地位，用人单位和劳动者的地位是不平等的。用人单位不得用优势地位，在订立劳动合同时附加不平等的条件。

自愿原则，是指订立劳动合同完全是出于劳动者和用人单位双方的真实意志，是双方协商一致达成的，任何一方不得把自己的意志强加给另一方。自愿原则包括是否订立劳动合同由双方自愿，与谁订立劳动合同由双方自愿，合同的内容双方自愿约定等。根据自愿原则，任何单位和个人不得强迫劳动者订立劳动合同。

（四）协商一致

协商一致就是用人单位和劳动者要对合同的内容达成一致意见。合同是双方意思表示一致的结果，劳动合同也是一种合同，也需要劳动者和用人单位双方协商一致，达成合意，一方不能凌驾于另一方之上，不得把自己的意志强加给对方，也不能强迫、命令、胁迫对方订立劳动合同。在订立劳动合同时，用人单位和劳动者都要仔细研究劳动合同的每项内容，双方进行充分的沟通和协商，解决分歧，达成一致意见。只有体现双方真实意志的劳动合同，双方才能忠实地按照合同约定履行。

（五）诚实信用

诚实信用就是在订立劳动合同时要诚实、讲信用。例如，在订立劳动合同时，双方都不得有欺诈行为。《劳动合同法》第八条规定："用人单位招用劳动者时，应当如实告知劳动者工作内容、工作条件、工作地点、职业危害、安全生产状况、劳动报酬，以及劳动者要求了解的其他情况；用人单位有权了解劳动者与劳动合同直接相关的基本情况，劳动者应当如实说明。"诚实信用是合同法的一项基本原则，也是劳动合同法的一项基本原则，它也是一项社会道德原则。

以案说法 6-1

用人单位行使知情权的范围与限度

牛某于 2019 年 10 月 10 日进入某公司工作，担任叉车工，双方签订了期限为 2019 年 10 月 10 日至 2020 年 10 月 9 日的劳动合同。牛某最后出勤至 2020 年 6 月 4 日，之后病假。公司于 2020 年 7 月 3 日当面将处罚通告交给牛某，该处罚通告内容为："本公司员工牛某 2019 年 10 月进入我司，对公司隐瞒持有残疾证，并且在项目安排工作期间，以持有残疾证为由，拒绝上级安排的工作，并且要求公司给予残疾人的福利待遇，事后未得到批准，威胁领导、恐吓上级，严重违反公司规章制度。对于严重违纪，损害公司利益的员工，现公司根据员工手册第二章第六条'身体有残疾却隐瞒'、第二章第八条'提供虚假信息'、第八章第六十五条'自 2020 年 7 月 4 日起，解除劳动合同'。"公司表示牛某入职的叉车工岗位需要叉车证且身体健康；牛某对领导进行辱骂，并存在骚扰威胁的行为。牛某则表示，入职时确实没有告知公司其系残疾人，但牛某没有向公司要求残疾人福利待遇，且牛某能正常上班。

2020 年 7 月 10 日，牛某向区劳动人事争议仲裁委员会申请仲裁，要求公司支付违法解除劳动合同赔偿金 30000 元。2020 年 10 月 13 日，该仲裁委员会裁决公司支付牛某违法解除劳动合同赔偿金 5860 元。法院查明，牛某入职时向公司提交了叉车证，叉车证的有效期限为 2018 年 2 月 6 日至 2022 年 2 月 5 日；牛某持有残疾人证。

法院认为，公司未提供充足有效证据证明牛某存在威胁领导、恐吓上级的行为，故公司主张牛某威胁领导、恐吓上级的解除理由不能成立。关于牛某隐瞒持有残疾证的解除理由，根据《劳动合同法》第八条规定，牛某虽持有残疾证，也确实未将该情况告知公司，但公司招用牛某系从事叉车工的工作，而牛某亦向公司提供了在有效期内的叉车证，且牛某入职时体检是合格通过的，牛某是否持有残疾证并不影响其从事叉车工的工作，故公司主张的该项解除理由，亦不能成立。综上，公司解除牛某的行为存有不妥，公司应支付牛某违法解除劳动合同赔偿金5860元。

✒ 案例点评

用人单位对劳动者享有知情权，以客观了解劳动者的专业技能与综合素质，保障劳动成果，提高经营效益。《劳动合同法》第八条规定，用人单位有权了解劳动者与劳动合同直接相关的基本情况，劳动者应当如实说明。"直接相关的基本情况"在法律法规上并无统一的规定，在实践中通常包括劳动者的学历、履历、薪酬要求、劳动技能、教育经历、工作经验、技术技能、职业资质等与工作岗位相匹配的信息。对于在招聘过程中与劳动合同的订立无关的其他信息，例如，婚姻与生育状况、家庭情况、财产状况等个人隐私，以及劳动者健康状况中有关艾滋病、乙肝等健康指标等隐私性信息，除特殊岗位的要求外，劳动者则无说明义务。本案中，法院认为，与岗位、工作能力不直接相关的信息，不属于用人单位知情权的范围，劳动者没有义务提供。

用人单位在行使知情权的时候，应当注意范围和限度，仅向应聘者和员工收集与劳动合同直接相关的信息，而对于员工的私人领域不予涉足。同时，用人单位在收集到劳动者的个人信息后也应当妥善保管，不能向无关第三人透露，也不能未经劳动者的同意擅自使用。

资料来源：用人单位行使知情权的范围与限度[EB/OL].（2024-03-06）[2024-05-19].https://mp.weixin.qq.com/s/JtY28zfIy1M8rnEASEnMzg。内容有修改。

三、劳动规章制度

（一）建立和完善劳动规章制度的义务

用人单位履行制定规章制度义务时，要严格执行国家法律、法规的规定，保障劳动者的劳动权利，督促劳动者履行劳动义务。劳动规章制度主要内容包括工作时间、休息休假、劳动安全卫生、职工培训、劳动纪律、劳动定额管理以及违反的后果等。

用人单位所制定的直接涉及劳动者切身利益的规章制度违反法律、法规规定的，由劳动行政部门责令改正，给予警告；给劳动者造成损害的，用人单位应当承担赔偿责任。

以案说法 6-2

劳动合同与规章制度不一致时如何处理？

王小姐于 2007 年 12 月 29 日进入某外资公司工作，合同期为 2 年。合同约定，每年年底，公司对其进行业绩考评，并根据考评结果发放当年的年终奖。2008 年 12 月，公司制定了新的年终奖制度并通过公司的公告栏进行了公示。新制度规定，从 2009 年 1 月起，公司将实行年底双薪制，即只要当年工作时间满 12 个月，且至当年 12 月 31 日仍在职的员工，就可以获得年底双薪作为奖励。旧的年终考评奖励制度不再执行。2009 年 11 月 28 日，公司通知王小姐，双方的劳动合同将于 12 月 28 日终止，公司将不再与其续签劳动合同。王小姐应允，但要求公司支付她当年的年终考评奖金。公司只同意按照王小姐的实际工作时间，支付了王小姐 12 月份的工资，拒绝支付王小姐该年年终奖金。

案例点评

本案中，虽然该公司新的规章制度实行年底双薪制度，但是王小姐和该公司的劳动合同签订在前，而规章制度更改在后，因此该公司仍应按照双方劳动合同的约定履行义务。

资料来源：王桦宇.劳动合同法实务操作与案例精解[M].北京：中国法制出版社，2011。内容有修改。

（二）劳动规章制度的制定和异议程序

根据劳动合同法规定，规章制度制定也是劳资双方共同决定的事项，需要经过民主程序，最后通过平等协商程序确定。但是，规章制度制定时对劳资双方"共决"的要求比较低。《劳动合同法》第四条第二款规定："用人单位在制定、修改或者决定有关劳动报酬、工作时间、休息休假、劳动安全卫生、保险福利、职工培训、劳动纪律以及劳动定额管理等直接涉及劳动者切身利益的规章制度或者重大事项时，应当经职工代表大会或者全体职工讨论，提出方案和意见，与工会或者职工代表平等协商确定。"从这一规定可以看出，企业制定规章制度时需要将企业起草的规章制度草案交由职工代表大会或者全体职工讨论，让员工提意见和方案，最后由企业和工会或职工代表通过平等协商确定。

《最高人民法院关于审理劳动争议案件适用法律问题的解释（一）》（法释〔2020〕26号）第五十条第一款规定："用人单位根据劳动合同法第四条规定，通过民主程序制定的规章制度，不违反国家法律、行政法规及政策规定，并已向劳动者公示的，可以作为确定双方权利义务的依据。"

在规章制度实施过程中，工会或者职工认为用人单位的规章制度不适当的，有权向用人单位提出，通过协商作出修改，完善规章制度。

用人单位应当将直接涉及劳动者切身利益的规章制度和重大事项决定公示，或者告知劳动者。根据《最高人民法院关于审理劳动争议案件适用法律问题的解释（一）》（法释〔2020〕26号）第五十条第二款规定："用人单位制定的内部规章制度与集体合同或者劳动合同约定的内容不一致，劳动者请求优先适用合同约定的，人民法院应予支持。"因此，司法实践中应以劳动者要求优先适用规章制度还是劳动合同约定为使用前提。

📢 以案说法 6-3

员工偷吃苹果被酒店开除是否合理？

小张、小王十几年前就进入上海某著名五星级酒店工作。小张是迎宾，小王是总机接待，两人都已经和酒店签订了无固定期限的劳动合同。2012年2月14日，有员工举报两人在12日凌晨进入酒店厨房偷拿物品。酒店方查看监控录像并进行调查，后两人书面承认当晚因饥饿，到厨房拿了两个苹果。

该酒店认为，小张、小王的行为违反了酒店员工手册的规定，对他们作出解除劳动合同的处理。小张、小王不服，向法院提出诉讼但败诉。后又提出上诉。

✒ 案例点评

酒店的规章制度制定的程序合法，在与员工签订劳动合同时，也将员工手册作为劳动合同附件向小张、小王进行了告知。小张、小王在酒店的工作范围、内容均不涉及酒店厨房，属于非厨房工作人员，但两人无视相关规定，其故意程度严重。所以，小张、小王虽然只是"偷窃"两个苹果，但物品贵贱并不改变其行为本身的性质。法院因此终审宣判，驳回小张、小王上诉，维持原判。

资料来源：李燕.和平饭店两老员工因"偷吃苹果"被辞退[N].东方早报，2012-10-31。内容有修改。

四、三方机制

三方机制是指政府（通常以劳动行政部门为代表）、工会和企业之间，就制定和实施经济和社会政策而进行的所有交往和活动，即劳动行政部门会同工会和企业方面代表通过一定的组织机构和运作机制共同处理所涉及劳动关系的问题，如劳动立法、经济与社会政策的制定、就业与劳动条件、工资水平、劳动标准、职业培训、社会保障、职业安全与卫生、劳动争议处理以及对产业行为的规范与防范等。

根据工会法和劳动法规定，三方机制解决的是劳动关系方面的重大问题。如劳动就业、劳动报酬、社会保险、职业培训、劳动争议、劳动安全卫生、工作时间和休息休假、集体合同和劳动合同等。工会是劳动者的代言人，应当帮助、指导劳动者与用人单位依法订立和履行劳动合同，并且与用人单位建立集体协商机制，在履行劳动合同的过程中发挥维护劳动者合法权利的法定职能。工会主要工作内容包括对用人单位履行劳动合同、集体合同的情况进行监督；用人单位违反劳动法律、法规和劳动合同、集体合同的，工会有权提出意见或者要求纠正；劳动者申请仲裁、提起诉讼的，工会依法给予支持和帮助；用人单位违反集体合同，侵犯职工劳动权益的，工会可以依法要求用人单位承担责任；因履行集体合同发生争议，经协商解决不成的，工会可以依法申请仲裁、提起诉讼。

全国总工会2024年1月印发的《工会参与劳动争议处理办法》（以下简称《办法》），要求进一步规范和加强工会参与劳动争议处理工作，提升工作实效，充分发挥工会在参与劳动争议多元化解、推动构建和谐劳动关系中的重要作用。

参与劳动争议处理是工会的法定权利和义务。《办法》明确工会参与处理劳动争议的6种情形，即因确认劳动关系发生的争议，因订立、履行、变更、解除和终止劳动合同发生的争议，因订立或履行集体合同发生的争议，因工作时间、休息休假、社会保险、福利、培训以及劳动保护、女职工和未成年工、残疾职工等特殊劳动保护发生的争议，因劳动报酬、工伤保险待遇、经济补偿或者赔偿金等发生的争议，以及法律、法规规定的其他劳动争议。

《办法》强调，职工因用人单位侵犯其劳动权益而申请劳动争议仲裁或者向人民法院起诉的，工会依法给予支持和帮助；工会积极参与涉及货车司机、网约车驾驶员、快递员、外卖配送员等新就业形态劳动者的劳动争议处理工作，依法维护新就业形态劳动者的劳动保障权益。

《办法》提出，工会参与劳动争议处理应当以职工为本，立足预防、立足调解、立足法治、立足基层，坚持公平、正义，最大限度将劳动争议矛盾化解在基层，化解在萌芽状态。强调各级工会要加强与同级人力资源社会保障、人民法院、人民检察院、司法行政、公安、工商业联合会、企业联合会 / 企业家协会、律师协会等部门的沟通，推动建立健全劳动争议处理协作联动机制。

《办法》对工会依法参与劳动争议协商、调解、仲裁、诉讼等工作进行了专章规定，并对加强工会参与劳动争议处理工作数字化建设、平台建设、队伍建设、能力提升以及经费保障等作出规定。《办法》强调，工会可以依托职工服务线上平台，建立网上劳动争议调解室。具备条件的工会驿站等工会服务站点可以设立流动工会劳动争议调解室，为户外劳动者、新就业形态劳动者等提供便捷式法律服务。

第二节　劳动合同的订立

劳动合同的订立是指劳动者和用人单位经过相互选择和平等协商，就劳动合同条款达成协议，从而确立劳动关系和明确相互权利、义务的法律行为。

◆ 以案说法 6-4

试用期期间，劳资双方建立了劳动关系吗？

2008 年 12 月 2 日，王某进入某公司工作，双方约定工作期限为两年。2008 年 12 月 5 日，王某在工作过程中，不慎将手掌弄伤，花去医药费 3000 多元。王某认为自己属于工伤，公司应该支付其医疗费用，但是公司仅仅支付了王某 1000 元的医疗费用，就以王某尚未与公司正式签订劳动合同，不属于公司正式职工为由拒绝再承担其他医疗费。王某无奈之下向法院起诉，要求确认其与公司之间的劳动关系。

案例点评

王某虽然尚未与公司正式签订劳动合同，但是根据《劳动合同法》第七条规定，用人单位自用工之日起即与劳动者建立劳动关系。王某已经于2008年12月2日正式在公司上班，因此其与公司之间的劳动关系已经建立。

资料来源：《中华人民共和国劳动合同法适用与实例》编写组.中华人民共和国劳动合同法适用与实例[M].北京：法律出版社，2013。内容有修改。

一、劳动关系建立

（一）劳动合同订立的时限与形式

建立劳动关系，应当订立书面劳动合同。已建立劳动关系，未同时订立书面劳动合同的，应当自用工之日起一个月内订立书面劳动合同。劳动合同法施行前已建立劳动关系，尚未订立书面劳动合同的，应当自劳动合同法施行之日起一个月内订立。

（二）劳动内容约定不明确的处理规定

用人单位未在用工的同时订立书面劳动合同，与劳动者约定的劳动报酬不明确的，新招用的劳动者的劳动报酬应当按照集体合同规定的标准执行；没有集体合同或者集体合同未规定的，实行同工同酬。

劳动合同对劳动报酬和劳动条件等标准约定不明确，引发争议的，用人单位与劳动者可以重新协商；协商不成的，适用集体合同规定；有集体合同或者集体合同未规定劳动条件等标准的，适用国家有关规定。

以案说法 6-5

单位要员工交风险抵押金违法吗？

冯某大学毕业后被分配到某旅行社工作。报到时，该旅行社告知冯某，到社里工作必须先交纳4000元作为风险抵押金。为了尽快落实工作，冯某只好同意缴纳4000元风险抵押金。于是，该旅行社作为甲方与乙方冯某签订一份劳动合同。合同中约定：乙方到甲方单位工作之日起一周内缴纳风险抵押金4000元，乙方调离甲方或甲方辞退乙方之日起一年以后，甲方将风险抵押金返还给乙方（无利息）。工作2年后，冯某因故落聘，双方合同解除。冯某向旅行社要求退还风险抵押金被拒绝。冯某无奈，只好向人民法院提出诉讼请求，要求被告旅行社返还风险抵押金 4000 元并赔偿利息损失。

◆案例点评

旅行社与冯某签订的劳动合同，其中规定的关于向原告收取风险抵押金的规定，违反《劳动合同法》规定，应属无效。旅行社应返还所收款项并适当赔偿原告损失。依据《劳动合同法》第八十四条规定，判决被告旅行社返还原告 4000 元，并赔付原告冯某利息损失 800 元。

资料来源：《中华人民共和国劳动合同法适用与实例》编写组．中华人民共和国劳动合同法适用与实例 [M]．北京：法律出版社，2013。内容有修改。

（三）法律责任

用人单位违反劳动合同法有关建立职工名册规定的，由劳动行政部门责令限期改正；逾期不改正的，由劳动行政部门处 2000 元以上 20000 元以下的罚款。用人单位提供的劳动合同文本未载明劳动合同法规定的劳动合同必备条款或者用人单位未将劳动合同文本交付劳动者的，由劳动行政部门责令改正；给劳动者造成损害的，应当承担赔偿责任。

用人单位自用工之日起超过一个月不满一年未与劳动者订立书面劳动合同的，应当向劳动者每月支付两倍工资。

（1）自用工之日起一个月内，经用人单位书面通知后，劳动者不与用人单位订立书面劳动合同的，用人单位应当书面通知劳动者终止劳动关系，无须向劳动者支付经济补偿，但是应当依法向劳动者支付其实际工作时间的劳动报酬。当然，这里用人单位需举证证明已经书面通知劳动者签订合同，而劳动者不签订书面劳动合同，因此，用人单位应当具有证据意识，在书面通知送达时应当有劳动者的签收证据或其他可证明已经向劳动者送达书面通知的证据。

（2）用人单位自用工之日起超过一个月不满一年未与劳动者订立书面劳动合同的，应当依照《劳动合同法》第八十二条规定向劳动者每月支付二倍的工资，并与劳动者补订书面劳动合同；劳动者不与用人单位订立书面劳动合同的，用人单位应当书面通知劳动者终止劳动关系，并依照劳动合同法第四十七条的规定支付经济补偿。

（3）用人单位向劳动者每月支付两倍工资的起算时间为用工之日起满一个月的次日，截止时间为补订书面劳动合同的前一日。劳动合同法规定，建立劳动关系，应当订立书面劳动合同，如果不能在建立劳动关系的同时订立书面劳动，法律给予一个月的宽限期。用人单位需在一个月的时间内与劳动者订立书面劳动合同，一个月的宽限期是法律赋予用人单位的期限，因此，宽限期内用人单位可不支付两倍工资。

（4）《劳动合同法》第十四条第三款规定："用人单位自用工之日起满一年不与劳动者订立书面劳动合同的，视为用人单位与劳动者已订立无固定期限劳动合同。"用人单位自用工之日起满一年未与劳动者订立书面劳动合同的，自用工之日起满一个月的次日至满一年的前一日应当依照《劳动合同法》第八十二条规定向劳动者每月支付两倍的工资，并视为自用工之日起满一年的当日已经与劳动者订立无固定期限劳动合同，应当立即与劳动者补订书面劳动合同。

《劳动合同法》第八十四条规定，用人单位违反劳动合同法规定，扣押劳动者居民身份证等证件的，由劳动行政部门责令限期退还劳动者本人，并依照有关法律规定给予处罚。

用人单位违反劳动合同法规定，以担保或者其他名义向劳动者收取财物的，由劳动行政部门责令限期退还劳动者本人，并以每人500元以上2000元以下的标准处以罚款；给劳动者造成损害的，应当承担赔偿责任。

劳动者依法解除或者终止劳动合同，用人单位扣押劳动者档案或者其他物品的，依照前款规定处罚。

《劳动合同法》第九十一条规定，"用人单位招用与其他用人单位尚未解除或者终止劳动合同的劳动者，给其他用人单位造成损失的，应当承担连带赔偿责任"。

📢 以案说法 6-6

谨防挖人挖到"雷"

2012年初A公司招聘主管杨某经熟人介绍认识了正在B公司就职的李某，鉴于李某丰富的工作经验及海归背景，杨某欲招聘李某到A公司上班。经过多次接触，李某同意了杨某的招聘请求。几天后李某称已从B公司离职，A公司随即仓促与李某签订了劳动合同并安排工作。但不久A公司收到当地劳动人事仲裁委员会的仲裁通知，原来李某在B公司口头提出解除劳动合同，未等公司答复，便不辞而别跳槽到A公司，给B公司造成近30万元的直接经济损失，无奈B公司寻求法律途径，要求李某和A公司承担连带赔偿责任。

我国劳动法和劳动合同法对员工单方解除合同有严格要求，提前30天（试用期三天）书面通知单位，30天后离职；或是与单位协商一致解除合同。本案中李某解除劳动合同的条件和程序显然不符合任何一种情况，所以，B公司与李某的劳动关系尚未解除。《劳动部关于发布〈违反《劳动法》有关劳动合同规定的赔偿办法〉的通知》第六条规定："用人单位招用尚未解除劳动合同的劳动者，对原用人单位造成经济损失的，除该劳动者承担直接赔偿责任外，该用人单位应当承担连带赔偿责任。其连带赔偿的份额应不低于对原用人单位造成经济损失总额的百分之七十。"最终，劳动人事仲裁委员会支持了B公司的请求，A公司赔偿了20余万元。

资料来源：不辞而别的"跳槽"不可取 [EB/OL]. (2007-09-18) [2018-10-12].http://www.c-cnc.com/rc/newsfile/2007/9/18/112829.shtml。内容有修改。

二、劳动合同期限

《劳动合同法》第十二条规定："劳动合同分为固定期限劳动合同、无固定期限劳动合同和以完成一定工作任务为期限的劳动合同。"

（一）固定期限劳动合同

固定期限劳动合同是指用人单位与劳动者约定合同终止时间的劳动合同。具体是指劳动合同双方当事人在劳动合同中明确规定了合同效力的起始和终止时间。劳动合同期限届满，劳动关系即告终止。如果双方协商一致，还可以续订劳动合同，延长期限。固定期限的劳动合同可以是较短时间的，如半年、1年、2年，也可以是较长时间的，如5年、10年，甚至更长。不管时间长短，劳动合同的起始和终止日期都是固定的。具体期限由当事人双方根据工作需要和实际情况确定。

固定期限的劳动合同适用范围广，应变能力强，既能保持劳动关系的相对稳定，又能促进劳动力的合理流动，使资源配置合理化、效益化，是实践中运用较多的一种劳动合同。对于那些常年性工作，要求保持连续性、稳定性的工作，技术性强的工作，适宜签订较为长期的固定期限劳动合同。对于一般性、季节性、临时性、用工灵活、职业危害较大的工作岗位，适宜签订较为短期的固定期限劳动合同。

（二）无固定期限劳动合同

1. 无固定期限劳动合同的概念

无固定期限劳动合同是指用人单位与劳动者约定无确定终止时间的劳动合同。无确定终止时间是指劳动合同没有一个确切的终止时间，劳动合同的期限长短不能确定，但并不是没有终止时间。只要没有出现法律规定的条件或者双方约定的条件，双方当事人就要继续履行劳动合同规定的义务。一旦出现了法律规定的情形，无固定期限劳动合同也同样能够解除。如用人单位有《劳动合同法》第三十八条规定的情形之一时，劳动者就可以解除劳动合同。又如，劳动者有《劳动合同法》第三十九条规定的情形之一出现时，用人单位就可以解除劳动合同。由此可见，无固定期限合同并不是没有终止时间的"铁饭碗"，只要符合法律规定的条件，用人单位与劳动者都可以依法解除劳动合同。

无固定期限劳动合同和其他类型的合同一样，也适用劳动法与劳动合同法的协商变更原则。按照劳动法规定，用人单位与劳动者协商一致，可以变更劳动合同约定的内容。除了劳动合同期限以外，双方当事人还可以就工作内容、劳动报酬、劳动条件和违反劳动合同的赔偿责任等方面进行协商及变更。在变更合同条款时，应当按照自愿、平等原则进行协商，不能采取胁迫、欺诈、隐瞒事实等非法手段；同时，还必须注意变更后的内容不违法，否则，这种变更是无效的。

订立无固定期限的劳动合同，劳动者可以长期在一个单位或部门工作。这种合同适用于工作保密性强、技术复杂、工作又需要保持人员稳定的岗位。这种合同对于用人单位来说，有利于维护其经济利益，减少频繁更换关键岗位的关键人员而带来的损失；对于劳动者来说，也有利于实现职业的长期稳定，使其安心钻研业务技术。

2. 无固定期限劳动合同的特征

其一，强制续签制度。按照劳动法规定，无固定期限劳动合同有三个明显的特点：满足连续工作的 10 年工龄；续签是出于当事人双方的合意；必须由劳动者提出。《劳动合同法》对这三个方面做了大的修改：扩大了工龄的范围，将 10 年工龄一种情形变为工龄、次数两种情形；改变了原有的续签程序，原有的自愿续签改为强制；除非劳动者提出，用人单位没有权利提出不续签。

其二，禁止约定合同终止条件制度。《劳动合同法》中确定的无固定期限劳动合同只能解除，是没有终止时间的，因此，就谈不上终止条件，当然也不允许当事人约定合同的终止性条件。

其三，强化了法定解除权。在劳动合同的过错性解雇中，所有的规章制度都由工会与用人单位共决，劳动纪律不再作为劳动合同的内容。在劳动合同的非过错性解雇中，在劳动法已经从严限制的基础上，通过增加对老、弱、病、残员工的保护，强化"不得解除"的反向限制。企业裁员时不仅要优先留用老、弱、病、残员工，还要优先留用家里有老、弱、病、残的员工。

3. 订立无固定期限合同的情形

（1）用人单位与劳动者协商一致，可以订立无固定期限劳动合同。

（2）有下列情形之一，劳动者提出或者同意续订、订立劳动合同的，除劳动者提出订立固定期限劳动合同外，应当订立无固定期限劳动合同。

一是劳动者已在该用人单位连续工作满 10 年的。

签订无固定期限劳动合同的劳动者必须在同一单位连续工作 10 年以上，这是最基本的内容。具体是指劳动者与同一用人单位签订的劳动合同的期限不间断达到 10 年。连续工作满 10 年的起始时间，应当自用人单位用工之日起计算，包括劳动合同法施行前的工作年限。

劳动者非因本人原因从原用人单位被安排到新用人单位工作的，劳动者在原用人单位的工作年限合并计算为新用人单位的工作年限。原用人单位已经向劳动者支付经济补偿的，新用人单位在依法解除、终止劳动合同，计算支付经济补偿的工作年限时，不再计算劳动者在原用人单位的工作年限。也就是说，在适用无固定期限劳动合同时，连续工作年限应当包括劳动者在原用人单位的工作年限，但在适用解除、终止劳动合同经济补偿时，原单位已支付的经济补偿应当扣减。

二是用人单位初次实行劳动合同制度或者国有企业改制重新订立劳动合同时，劳动者在该用人单位连续工作满 10 年且距法定退休年龄不足 10 年的。

1986 年，我国决定改革国有企业的劳动用工制度，在新招收工人中普遍推行劳动合同制。在推行劳动合同制度前，用人单位的有些职工已经在本单位工作了很长时间。推行新的制度以后，很多老职工难以适应这种新型的劳动关系，一旦让其进入市场，确实存在竞争力弱、难以适应的问题，年龄的局限又使其没有充足的条件来提高改进，应当说这是历史原因造成的。他们担心的不仅是能否与原单位签订劳动合同的问题，还存在虽然签了劳动合同但期限很短，在其尚未退休前合同到期却没有用人单位再与其签订劳动合同的问题。我国在制定法律和政策时，应当考虑那些给国家和企业做出很多贡献的老职工的利益。因此，对于已在该用人单位连续工作满 10 年并且距法定退休年龄不足 10 年的劳动者，在订立劳动合同时，允许劳动者提出签订无固定期限劳动合同。

三是连续订立二次固定期限劳动合同，且劳动者没有《劳动合同法》第三十九条和第四十条第（一）项、第（二）项规定的情形，续订劳动合同的。

这主要是为了解决劳动合同短期化的问题。企业为了不签订无固定期限的劳动合同，又能同时保持用工的稳定性，防止因频繁更换劳动力而加大用工成本，就会延长每一次固定期限劳动合同的期限，从而解决了合同短期化的问题。

四是视为订立。用人单位自用工之日起满一年不与劳动者订立书面劳动合同的，视为用人单位与劳动者已订立无固定期限劳动合同。

地方各级人民政府及县级以上地方人民政府有关部门为安置就业困难人员提供的给予岗位补贴和社会保险补贴的公益性岗位，其劳动合同不适用劳动合同法有关无固定期限劳动合同的规定以及支付经济补偿的规定。

4. 法律责任

用人单位违反劳动合同法规定不与劳动者订立无固定期限劳动合同的，自应当订立无固定期限劳动合同之日起向劳动者每月支付两倍的工资。

（三）以完成一定工作任务为期限的劳动合同

以完成一定工作任务为期限的劳动合同，是指用人单位与劳动者约定以某项工作的完成为合同期限的劳动合同。某一项工作或工程开始之日，即为合同开始之时，此项工作或工程完毕，合同即告终止。

一般在以下几种情况下，用人单位与劳动者可以签订以完成一定工作任务为期限的劳动合同：为完成单项工作任务而与劳动者订立劳动合同的；以项目承包方式完成承包任务订立劳动合同的；因季节原因需临时用工的以及其他双方约定的以完成一定工作任务为期限的劳动合同的。

以完成一定工作任务为期限的劳动合同或者劳动合同期限不满 3 个月的，不得约定试用期。

第三节　劳动合同的内容和效力

劳动合同是劳动者与用人单位确立劳动关系、明确双方权利和义务的协议。劳动合同一方面从形式上确立劳动关系，为劳动者获得劳动报酬、休息休假、社会保险等各项法定权益奠定基础；另一方面又从内容上具体约定了劳动者的工资、工作内容、工作时间等权益，为劳动者实现劳动保障权益提供了依据。同时，劳动合同也根据实际需要记载用人单位合法权益的内容，从而维护用人单位的合法权益。

一、劳动合同必备条款

劳动合同的必备条款是指法律规定的劳动合同必须具备的内容。在法律规定了必备条款的情况下，如果劳动合同缺少此类条款，应以国家法律、法规的规定补充。《劳动合同法》第十七条第一款规定了以下必备的内容：

（一）双方当事人

劳动合同必须包含用人单位的名称、住所和法定代表人或者主要负责人及劳动者的姓名、住址和居民身份证或者其他有效身份证件号码两项内容。这是为了明确劳动合同中双方的主体资格，确定劳动合同的当事人。

（二）劳动合同期限

劳动合同期限是双方当事人相互享有权利、履行义务的时间界限，即劳动合同的有效期限。劳动合同期限可分为固定期限、无固定期限和以完成一定工作任务为期限。签订劳动合同主要是建立劳动关系，建立劳动关系必须明确期限的长短。劳动合同期限与劳动者的工作岗位、内容、劳动报酬等都有紧密关系，更与劳动关系的稳定紧密相关。劳动合同期限不明确则无法确定劳动合同何时终止，如何给付劳动报酬、经济补偿等，易引发争议。因此一定要在劳动合同中加以明确双方签订的是何种期限的劳动合同。

（三）工作内容和工作地点

工作内容即劳动者具体从事什么种类或者内容的劳动，这里的工作内容是指工作岗位和工作任务或职责。这一条款是劳动合同的核心条款之一，是建立劳动关系的极为重要的因素。它是用人单位使用劳动者的目的，也是劳动者通过自己的劳动取得劳动报酬的缘由。劳动合同中的工作内容条款应当规定得明确具体，便于遵照执行。如果劳动合同没有约定工作内容或约定的工作内容不明确，用人单位将可以自由支配劳动者，随意调整劳动者的工作岗位，这样就难以发挥劳动者所长，也很难确定劳动者的劳动报酬，使劳动关系极不稳定，因此这一条款是必不可少的。

工作地点是劳动合同的履行地，是劳动者从事劳动合同中所规定的工作内容的地点，它关系到劳动者的工作环境、生活环境以及劳动者的就业选择，劳动者有权在与用人单位建立劳动关系时知悉自己的工作地点，所以这也是劳动合同中必不可少的内容。

（四）工作时间和休息休假

工作时间是指劳动者在企业、事业、机关、团体等单位中，必须用来完成其所担负的工作任务的时间，一般由法律规定。劳动者在一定时间内（工作日、工作周）应该完成工作任务，以保证最有效地利用工作时间，不断地提高工作效率。这里的工作时间包括工作时间的长短、工作时间方式的确定，例如，是 8 小时工作制还是 6 小时工作制，是日班还是夜班，是正常工时制还是实行不定时工时制，或者是综合计算工时制。工作时间的不同，对劳动者的就业选择、劳动报酬等均有影响，因此成为劳动合同不可缺少的内容。

休息休假是指企业、事业、机关、团体等单位的劳动者按规定不必进行工作，而自行支配的时间。休息休假的权利是每个国家的公民都应享受的权利。《劳动法》第三十八条规定："用人单位应当保证劳动者每周至少休息一日。"休息休假的具体时间根据劳动者的工作地点、工作种类、工作性质、工龄长短等各有不同，用人单位与劳动者在约定休息休假事项时应当遵守劳动法及相关法律、法规的规定。

（五）劳动报酬

劳动合同中的劳动报酬是指劳动者与用人单位确定劳动关系后，因提供了劳动而取得的报酬。劳动报酬是满足劳动者及其家庭成员物质文化生活需要的主要来源，也是劳动者付出劳动后应该得到的回报。因此，劳动报酬是劳动合同中必不可少的内容。劳动合同中有关劳动报酬条款的约定，要符合我国有关最低工资标准的规定。《劳动合同法》第三十条第二款规定："用人单位拖欠或者未足额支付劳动报酬的，劳动者可以依法向当地人民法院申请支付令，人民法院应当依法发出支付令。"

（六）社会保险

社会保险是政府通过立法强制实施，由劳动者、劳动者所在的用人单位或社区以及国家三方面共同筹资，帮助劳动者及其亲属在遭遇年老、疾病、工伤、生育、失业等风险时，防止收入中断、减少和丧失，以保障其基本生活需求的社会保障制度。社会保险强调劳动者、劳动者所在的用人单位或社区以及国家三方共同筹资，体现了国家和社会对劳动者提供基本生活保障的责任。三方共同筹资使社会保险资金来源避免了单一渠道，增加了社会保险制度本身的保险系数。由于社会保险由国家强制实施，因此成为劳动合同不可缺少的内容。用人单位为员工缴纳社会保险是法律规定的用人单位必须承担的强制性义务，因此，用人单位与员工所订劳动合同中如果有关于不缴纳社会保险费的约定，应当属于无效的约定。

（七）劳动保护、劳动条件和职业危害防护

劳动保护是指用人单位为了防止劳动过程中的安全事故，采取各种措施来保障劳动者的生命安全和健康。在劳动生产过程中，存在各种不安全、不卫生因素，如不采取措施加以保护，将会发生工伤事故。如矿井作业可能发生瓦斯爆炸、冒顶、片帮、水火灾害等事故；建筑施工可能发生高空坠落、物体打击和碰撞等。所有这些，都会危害劳动者的安全健康，妨碍工作的正常进行。国家为了保障劳动者的身体健康和生命安全，通过制定相应的法律和行政法规、规章，规定劳动保护；用人单位也应根据自身的具体情况，规定相应的劳动保护规则，以保证劳动者的健康和安全。

劳动条件主要是指用人单位为使劳动者顺利完成劳动合同约定的工作任务，为劳动者提供必要的物质和技术条件，如必要的劳动工具、机械设备、工作场地、劳动经费、辅助人员、技术资料、工具书以及其他一些必不可少的物质、技术条件和其他工作条件。

职业危害是指用人单位的劳动者在职业活动中，因接触职业性有害因素如粉尘、放射性物质和其他有毒、有害物质等而对生命健康所引起的危害。根据《职业病防治法》第三十三条规定，用人单位与劳动者订立劳动合同（含聘用合同，下同）时，应当将工作过程中可能产生的职业病危害及其后果、职业病防护措施和待遇等如实告知劳动者，并在劳动合同中写明，不得隐瞒或者欺骗。

（八）法律、法规规定应当纳入劳动合同的其他事项

略。

二、劳动合同约定条款

对于某些事项，法律不做强制性规定，由当事人根据意愿选择是否在合同中约定，劳动合同缺乏这种条款不影响其效力。我们可以将这种条款称为法定可备条款。法定可备条款是指法律明文规定的劳动合同可以具备的条款。劳动合同的某些内容是非常重要的，关系到劳动者的切身利益，但是这些条款不是在每个劳动合同中都应当具备的，所以法律不能把其作为必备条款，只能在法律中特别予以提示。《劳动合同法》第十七条规定："劳动合同除前款规定的必备条款外，用人单位与劳动者可以约定试用期、培训、保守秘密、补充保险和福利待遇等其他事项。"这里所规定的"试用期、培训、保守秘密、补充保险和福利待遇"都属于法定可备条款。

（一）试用期的约定

试用期是指用人单位对新招收的职工进行思想品德、劳动态度、实际工作能力、身体情况等进行进一步考察的时间期限。《劳动合同法》第十九条规定，"劳动合同期限三个月以上不满一年的，试用期不得超过一个月；劳动合同期限一年以上不满三年的，试用期不得超过二个月；三年以上的固定期限和无固定期限的劳动合同，试用期不得超过六个月。同一用人单位与同一劳动者只能约定一次试用期；以完成一定工作任务的劳动合同为期限的劳动合同或者劳动合同期限不满三个月的，不得约定试用期。试用期应包含在劳动合同期限内。劳动合同仅约定试用期的，试用期不成立，该期限为劳动合同期限"（见表6-1）。第二十条规定，"劳动者在试用期的工资不得低于本单位相同岗位最低档工资或者劳动合同约定工资的百分之八十，并不得低于用人单位所在地的最低工资标准"。

表6-1　劳动合同期限与相应试用期期限对照

劳动合同期限	试用期期限
以完成一定工作任务的、不满三个月的	不得约定试用期
三个月以上不满一年的	不得超过一个月
一年以上不满三年的	不得超过二个月
三年以上的固定期限和无固定期限的	不得超过六个月

在试用期问题上，需要强调以下几点。第一，试用期是一个约定的条款，如果双方没有事先约定，用人单位就不能以试用期为由解除劳动合同。第二，劳动者在试用期间应当享有全部的劳动权利。第三，劳动合同法关于试用期的规定体现了劳动合同双方当事人权利义务的大体平等。如关于劳动合同的解除中规定，劳动者在试用期内可以通知用人单位解除劳动合同；劳动者在试用期期间被证明不符合录用条件的，用人单位也可以解除劳动合同。第四，有的用人单位规避法律，约定试岗、适应期、实习期，这些都是变相的试用期，其目的无非是将劳动者的待遇下调，方便解除劳动合同。为了保护劳动者的合法权益，应当明确这些情形按照试用期对待。

用人单位在试用期解除劳动合同的，应当向劳动者说明理由。这意味着用人单位在试用期中，要解除与劳动者的劳动合同，必须有证据、有理由，证明劳动者哪些方面不符合录用条件，为什么不合格。如果用人单位恶意使用劳动者，不尽应尽的义务，劳动者诉诸法律时，用人单位要承担败诉的风险。

用人单位违反劳动合同法规定与劳动者约定试用期的，由劳动行政部门责令改正；违法约定的试用期已经履行的，由用人单位以劳动者试用期满月工资为标准，按已经履行的超过法定试用期的期间向劳动者支付赔偿金。

以案说法 6-7

双方自愿约定超限的试用期，是否有效？

廖女士入职某公司，双方签订为期一年的劳动合同，公司提出试用期为 4 个月，试用期内工资按 2600 元/月，转正后按 3400 元/月计算。考虑一时难以就业，为获得该份工作，廖女士只好答应。如今 3 个月已经过去，廖女士觉得自己在试用期间所付出的劳动、创造的效益与所得到的工资之间实在悬殊，曾向公司要求给予补偿，但遭到公司拒绝，理由是双方自愿达成协议后，彼此都必须遵照执行，廖女士自然无权反悔。请问，公司这样做是否合理？

案例点评

试用期是供合同双方当事人进行互相考察的期限。《劳动合同法》第十九条第一款规定："劳动合同期限三个月以上不满一年的，试用期不得超过一个月；劳动合同期限一年以上不满三年的，试用期不得超过二个月；三年以上固定期限和无固定期限的劳动合同，试用期不得超过六个月。"鉴于廖女士与公司所签劳动合同的期限为 1 年，对廖女士的试用期，只能在 2 个月之内，而实际上为 4 个月，多出 2 个月。廖女士与公司之间的约定明显与之相违。《劳动合同法》第二十六条第（三）项规定，违反法律、行政法规强制性规定的劳动合同无效，正因为廖女士与公司关于试用期的约定违法，决定虽然当时系双方自愿，但同样对廖女士没有法律约束力，廖女士完全有权反悔。

《劳动合同法》第八十三条指出，"用人单位违反本法规定与劳动者约定试用期的，由劳动行政部门责令改正；违法约定的试用期已经履行的，由用人单位以劳动者试用期满月工资为标准，按已经履行的超过法定试用期的期间向劳动者支付赔偿金"。本案例中，公司对多出法定试用期限的 2 个月，应按非试用期工资标准（3400 元/月）支付给廖女士。

资料来源：试用期超限双方自愿也无效 [EB/OL].（2013-11-25）[2018-10-12].http://right.workercn.cn/147/201311/25/131125074242332.shtml。内容有修改。

（二）培训与服务期的约定

用人单位为劳动者提供专项培训费用，对其进行专业技术培训的，可以与该劳动者订立协议。

能够约定服务期的培训是有严格的条件的。用人单位对劳动者进行必要的职业培训不可以约定服务期。《劳动法》第六十八条规定，"用人单位应当建立职业培训制度，按照国家规定提取和使用职业培训经费，根据本单位实际，有计划地对劳动者进行职业培训。从事技术工种的劳动者，上岗前必须经过培训"。劳动者有接受职业技能培训的权利。按照国家规定，用人单位必须按照本单位工资总额的一定比例提取培训费用，用于对劳动者的职业培训，这部分培训费用的使用不能作为与劳动者约定服务期的条件。

如果用人单位对劳动者进行的是专业技术培训，则可以与该劳动者订立协议，约定服务期。培训的形式可以是脱产的、半脱产的，也可以是不脱产的。不管是否脱产，只要用人单位在国家规定提取的职工培训费用以外，专门花费较高数额费用送劳动者去进行定向专业培训的，就可以与该劳动者订立协议，约定服务期。

用人单位与劳动者约定服务期的，不影响按照正常的工资调整机制提高劳动者在服务期期间的劳动报酬。

（三）保密与竞业限制的约定

保密是指劳动者在履行劳动合同过程中以及劳动合同解除或终止后保守用人单位的商业秘密和与知识产权相关的保密事项。竞业限制是指在解除或者终止劳动合同后，劳动者不得到与本单位生产或者经营同类产品、从事同类业务的有竞争关系的其他用人单位，不得自己开业生产或者经营同类产品、从事同类业务。

商业秘密是指不为公众所知悉、能为权利人带来经济利益，具有实用性并经权利人采取保密措施的技术信息和经营信息。因此商业秘密包括两部分：非专利技术和经营信息。商业秘密和其他知识产权（专利权、商标权、著作权等）相比，有以下特点：

第一，商业秘密的前提是不为公众所知悉，而其他知识产权都是公开的，对专利权甚至有公开到相当程度的要求。

第二，商业秘密是一项相对的权利。商业秘密的专有性不是绝对的，不具有排他性。如果其他人以合法方式取得了同一内容的商业秘密，他们就和第一个人有着同样的地位。商业秘密的拥有者既不能阻止在他之前已经开发掌握该信息的人使用、转让该信息，也不能阻止在他之后开发掌握该信息的人使用、转让该信息。

第三，商业秘密能使经营者获得利益，获得竞争优势，或具有潜在的商业利益。

第四，商业秘密的保护期不是法定的，取决于权利人的保密措施和其他人对此项秘密的公开。一项技术秘密可能由于权利人保密措施得力和技术本身的应用价值而延续很长时间，远远超过专利技术受保护的期限。

对负有保密义务的劳动者，用人单位可以在劳动合同或者保密协议中与劳动者约定竞业限制条款，并约定在解除或者终止劳动合同后，在竞业限制期限内按月给予劳动者经济补偿。竞业限制期限不得超过两年。竞业限制的人员范围限于用人单位的高级管理人员、高级技术人员和其他知悉用人单位商业秘密的人员。因为每人给一份经济补偿金，企业也无力承受。竞业限制的地域范围原则上应当以能够与用人单位形成实际竞争关系的地域为限。劳动者违反劳动合同法规定解除劳动合同，或者违反劳动合同中约定的保密义务或者竞业限制，给用人单位造成损失的，应当承担赔偿责任。

《最高人民法院关于审理劳动争议案件适用法律问题的解释（一）》（法释〔2020〕26号）第三十六条规定："当事人在劳动合同或者保密协议中约定

了竞业限制，但未约定解除或者终止劳动合同后给予劳动者经济补偿，劳动者履行了竞业限制义务，要求用人单位按照劳动者在劳动合同解除或者终止前十二个月平均工资的 30% 按月支付经济补偿的，人民法院应予支持。前款规定的月平均工资的 30% 低于劳动合同履行地最低工资标准的，按照劳动合同履行地最低工资标准支付。"

《最高人民法院关于审理劳动争议案件适用法律问题的解释（一）》（发释〔2020〕26 号）第三十九条规定："在竞业限制期限内，用人单位请求解除竞业限制协议时，人民法院应予支持。在解除竞业限制协议时，劳动者请求用人单位额外支付劳动者三个月的竞业限制经济补偿的，人民法院应予支持。"

（四）违约金的约定

违约金是指合同当事人约定在一方不履行合同时向另一方支付一定数额的货币。这种民事责任形式只有在合同当事人有约定或法律有直接规定时才能适用，当事人一方不能自行规定违约金。

根据劳动合同法规定，除了可以在培训服务期和竞业限制约定中约定劳动者违约金责任外，其他情况下不得约定由劳动者承担违约金。劳动者违反服务期约定的，应当按照约定向用人单位支付违约金。违约金的数额不得超过用人单位提供的培训费用。用人单位要求劳动者支付的违约金不得超过服务期尚未履行部分所应分摊的培训费用。培训费用包括用人单位为了对劳动者进行专业技术培训而支付的有凭证的培训费用、培训期间的差旅费用以及因培训产生的用于该劳动者的其他直接费用。这里需注意培训费用里面不应当包括培训期间向劳动者支付的工资。

劳动者违反竞业限制约定的，应当按照约定向用人单位支付违约金。

对用人单位违约时向劳动者支付违约金的情形，劳动合同法并未作出违约行为的限制，即只要有出现违约的可能情形，都可以约定违约金责任。

三、劳动合同生效

劳动合同由用人单位与劳动者协商一致，并经用人单位与劳动者在劳动合同文本上签字或者盖章生效。

（一）劳动合同的成立和生效

劳动合同成立与劳动合同生效是既有联系又有区别的两个法律概念。劳动合同的成立是指用人单位与劳动者达成协议而建立劳动合同关系。当事人双方就劳动合同内容协商一致，劳动合同即告成立。劳动合同依法成立，就具有法律效力，即在双方当事人之间形成劳动法律关系，对双方当事人产生法律约束力。非依法律规定或者征得对方同意，任何一方不得擅自变更或者解除劳动合同，否则就要承担法律责任。

劳动合同的生效是指具备有效要件的劳动合同按其意思表示的内容产生了法律效力。劳动合同的具体生效时间，当事人可以在劳动合同中约定，没有约定的，应当自双方签字之日起生效。在大多数情况下，劳动合同的成立和生效是同时的。

但是，劳动合同成立，并不意味着劳动合同一定生效，劳动合同是劳动关系的表现形式，有的情况下劳动关系已建立，但并没有签订劳动合同；有的情况下劳动合同已生效，但并没有实际用工，劳动关系尚未建立，有时二者之间会有一个时间差。因此，违反劳动合同可以分为两种情况。一种是违反已经履行的劳动合同。如劳动关系已建立，违反劳动合同约定，就要承担违法责任。另一种就是违反已生效但尚未履行的劳动合同。如劳动关系尚未建立，劳动合同法没有对在这种情况下违反劳动合同的责任作出规定，这就需要合同双方在订立劳动合同时进行约定。如劳动合同约定了违约责任的，按约定办；没有约定违约责任的，就无从承担责任。因此，在订立劳动合同时，双方应当在合同中约定违约责任。

（二）劳动同生效的条件

劳动合同双方当事人必须具备法定的资格。行为能力是签订合同的任何一方必须有法律上认可的签订劳动合同的资格。年满16周岁、精神正常的人具有签订劳动合同的行为能力。

劳动合同的内容和形式必须合法，不得违反法律的强制性规定或者社会公共利益。所谓强制性规定就是为社会关系参加者规定了明确的行为模式而不得自行变更其内容的规则。如《劳动合同法》第十九条规定的"劳动合同期限三个月以上不满一年的，试用期不得超过一个月"。在这种情况下即使双方在合同中约定了一个月以上的试用期，也是违反法律规定的，该条款将视为无效。

劳动合同需由用人单位与劳动者协商一致订立。订立劳动合同的双方必须意思表示真实，任何一方采用欺诈、胁迫等手段与另一方签订的劳动合同是无效的。

（三）劳动合同的无效

一般合同一旦依法成立，就具有法律约束力，无效的劳动合同是指由当事人签订成立而国家不予承认其法律效力的劳动合同。无效合同即使成立，也不具有法律约束力，不发生履行效力。

1. 劳动合同无效的情形

根据《劳动合同法》第二十六条规定，导致劳动合同无效有以下几方面的情形：

（1）以欺诈、胁迫的手段或者乘人之危，使对方在违背真实意思的情况下订立或者变更劳动合同的。

欺诈是指当事人一方故意制造假象或隐瞒事实真相，欺骗对方，诱使对方形成错误认识而与之订立劳动合同。胁迫是指以给他人的人身或者权益造成损害为要挟，迫使对方作出不真实的意思表示的行为。乘人之危是指行为人利用对方当事人的急迫需要或危难处境，迫使其违背真实意思而接受对其不利条件的行为。

（2）用人单位免除自己的法定责任、排除劳动者权利的。

这属于禁止用人单位同劳动者约定的内容，也是合同的一般原则。通常表现为劳动合同简单化，法定条款缺失，仅规定劳动者的义务，设立霸王条款等。

（3）违反法律、行政法规强制性规定的。

法律、行政法规包含强制性规定和任意性规定。强制性规定排除了合同当事人的意思自治，即当事人在合同中不得任意排除法律、行政法规强制性规定的适用，如果当事人约定排除了强制性规定，则构成无效情形。这里主要指国家制定的关于劳动者最基本劳动条件的法律、法规，包括职业病防治法、安全生产法等，其目的是改善劳动条件，保障劳动者的基本生活，避免伤亡事故的发生。

值得特别注意的是，构成劳动合同无效情形只限于违反了法律和行政法规，不能任意扩大范围。实践中存在的将违反地方行政管理规定的合同都认为无效是不妥当的。

2. 劳动合同的部分无效

无效的合同可分为部分无效合同和全部无效合同。部分无效合同是指有些合同条款虽然违反法律规定，但并不影响其他条款效力的合同。有些劳动合同就内容看，不是全部无效，而是部分无效，即劳动合同中的某一部分条款不发生法律效力。在部分无效的劳动合同中，无效条款如不影响其余部分的效力，其余部分仍然有效，对双方当事人有约束力。有如下两层意思：

（1）如果认定合同的某些条款无效，该部分内容与合同的其他内容相比较，应当是相对独立的，该部分与合同的其他部分具有可分性，也就是本条所说的，合同无效部分不影响其他部分的效力。如果部分无效的条款与其他条款具有不可分性，或者当事人约定某合同条款为合同成立生效的必要条款，那么该合同的部分无效就会导致整个合同无效。

（2）如果合同的目的是违法的，或者根据诚实信用和公平原则，剩余部分的合同内容的效力对当事人已没有任何意义或者不公平合理的，合同应全部确认为无效。

部分无效的劳动合同通常表现为，如未经批准不得辞职、加班不给加班费、工作受伤自己负责等。

在司法实践中，不能任意扩大无效或者部分无效劳动合同的范围，特别要防止用人单位利用这一条款随意解雇劳动者。例如，劳动者在应聘时隐瞒了一些事实，向用人单位提供了不实的个人资料等，认定时就有一个度的问题，即劳动者实际能力强，用人单位就可以算作有效合同，劳动者的实际能力不强，用人单位就会算作无效合同，不构成部分无效。实践中大部分情况是部分无效，如用人单位免除自己的法定责任、排除劳动者权利的劳动合同。

3. 劳动合同无效的确认及处理

劳动合同的无效只有劳动人事争议仲裁机构和人民法院才有权确认，其他任何部门或者个人都无权认定无效劳动合同。

劳动合同无效后，其一般原理是，双方约定的权利义务自始不存在，即从订立之日起到确认无效时止，法律对双方订立的权利义务关系不予保护。但这并不是说，法律不保护这种无效的事实劳动关系。由于劳动力支出的不可恢复性，劳动合同无效后，不能采取返还财产、恢复原状的无效处理措施，而应对事实劳动关系存在期间劳动者的劳动按照法律规定予以补偿。《劳动合同法》第二十八条规定："劳动合同被确认无效，劳动者已付出劳动的，用人单位应当向劳动者支付劳动报酬。劳动报酬的数额，参照本单位相同或者相近岗位劳动者的劳动报酬确定。"同时，对由于用人单位的原因订立的无效合同，对劳动者造成损害的，还应承担赔偿责任。劳动合同无效后，自宣布无效之日起，事实劳动关系终止。

以案说法 6-8

劳动者提供虚假学历证书是否导致劳动合同无效？

2018 年 6 月，某网络公司发布招聘启事，招聘计算机工程专业大学本科以上学历的网络技术人员 1 名。赵某为销售专业大专学历，但其向该网络公司提交了计算机工程专业大学本科学历的学历证书、个人履历等材料。后赵某与网络公司签订了劳动合同，进入网络公司从事网络技术工作。2018 年 9 月初，网络公司偶然获悉赵某的实际学历为大专，并向赵某询问。赵某承认自己为应聘而提供虚假学历证书、个人履历的事实。网络公司认为，赵某提供虚假学历证书、个人履历属欺诈行为，严重违背诚实信用原则，根据《劳动合同法》第二十六条、第三十九条规定解除了与赵某的劳动合同。赵某不服，向仲裁委员会申请仲裁。请求网络公司继续履行劳动合同。仲裁委员会裁决驳回赵某的仲裁请求。

案例点评

本案的争议焦点是赵某提供虚假学历证书、个人履历是否导致劳动合同无效。

《劳动合同法》第八条规定了劳动者的告知义务。如果劳动者违反诚实信用原则，隐瞒或者虚构与劳动合同直接相关的基本情况，根据《劳动合同法》第二十六条第一款规定属于劳动合同无效或部分无效的情形。用人单位可以根据《劳动合同法》第三十九条规定解除劳动合同并不支付经济补偿。此外，应当注意的是，《劳动合同法》第八条"劳动者应当如实说明"应仅限于"与劳动合同直接相关的基本情况"，如履行劳动合同所必需的知识技能、学历、学位、职业资格、工作经历等，用人单位无权要求劳动者提供婚姻状况、生育情况等涉及个人隐私的信息，也即不能任意扩大用人单位知情权及劳动者告知义务的外延。

本案中，"计算机工程专业""大学本科学历"等情况与网络公司招聘的网络技术人员岗位职责、工作完成效果有密切关联，属于"与劳动合同直接相关的基本情况"。赵某在应聘时故意提供虚假学历证书、个人履历，致使网络公司在违背真实意思的情况下与其签订了劳动合同。因此，根据《劳动合同法》第二十六条第一款规定，双方签订的劳动合同无效。网络公司根据《劳动合同法》第三十九条第（五）项规定，解除与赵某的劳动合同符合法律规定，故依法驳回赵某的仲裁请求。

　　《劳动合同法》第三条规定："订立劳动合同，应当遵循合法、公平、平等自愿、协商一致、诚实信用的原则。"该法第二十六条、第三十九条进一步体现了诚实信用原则。诚实信用既是劳动合同法的基本原则之一，也是社会基本道德之一。

　　资料来源：劳动者提供虚假学历证书是否导致劳动合同无效？[EB/OL].（2022-08-03）[2024-05-19].https://www.thepaper.cn/newsDetail_forward_19299001。内容有修改。

第四节　劳动合同的履行和变更

　　劳动合同的履行是指劳动合同的双方当事人按照合同约定完成各自义务的行为。劳动合同的变更是指劳动合同依法订立后，在合同尚未履行或者尚未履行完毕之前，经用人单位和劳动者双方当事人协商同意，对劳动合同内容做部分修改、补充或者删减的法律行为。

一、双方应当履行的义务

　　用人单位应当履行劳动合同中约定的义务，应当按照劳动合同约定和国家规定，向劳动者及时足额支付劳动报酬。用人单位拖欠或者未足额支付劳动报酬的，劳动者可以依法向当地人民法院申请支付令，人民法院应当依法发出支付令。用人单位应当严格执行劳动定额标准，不得强迫或者变相强迫劳动者加班。用人单位安排加班的，应当按照国家有关规定向劳动者支付加班费。

　　《劳动合同法》第八十五条规定："用人单位有下列情形之一的，由劳动行政部门责令限期支付劳动报酬、加班费或者经济补偿；劳动报酬低于当地最低工资标准的，应当支付其差额部分；逾期不支付的，责令用人单位按应付金额百分之五十以上百分之一百以下的标准向劳动者加付赔偿金：（一）未按照劳动合同的约定或者国家规定及时足额支付劳动者劳动报酬的；（二）低于当地最低工资标准支付劳动者工资的；（三）安排加班不支付加班费的；（四）解除或者终止劳动合同，未依照本法规定向劳动者支付经济补偿的。"

第八十八条规定："用人单位有下列情形之一的，依法给予行政处罚；构成犯罪的，依法追究刑事责任；给劳动者造成损害的，应当承担赔偿责任：（一）以暴力、威胁或者非法限制人身自由的手段强迫劳动的；（二）违章指挥或者强令冒险作业危及劳动者人身安全的；（三）侮辱、体罚、殴打、非法搜查或者拘禁劳动者的；（四）劳动条件恶劣、环境污染严重，给劳动者身心健康造成严重损害的。"

劳动者应当履行劳动合同中约定的义务，但劳动者拒绝用人单位管理人员违章指挥、强令冒险作业的，不视为违反劳动合同，不属于拒绝履行劳动合同义务的行为。

二、特殊情况下劳动合同的履行

用人单位变更名称、法定代表人、主要负责人或者投资人等事项，不影响劳动合同的履行。用人单位发生合并或者分立等情况，原劳动合同继续有效，劳动合同由承继其权利和义务的用人单位继续履行。

以案说法 6-9

用人单位分立，劳动者有权要求继续履行劳动合同吗？

韩女士自 2000 年就到北京某有限公司工作。该公司是专门生产机器设备的一家生产企业，在全国各地均设有销售部门，但均未成立公司。2010 年 12 月公司一分为二，设立北京某机械设备制造有限公司与北京某机械设备销售有限公司。公司在分立后，以原有劳动用工主体已不存在为由，解除了与韩女士的劳动关系。韩女士不服，找到北京某机械设备制造公司和北京某机械设备销售公司要求公司支付补偿金，并且要求北京某机械设备制造公司和北京某机械设备销售公司继续履行劳动合同，均未得到答复。韩女士在多次要求未果的情况下，于 2011 年 1 月向北京市某区劳动人事争议仲裁委员会提起劳动仲裁，要求北京某机械设备销售公司继续履行合同。

案例点评

用人单位分立，劳动者有权要求其继续履行劳动合同，劳动人事争议仲裁委员会最终裁决北京某机械设备销售公司继续履行劳动合同。

资料来源：曹智勇.律师教您应对常见劳动纠纷 100 案 [M].北京：中国法

制出版社，2012。内容有修改。

三、协商一致变更

劳动合同在履行过程中，因双方或一方的情况变化，双方可对合同协商变更。对此，按照劳动合同订立的原则，即用人单位与劳动者应当在平等自愿的前提下协商一致，可以变更劳动合同约定的内容。同时劳动合同法规定，变更劳动合同，应当采用书面形式，变更后的劳动合同文本由用人单位和劳动者各执一份。

以案说法 6-10

用人单位可单方决定对员工调岗吗？

李某于2009年3月应聘到北京某酒店担任销售经理一职，并签订了3年期限的劳动合同，明确约定了其工作岗位为销售经理，月工资2800元。2010年10月，由于酒店高层人员的调动，李某的工作岗位也由销售经理降为销售部普通员工，月工资降为1800元。李某不服，于2010年12月提起劳动仲裁，要求酒店支付解除劳动关系经济补偿金5600元。

案例点评

用人单位不可单方决定对员工调岗。劳动人事争议仲裁委员会裁决该酒店支付李某解除劳动关系经济补偿金5600元。

资料来源：曹智勇．律师教您应对常见劳动纠纷100案 [M].北京：中国法制出版社，2012。内容有修改。

第五节　劳动合同的解除和终止

劳动合同的解除是指劳动合同签订以后，尚未履行完毕之前，由于一定事由的出现，提前终止劳动合同的法律行为。劳动合同的解除可分为两大类型：双方解除和单方解除。

一、协商一致解除合同规定

在符合法律规定的前提下，协商一致解除劳动合同可以避免产生劳动纠纷。双方就补偿等一系列问题达成一致，不会产生不良影响，也不会对其他员工产生不好的示范作用。特别是在劳动者没有什么明显过错的情况下，要尽量采取协商一致的方式解除劳动合同。另外，当双方协商一致后，要进行书面确认。

二、劳动者单方解除劳动合同规定

（一）提前通知解除劳动合同规定

劳动者提前 30 日以书面形式通知用人单位，可以解除劳动合同。劳动者在试用期内提前 3 日通知用人单位，可以解除劳动合同。

无论是劳动者还是用人单位在解除劳动合同时，都必须以书面形式告知对方。因为这一时间的确定直接关系到解除预告期的起算时间，也关系到劳动者的工资等利益，所以必须采用慎重的方式来表达。

以案说法 6-11

用人单位能否解雇"隐婚"女员工？

2010 年 7 月，28 岁的张女士入职北京某公司，担任商务拓展专员，双方签订了 3 年的劳动合同。张女士担心自己已婚会影响求职，在填写应聘人员求职登记表和员工入职登记表，均填写"未婚"。两份表格上都注明"如有不实之处，由此造成的一切后果自负"，张女士签字确认。转正一个半月后，张女士发现自己怀孕了。基于张女士的隐婚行为，公司于 2010 年 12 月将其解聘。

后张女士向朝阳区劳动人事争议仲裁委员会提交仲裁申请。经劳动人事争议仲裁委员会裁决，该公司与张女士继续履行劳动合同，并支付解聘后张女士的工资损失 2.18 万元。因不认可仲裁结果，该公司将张女士起诉到法院。

案例点评

劳动合同法明确规定了用人单位可以单方解除劳动合同的几种情形，其中与本案相关的是劳动者严重违反用人单位的规章制度和以欺诈手段使用人单位在违背真实意思的情况下订立劳动合同而使劳动合同无效。尽管双方签订的劳动合同和员工手册规定被告应提交真实的婚姻状况证明，但从商务拓展的岗位职责、工作内容以及原告的当庭陈述来看，原告并不具有法定解除权。因此原告以被告隐瞒已婚事实为由解除劳动合同，缺乏法律依据，其应当继续履行与被告的劳动合同，支付被告在解除劳动合同期间的工资损失。法院还特别对被告隐婚的不诚实行为给予批评。

资料来源：隐婚白领怀孕遭辞退　法院判决公司继续履行合同[EB/OL].（2012-05-17）[2018-10-12]. http://www.chinanews.com/cj/2012/05-17/3895227.shtml。内容有修改。

（二）随时通知解除劳动合同规定

如果出现了法定的事由，劳动者无须事先告知用人单位，就可通知用人单位解除劳动合同。具体有以下几种情况：

1. 未按照劳动合同约定提供劳动保护或者劳动条件的

劳动合同法规定，劳动保护和劳动条件是劳动合同的必备条款，即提供劳动保护和劳动条件是用人单位应尽的义务，如果用人单位未按照国家规定的标准或劳动合同的规定提供劳动条件，致使劳动安全、劳动卫生条件恶劣，严重危害职工的身体健康，并得到国家劳动部门、卫生部门的确认，劳动者可以与用人单位解除劳动合同。

2. 未及时足额支付劳动报酬的

在劳动者已履行劳动义务的情况下，用人单位应按劳动合同约定或国家法律、法规规定的数额、日期及时足额支付劳动报酬，禁止克扣和无故拖欠劳动者劳动收入。支付劳动报酬也是劳动合同所规定的必备条款，用人单位未按照劳动合同约定及时足额支付劳动报酬，就是违反劳动合同，也是对劳动者合法权益的侵犯，劳动者有权随时告知用人单位解除劳动合同。

3. 未依法为劳动者缴纳社会保险费的

《劳动法》第七十二条规定："用人单位和劳动者必须依法参加社会保险，缴纳社会保险费。"社会保险具有国家强制性，用人单位应当依照有关法律、法规的规定，负责缴纳各项社会保险费用，并负有代扣代缴本单位劳动者社会保险费的义务。如果用人单位未依法为劳动者缴纳社会保险费，劳动者可以与用人单位解除劳动合同。

4. 用人单位的规章制度违反法律、法规的规定，损害劳动者权益的

（1）用人单位的规章制度违反了法律、法规的规定。首先，规章制度的内容要合法。即内容不得违反国家宪法、劳动法、劳动合同法及其他法律、法规的规定，也不得与劳动合同与集体合同的内容相冲突。其次，规章制度的制定和公布的程序要合法。一是要经过一定的民主程序；二是应当公示。职工作为规章制度的遵守者，有权了解规章制度的内容，法律不要求职工遵守一个自己不知晓或无法知晓的规章制度。

（2）损害了劳动者的权益。用人单位的规章制度违反了法律、法规的规定，损害了劳动者的权益，劳动者才可以以此为由通知用人单位解除劳动合同。

5. 因《劳动合同法》第二十六条第一款规定的情形致使劳动合同无效的

《劳动合同法》第二十六条第一款规定了劳动合同无效或者部分无效的几种情况。无效的劳动合同从订立的时候起就没有法律约束力，劳动者可以不予履行，对已经履行，并给劳动者造成损害的，用人单位还应承担赔偿责任。

6. 法律、行政法规规定劳动者可以解除劳动合同的其他情形

（1）用人单位以暴力、威胁或者非法限制人身自由的手段强迫劳动者劳动的。

"暴力"是指对劳动者实施捆绑、拉拽、殴打、伤害等行为。"威胁"是指对劳动者施以暴力或者其他强迫手段。"非法限制人身自由"是指采用拘留、禁闭或其他强制方法非法剥夺或限制他人按照自己的意志支配自己身体活动的行为。人身自由是公民各种自由权利当中的一项基本权利，是公民参加社会活动和享受其他权利的先决条件。我国公民的人身自由受宪法和法律的保护。企业强迫劳动者劳动，如把劳动者非法拘禁在特定的场所，强迫其劳动，是严重侵犯劳动者人身权利的行为，劳动者有权随时解除劳动合同，而无须事先告知用人单位。

（2）用人单位违章指挥、强令冒险作业危及劳动者人身安全的。

对于用人单位不顾及劳动者的人身安全，对从事危险作业，如采矿工人、高空作业人员等，在没有安全防护的情况下，强令其进行作业的行为，劳动者有权拒绝并撤离作业场所，并可以立即解除劳动合同。《劳动合同法实施条例》第二十六条第一款规定："用人单位与劳动者约定了服务期，劳动者依照劳动合同法第三十八条的规定解除劳动合同的，不属于违反服务期的约定，用人单位不得要求劳动者支付违约金。"

三、用人单位单方解除劳动合同规定

（一）随时解除劳动合同规定

用人单位在劳动者有下列情况之一出现时，有权解除劳动合同，而无须征得他人的意见，也不必履行特别的程序，更不存在经济补偿问题。根据《劳动合同法》第三十九条规定，劳动者有下列情形之一的，用人单位可以解除劳动合同。

1. 在试用期间被证明不符合录用条件的

（1）要求用人单位所规定试用期的期间符合法律规定。

（2）是否在试用期间。试用期间的确定应当以劳动合同的约定为准；若劳动合同约定的试用期超出法定最长时间，则以法定最长时间为准；若试用期满后仍未办理劳动者转正手续，则不能认为还处在试用期间，用人单位不能以试用期不符合录用条件为由与其解除劳动合同。

（3）对是否合格的认定。劳动者是否符合录用条件，是用人单位在试用期间，单方与劳动者解除劳动合同的前提条件。如果没有这个前提条件，用人单位无权在试用期内单方解除劳动合同。一般情况下应当以法律、法规规定的基本录用条件和用人单位在招聘时规定的知识文化、技术水平、身体状况、思想品质等条件为准。

（4）对于劳动者在试用期间不符合录用条件的，用人单位必须提供有效的证明。如果没有证据证明劳动者在试用期间不符合录用条件，用人单位就不能解除劳动合同，否则，需承担因违法解除劳动合同所带来的一切法律后果。

2. 严重违反用人单位的规章制度的

（1）规章制度的内容必须是符合法律、法规的规定，而且是通过民主程序公之于众的。

（2）劳动者的行为客观存在，并且是属于"严重"违反用人单位的规章制度。何为"严重"，一般应根据劳动法规所规定的限度和用人单位内部的规章制度依此限度所规定的具体界限为准。例如，违反操作规程，损坏生产、经营设备造成经济损失的，不服从用人单位正常工作调动，不服从用人单位的劳动人事管理，无理取闹、打架斗殴、散布谣言损害企业声誉等，给用人单位的正常生产经营秩序和管理秩序带来损害的。

（3）用人单位对劳动者的处理是按照本单位规章制度规定的程序办理的，并符合相关法律、法规规定。

3. 严重失职，营私舞弊，给用人单位造成重大损害的

劳动者在履行劳动合同期间，没有按照岗位职责履行自己的义务，违反其忠于职守、维护和增进用人单位利益的义务，有未尽职责的严重过失行为或者利用职务之便谋取私利的故意行为，使用人单位有形财产、无形财产遭受重大损害，但不够刑罚处罚的程度，用人单位可以与其解除劳动合同。

4. 劳动者同时与其他用人单位建立劳动关系，对完成本单位的工作任务造成严重影响，或者经用人单位提出，拒不改正的

劳动者同时与其他用人单位建立劳动关系，即我们通常所说的"兼职"。我国有关劳动方面的法律、法规虽然没有对"兼职"作禁止性的规定，但作为劳动者而言，完成本职工作，是其应尽的义务。劳动者从事兼职工作，在时间上、精神力上必然会影响到本职工作。作为用人单位来讲，对一个不能全心全意为本单位工作，并严重影响工作任务完成的人员，有权与其解除劳动合同。但劳动者的兼职没有影响其完成本单位的工作任务的，用人单位则不能解除与劳动者的劳动合同。

5. 劳动者以欺诈、胁迫的手段或者乘人之危，使用人单位在违背真实意思的情况下订立或者变更劳动合同的

根据《劳动合同法》第二十六条第（一）项规定，"以欺诈、胁迫的手段或者乘人之危，使对方在违背真实意思的情况下订立或者变更劳动合同的"属于无效劳动合同。任何一方利用任何一种行为手段而使对方在违背真实意思的情况下订立或者变更劳动合同，均违反了意思自治的基本原则，是被法律所禁止的，因此自然允许利益受损方解除劳动合同。

6. 被依法追究刑事责任的

根据《劳动部关于印发〈关于贯彻执行《中华人民共和国劳动法》若干问题的意见〉的通知》第二十九条规定："劳动者被依法追究刑事责任的，用人单位可依据劳动法第二十五条解除劳动合同。""被依法追究刑事责任"是指被人民检察院免予起诉的、被人民法院判处刑罚的、被人民法院依据《刑法》第三十二条免予刑事处分的。劳动者被人民法院判处拘役、三年以下有期徒刑缓刑的，用人单位可以解除劳动合同。

在试用期中，除劳动者有《劳动合同法》第三十九条和第四十条第一项、第二项规定的情形外，用人单位不得解除劳动合同。用人单位在试用期解除劳动合同的，应当向劳动者说明理由。

以案说法 6-12

劳动者与两个单位签订劳动合同违法

范某是某部队医院的聘用医生。2009年12月的一天，范某的好友告诉他，某妇幼保健医院想请他利用休息时间过来帮忙完成一个课题，报酬非常丰厚。范某认为这个提议不错，既可以进行研究，又可以增加自己的收入。于是，范某与该妇幼保健医院签订了以完成某一医疗课题研究为期限的劳动合同。随着妇幼保健医院课题的不断深入，范某投入的时间和精力越来越多，在部队医院上班期间，特别是2010年1月至3月，范某经常迟到、早退，部队医院分配给他的工作也不能按时完成。部队医院在了解情况后，院长找其谈话，告知其行为已经违反了医院的规章制度，希望范某能尽快解除与妇幼保健医院的劳动合同。但范某认为课题研究就快结束了，自己再坚持坚持就行了。为了尽快结束课题研究，范某投入的时间和精力更多。两周以后，部队医院向范某下达了解除劳动合同通知书。

案例点评

范某在某部队医院工作的同时，又与妇幼保健医院建立了劳动关系，严重影响了其在部队医院的正常工作，院长代表部队医院与其谈话后范某仍不改正，也就是说，范某的情况符合《劳动合同法》第三十九条第四款的规定，因此部队医院与范某解除劳动合同是完全符合法律规定的。

资料来源：王桦宇．劳动合同法实务操作与案例精解[M]．北京：中国法制出版社，2008。内容有修改。

（二）提前通知解除劳动合同规定

有下列情形之一的，用人单位提前30日以书面形式通知劳动者本人或者额外支付劳动者1个月工资后，可以解除劳动合同。

1. 劳动者患病或者非因工负伤，在规定的医疗期满后不能从事原工作，也不能从事由用人单位另行安排的工作的

根据劳动部颁发的《关于发布〈企业职工患病或非因工负伤医疗期规

定〉的通知》（劳部发〔1994〕479号）第二条规定："医疗期是指企业职工因患病或非因工负伤停止工作治病休息不得解除劳动合同的时限。"这里的医疗期是指劳动者根据其工龄等条件，依法可以享受的停工医疗并发给病假工资的期间，而不是劳动者病伤治愈实际需要的医疗期。劳动者患病或者非因工负伤，有权在医疗期内进行治疗和休息，不从事劳动。但在医疗期满后，劳动者就有义务进行劳动。如果劳动者由于身体健康原因不能胜任工作，用人单位有义务为其调动岗位，选择他力所能及的岗位工作。如果劳动者对用人单位重新安排的工作也无法完成，说明劳动者不能履行合同，用人单位需提前30日以书面形式通知其本人或额外支付劳动者1个月工资后，解除劳动合同，以便劳动者在心理上和时间上为重新就业做准备。

2. 劳动者不能胜任工作，经过培训或者调整工作岗位，仍不能胜任工作的

这里所谓"不能胜任工作"是指劳动者不能按要求完成劳动合同中约定的任务或者同工种、同岗位人员的工作量。但用人单位不得故意提高定额标准，使劳动者无法完成。劳动者没有具备从事某项工作的能力，不能完成某一岗位的工作任务，这时用人单位可以对其进行职业培训，提高其职业技能，也可以把其调换到能够胜任的工作岗位上，这是用人单位负有的协助劳动者适应岗位的义务。如果单位尽了这些义务，劳动者仍然不能胜任工作，说明劳动者不具备在该单位工作的职业能力，单位可以在提前30日以书面形式通知劳动者的前提下，解除与该劳动者的劳动合同。

3. 劳动合同订立时所依据的客观情况发生重大变化，致使劳动合同无法履行，经用人单位与劳动者协商，未能就变更劳动合同内容达成协议的

这里的"客观情况"是指履行原劳动合同所必要的客观条件，因不可抗力或出现致使劳动合同全部或部分条款无法履行的其他情况，如自然条件、企业迁移、被兼并、企业资产转移等，使原劳动合同不能履行或不必要履行的情况。发生上述情况时，为了使劳动合同能够得到继续履行，必须根据变化后的客观情况，由双方当事人对合同进行变更的协商，直到达成一致意见，如果劳动者不同意变更劳动合同，原劳动合同所确立的劳动关系就没有存续的必要，在这种情况下，用人单位只能解除劳动合同。

此外根据规定，用人单位因劳动者的非过失性原因而解除劳动合同的还应当给予劳动者相应的经济补偿。

以案说法 6-13

末位淘汰，慎用！

岳某是某汽车 4S 店客户管理员。工作两年之后，公司为扩充一线销售队伍，岳某也被调为销售员。此后公司开始了进一步的改革，宣布要在销售人员中实行末位淘汰制。由于没有经验，岳某第一年就排在了最后一名，于是公司宣布解除与岳某的劳动关系，而没有给予任何经济补偿。岳某对公司的做法不服，向当地劳动人事争议仲裁委员会申请仲裁，要求公司支付非法解除劳动合同的赔偿金并获得了劳动人事争议仲裁委员会的支持。但是公司不服仲裁结果，向法院提出诉讼。

案例点评

劳动合同法明确规定，公司如果要和员工解除劳动关系，只能在法律规定的条件下才可以解除，否则就是违反了劳动合同法。岳某的绩效表现排在末位，不能成为公司解除其劳动合同的理由，即使公司认为岳某的工作能力不能胜任工作，也应当对其进行培训或者调换工作岗位，只有在岳某仍然不胜任的情形下，才能解除劳动合同。综上，法院判决公司向岳某支付违法解除劳动合同赔偿金 12000 元。

资料来源：《中华人民共和国劳动合同法适用与实例》编写组．中华人民共和国劳动合同法适用与实例 [M]．北京：法律出版社，2013。内容有修改。

（三）裁减人员解除劳动合同规定

1. 经济性裁员的原因

我国劳动法允许用人单位在一定条件下进行经济性裁员。《劳动法》第二十七条第一款规定："用人单位濒临破产进行法定整顿期间或者生产经营状况发生严重困难，确需裁减人员的，应当提前三十日向工会或者全体职工说明情况，听取工会或者职工的意见，经向劳动行政部门报告后，可以裁减人员。"如果企业在生产经营困难等情况下不能裁减人员，那么企业的经营自主权就没有办法落实，也会使企业背上冗员的包袱，无法适应市场经济的要求，不利于进行公平竞争。

2. 经济性裁员的内涵

经济性裁员就是指企业由于经营不善等经济性原因，解雇多个劳动者的情形。对经济性裁员应从以下几方面进行理解：

（1）经济性裁员属于用人单位解除劳动合同的一种情形。劳动合同法规定，在满足一定条件下，用人单位可以单方解除还未到期的固定期限劳动合同以及无固定期限劳动合同。经济性裁员是用人单位出于经营方面考虑，单方解除劳动合同的方式。在经济性裁员中，由于是用人单位单方解除劳动合同，且劳动者并没有过错，因此用人单位应当依法向劳动者支付经济补偿。

（2）进行经济性裁员的主要原因是经济性原因，而不是劳动者个人原因。这些经济性原因大致可以分为三大类：一是企业因为经营发生严重困难或者依照破产法规定进行重整的；二是企业为了寻求生存和更大发展，进行转产、重大技术革新，经营方式调整的；三是兜底条款，其他因劳动合同订立时所依据的客观经济情况发生重大变化，致使劳动合同无法履行的。

（3）经济性裁员只发生在企业中。劳动合同法规定的用人单位的范围比较广，包括各类企业、个体经济组织、民办非企业单位等组织。经济性裁员只能发生在企业中，只有企业才有可能进行经济性裁员。

（4）构成经济性裁员必须一次性解除法定数量的劳动合同。劳动合同法规定一次性裁减人员20人以上或者裁减不足20人但占企业职工总人数10%以上。

3. 进行经济性裁员必须满足法定条件

根据《劳动合同法》第四十一条规定，经济性裁员作为用人单位单方解除劳动合同的一种方式，必须满足法定条件。这些法定条件包括实体性条件和程序性条件，只有同时具备了实体性条件之一和全部的程序性条件，才是合法有效的经济性裁员。

（1）实体性条件。劳动合同法规定，在四种情形下用人单位可以进行经济性裁员。

第一，依照《中华人民共和国企业破产法》（以下简称《企业破产法》）规定进行重整的。依照企业破产法规定，在三种情形下，债务人或者债权人可以向人民法院申请对债务人进行重整：一是企业法人不能清偿到期债务，并且资产不足以清偿全部债务；二是企业法人不能清偿到期债务，并且明显缺乏清偿能力的；三是企业法人不能清偿到期债务，并且有明显丧失清偿能力可能的。

另外，根据《企业破产法》第七十条第二款规定："债权人申请对债务人进行破产清算的，在人民法院受理破产申请后、宣告债务人破产前，债务人或者出资额占债务人注册资本十分之一以上的出资人，可以向人民法院申请重整。"企业破产法设置重整制度，主要目的就是使用人单位根据企业重整的经营方案、债权的调整和清偿方案以及其他有利于企业重整的方案在内的重整计划，继续经营并清偿债务，避免用人单位进入破产清算程序，使经营失败的企业有可能通过重整而得到复苏、振兴的机会。在重整过程中，用人单位可根据实际经营情况，进行经济性裁员。

第二，生产经营发生严重困难的。在用人单位的生产经营发生严重困难时，应允许用人单位通过各种方式进行自救，而不是进一步陷入破产、关闭的绝境。在用人单位的生产经营发生严重困难时，裁减人员、缩减员工规模是一项较有效的缓减措施。因此，劳动合同法允许用人单位在生产经营发生困难时采取经济性裁员的措施，但同时要求用人单位慎用该手段。

第三，企业转产、重大技术革新或者经营方式调整，经变更劳动合同后，仍需裁减人员的。劳动合同法要求，企业转产、重大技术革新或者经营方式调整，只有在变更劳动合同后，仍需要裁减人员，才可进行经济性裁员。

第四，其他因劳动合同订立时所依据的客观经济情况发生重大变化，致使劳动合同无法履行的。

（2）程序性条件。为了尽量缓减经济性裁员对劳动者和整个社会的安定团结造成的冲击，劳动合同法延续了劳动法关于经济性裁员的程序性规定，要求用人单位进行经济性裁员必须履行一套法定程序。这些法定程序是有顺序的，须全部履行。

第一，必须裁减人员 20 人以上或者裁减不足 20 人但占企业职工总数 10% 以上的。用人单位如果裁减人员人数不足法定标准，就不能以经济性裁员的实体条件为由成批解除劳动合同，只能按照《劳动合同法》第三十六条、第三十九条、第四十条的规定单个解除劳动合同。经济性裁员的时间标准就是一次性裁员。

第二，用人单位必须提前 30 日向工会或者全体职工说明情况，并听取工会或者职工的意见。由于经济性裁员涉及较多劳动者的权益，为便于工会和劳动者了解裁减人员方案及裁减理由，获得工会和劳动者对经济性裁员行为的理解和认同，用人单位必须提前 30 日向工会或者全体职工说明情况，并听取工会或者职工的意见。

第三，裁减人员方案向劳动行政部门报告。用人单位经向工会或者全体职工说明情况，听取工会或者职工的意见，对原裁减人员方案进行必要修改后，形成正式的裁减人员方案。按照1994年劳动部《企业经济性裁减人员规定》第四条规定，裁减人员方案的内容包括：被裁减人员名单、裁减时间及实施步骤，符合法律、法规规定和集体合同约定的被裁减人员经济补偿办法。该裁减人员方案需要向劳动行政部门报告，以使劳动行政部门了解裁减情况，必要时采取相应措施，防止出现意外情况，监督经济性裁员合法进行。这里的"报告"性质上属于事后告知，不是事前许可或者审批。当然，有的企业出于各种考虑，自愿提前与劳动行政部门报告协商，法律并不禁止。

4. 进行经济性裁员必须遵循社会福利原则

经济性裁员要考虑社会福利因素，优先保护对用人单位贡献较大、再就业能力较差的劳动者。劳动合同法规定经济性裁员中优先留用人员时，主要从劳动合同期限和保护社会弱势群体角度出发。《劳动合同法》第四十一条规定了三类优先留用人员，即与本单位订立较长期限的固定期限劳动合同的；与本单位订立无固定期限劳动合同的；家庭无其他就业人员，有需要扶养的老人或者未成年人的。

与本单位订立较长期限的固定期限劳动合同和订立无固定期限劳动合同的人员，主要是考虑劳动者对劳动合同有较长期限的预期，法律应对这种预期予以相应保护。优先留用家庭无其他就业人员，有需要扶养的老人或者未成年人的劳动者，主要是考虑这类劳动者对工作的依赖性非常强，一份工作关系到一个家庭的基本生活，不能将其随意推向社会，对这类社会弱势群体法律应给予相应保护。三类优先留用的劳动者之间并没有谁优先的顺序，用人单位可以根据实际需要予以留用。

5. 重新招用人员的，被裁减人员具有优先就业权

《劳动法》第二十七条第二款规定："用人单位依据本条规定裁减人员，在六个月内录用人员的，应当优先录用被裁减的人员。"之所以赋予被裁减人员优先就业权，主要出于三方面考虑：一是被裁减人员并不是因为个人有违法违纪违规的行为而被解除劳动合同的，是因为用人单位经营出现严重困难等情况服从大局而被解除劳动合同的，因此在用人单位生产经营正常后，重新招用人员时，应优先照顾被裁减的劳动者；二是被裁减人员对用人单位比较熟悉，技术也熟练，对用人单位而言并不完全是负担；三是可以有效防止用人单位以经济性裁员为借口，随意裁减劳动者。同时，为更好地保护被裁

减人员的合法权益，《劳动合同法》第四十一条增加规定了用人单位有通知被裁减人员的义务，以使被裁减人员慎重考虑，及时行使优先就业权。

优先招用被裁减人员对被裁减人员是一种保护，但同时却是对其他未就业者是一种限制。为了更好地平衡被裁减人员、未就业者及用人单位的合法权益，劳动合同法对被裁减人员的优先就业权做了限制，即强调在同等条件下的优先权。如果被裁减人员各方面条件与其他劳动者的条件没有明显差距的，用人单位应当优先招用被裁减的人员。

以案说法 6-14

用人单位经济性裁员应履行听取职工意见及在社保部门备案程序

2021年1月2日，李某与某公司签订劳动合同，约定合同期限为2021年1月2日至2023年1月1日，李某担任运营部检票员岗位。2021年12月1日，公司出具裁员通知书，主要内容为：公司自2019年6月运营起始终处于亏损状态，2020年受疫情影响，生产经营状况发生重大困难和危机，餐饮、住宿、旅游行业遭受了巨大冲击，公司的景区运营状况也更加严峻，客观经济情况的重大变化致使景区长期入不敷出，经营严重困难，经济压力巨大，迫于形势的压力，为了使企业能在目前严峻形势下存活，不得不进行裁员工作。经公司慎重考虑后，您与本公司的劳动关系于2021年12月1日正式终止。

2021年12月23日，北京市密云区人力资源和社会保障局出具企业裁减人员报告材料收悉证明，内容为：依据《劳动合同法》第四十一条规定，今收到你单位报送的企业裁减人员报告材料。

2021年12月13日，李某向仲裁委申请仲裁。2022年1月28日，仲裁委出具裁决书，裁决公司支付李某违法解除劳动合同赔偿金等。公司对仲裁裁决不服，诉至法院。

法院认为，公司主张依据《劳动合同法》第四十一条规定，以生产经营发生严重困难为由与李某解除劳动合同，其应就解除依据及程序符合该条法律规定承担举证责任，但公司未提交证据证明生产经营发生严重困难，也未提交证据证明需裁减人员数量及比例符合该法律规定；在程序方面，该公司亦未提交证据证明其提前三十日向全体职工说明情况，听取职工意见，其虽将裁减人员方案向劳动行政部门报告，但系在向李某送达裁员通知书之后，亦不符合法律规定。综上，公司与李某解除劳动合同属于违法解除。

✒ 案例点评

因经济性裁员属于用人单位行使单方解除权的方式，为限制用人单位滥用权利，必须满足法定条件方可适用。首先，经济性裁员需满足实体性条件，即用人单位必须具备《劳动合同法》第四十一条规定的四种情形，且需提供充分证据证明单位出现上述情形，同时，法律对裁减人数亦有明确要求，否则不得适用该条规定。其次，经济性裁员有严格的程序性要求，即需要提前三十日向工会或者全体职工说明情况并听取工会或者职工的意见。随后，需要向劳动行政部门报告裁减人员方案，且方案中应包含裁员原因、裁员标准、裁员依据、裁减时间及实施步骤、经济补偿办法等。最后，裁减人员有相应的限制条件，即依据法律规定不得裁减人员和优先留用人员。综上，用人单位适用经济性裁员必须符合实体及程序要件，否则将承担违法解除劳动合同的不利后果。

资料来源：以经济性裁员为由与劳动者解除劳动合同，用人单位应履行听取职工意见及在社保部门备案程序 [EB/OL].https://mp.weixin.qq.com/s/ucamP1RczjLn3JtJ3HVtIw。内容有修改。

（四）禁止解除劳动合同规定

《劳动合同法》第四十二条规定了劳动者有六类法定情形之一的，禁止用人单位根据本法第四十条、第四十一条的规定单方解除劳动合同，这实际上是法律对用人单位单方解除权的限制。

1. 从事接触职业病危害作业的劳动者未进行离岗前职业健康检查，或者疑似职业病病人在诊断或者医学观察期间的

《职业病防治法》第三十五条规定："对从事接触职业病危害的作业的劳动者，用人单位应当按照国务院卫生行政部门的规定组织上岗前、在岗期间和离岗时的职业健康检查，并将检查结果书面告知劳动者。用人单位不得安排未经上岗前职业健康检查的劳动者从事接触职业病危害的作业；不得安排有职业禁忌的劳动者从事其所禁忌的作业；对在职业健康检查中发现有与所从事的职业相关的健康损害的劳动者，应当调离原工作岗位，并妥善安置；对未进行离岗前职业健康检查的劳动者不得解除或者终止与其订立的劳动合同。"第五十五条规定："医疗卫生机构发现疑似职业病病人时，应当告知劳动者本人并及时通知用人单位。用人单位应当及时安排对疑似职业病病人进行诊断；在疑似职业病病人诊断或者医学观察期间，不得解除或者终止与其订立的劳动合同。"

值得一提的是，对于这两类情况，根据职业病防治法的规定和劳动合同法的精神，用人单位一般不得单方解除劳动合同。

2. 在本单位患职业病或者因工负伤并被确认丧失或者部分丧失劳动能力的

职业病或者因工负伤，都与用人单位有关，用人单位作为用工组织者和直接受益者理应承担相应责任。同时，一旦发生职业病或者因工负伤，都可能造成劳动者丧失或者部分丧失劳动能力，如果此时允许用人单位解除劳动合同，将会给劳动者的医疗、生活等带来困难。因此，劳动合同法规定在本单位患职业病或者因工负伤并被确认丧失或者部分丧失劳动能力的，用人单位不得解除劳动合同。

3. 患病或者非因工负伤，在规定的医疗期内的

医疗期是指企业职工因患病或非因工负伤停止工作治病休息不得解除劳动合同的时限。医疗期一般为 3 个月到 24 个月，以劳动者本人实际参加工作年限和在本单位工作年限为标准计算具体的医疗期。

4. 女职工在孕期、产期、哺乳期的

《中华人民共和妇女权益保障法》（以下简称《妇女权益保障法》）第四十八条规定："用人单位不得因结婚、怀孕、产假、哺乳等情形，降低女职工的工资和福利待遇，限制女职工晋职、晋级、评聘专业技术职称和职务，辞退女职工，单方解除劳动（聘用）合同或者服务协议。女职工在怀孕以及依法享受产假期间，劳动（聘用）合同或者服务协议期满的，劳动（聘用）合同或者服务协议期限自动延续至产假结束。但是，用人单位依法解除、终止劳动（聘用）合同、服务协议，或者女职工依法要求解除、终止劳动（聘用）合同、服务协议的除外。"孕期，是指妇女怀孕期间。产期，是指妇女生育期间，产假一般为 98 天。哺乳期，是指从婴儿出生到 1 周岁期间。

以案说法 6-15

用人单位不得以劳动者产假、哺乳期未完成原业绩目标而降职降薪

宋某某入职某投资公司担任财富经理，2018 年起宋某某工资涨至 12000 元。投资公司《营销类员工考核管理条例》载明，财富管理部门分 L0—L14 共计 15 个职级，未规定具体职级对应薪资标准；另载明，任意季度考核不合格的员工，应降低一档职级。宋某某于 2018 年 9 月 14 日至 2019 年 2 月 11 日

期间休产假。投资公司认为宋某某于 2018 年 9 月至 2019 年 10 月考核业绩均不合格，故于 2019 年 7 月、9 月两次对宋某某降职降薪。宋某某以投资公司未及时足额支付劳动报酬为由离职。后宋某某向仲裁申请投资公司支付 2018 年 9 月至 2019 年 10 月工资差额、经济补偿等。仲裁裁决支持后，投资公司不服，诉至法院。

一审法院经审理认为，投资公司依据其对宋某某产假、哺乳期的业绩考核径行降低宋某某职级及薪资缺乏依据。投资公司未按产假前工资标准足额支付劳动报酬，宋某某主张经济补偿于法有据。故，一审判决投资公司向宋某某支付 2018 年 9 月至 2019 年 10 月工资差额 12940.14 元、经济补偿 53699.04 元等。一审判决后，双方均未提起上诉。

✒ 案例点评

保障妇女的合法权益是全社会的共同责任。《妇女权益保障法》第四十八条规定，"用人单位不得因结婚、怀孕、产假、哺乳等情形，降低女职工的工资和福利待遇"。本案中，用人单位以女职工在产假、哺乳期未完成预定业绩而降职降薪，实质是降低产假、哺乳期女职工的工资和福利待遇，客观上损害了女职工在特殊时期应当享受的合法权益。本案中，法院认定用人单位单方降职降薪行为违法并补足工资差额，依法保障了"三期"女职工的合法权益，从根本上促进男女平等和妇女全面发展。

资料来源：苏州／无锡／川渝各地公布的典型劳动争议汇总！［EB/OL］.（2024-05-09）［2024-05-19］.https://baijiahao.baidu.com/s?id=17985396460255547715&wfr=spider&for=pc。内容有修改。

5. 在本单位连续工作满 15 年，且距法定退休年龄不足 5 年的

考虑到老职工对于企业的贡献较大，再就业能力较低，政府和社会都比较关注这部分弱势群体，因此劳动合同法加强了对老职工的保护。

6. 法律、行政法规规定的其他情形

对用人单位不得解除劳动合同规定的理解需注意以下两方面：一是禁止的是用人单位单方解除劳动合同，并不禁止劳动者与用人单位协商一致解除劳动合同；二是用人单位不得根据《劳动合同法》第四十条、第四十一条解除劳动合同，即使劳动者具备了本条规定的 6 种情形之一，用人单位仍可以根据《劳动合同法》第三十九条的规定解除劳动合同。

在试用期中，除存在《劳动合同法》第三十九条规定的试用期内不符合录用条件和有严重违纪、违法行为和第四十条规定的劳动者患病或者非因工负伤，在规定的医疗期满后不能从事原工作，也不能从事由用人单位另行安排的工作和劳动者不能胜任工作，经过培训或者调整工作岗位，仍不能胜任工作的情形外，用人单位不得解除劳动合同。

（五）工会在解除劳动合同过程中的作用

用人单位单方解除劳动合同，应当事先将理由通知工会。用人单位违反法律、行政法规规定或者劳动合同约定的，工会有权要求用人单位纠正。用人单位应当研究工会的意见，并将处理结果书面通知工会。

（六）法律责任

用人单位违反劳动合同法规定解除劳动合同的，应当依照该法第四十七条规定的经济补偿标准的二倍向劳动者支付赔偿金。

以案说法 6-16

员工事后补病假，公司能否以违纪解雇？

2013年11月3日，小王应聘入职北京一家设计公司，双方签订了为期三年的劳动合同，工资为每月6000元。同时，公司对小王进行了《员工手册》等培训事宜，小王也签字了。根据《员工手册》的规定：员工在一年内累计收到三次严重警告处分及以上的解除劳动关系。小王在职期间多次违反公司《员工手册》的规定，公司对其作出两次严重警告处分。小王接受上述相关处分。2014年2月16日，小王在上班途中，因身体突感不适，随即去医院就诊，由于忘带手机未及时向公司请假。公司发现其未上班，随即拨打其电话，但无人接听。次日，小王回公司上班后，提供了相关病假单及病历记录，但公司以其旷工为由出具了一张警告处分单。公司依据《员工手册》相关规定，以严重违反用人单位规章制度，解除了与小王的劳动关系。小王对公司的做法不服，向相关劳动人事争议仲裁委员会申请仲裁，请求公司支付违法解除劳动合同的赔偿金。

案例点评

劳动人事争议仲裁委员会经审理后认为，对于2月16日的警告处分，虽然小王因突发疾病，未在当日提供相关请假单及病历记录，也无法及时向公司主管请假，但第二天回来上班后，他提交了真实的病假单及病历记录，而公司仅以小王未及时办理请假手续为由认定小王2月16日旷工，并给予警告处理，定性不准，依据不足，也不合情合理。故公司对该员工的解除构不上违纪解除，属违法解除，遂裁定被申请人应当支付申请人违法解除劳动合同的赔偿金。

案例来源：员工事后补病假，公司能否以违纪解雇[N].劳动报，2014-03-14。内容有修改。

四、劳动合同终止

劳动合同终止是指劳动合同的法律效力依法被消灭，即劳动关系由于一定法律事实的出现而终结，劳动者与用人单位之间原有的权利义务不再存在。但是，劳动合同终止，原有的权利义务不再存在，并不是说劳动合同终止之前发生的权利义务关系消灭，而是说合同终止之后，双方不再执行原劳动合同中约定的事项，如用人单位在合同终止前拖欠劳动者工资的，劳动合同终止后劳动者仍可依法请求法律救济。

（一）劳动合同终止与解除的区别

1. 阶段不同

劳动合同终止是劳动合同关系的自然结束，而劳动合同解除是劳动合同关系的提前结束。

2. 结束劳动关系的具体内容不同

在劳动合同终止的条件中，约定条件主要是合同期满的情形，而法定条件主要是劳动者和用人单位主体资格的消灭。在劳动合同解除的条件中，约定条件主要是协商一致解除合同情形，而法定条件是一些违法违纪违规等行为。

3. 预见性不同

劳动合同终止一般是可以预见的，特别是劳动合同期满终止的，而劳动合同解除一般不可预见。

4. 适用原则不同

劳动合同终止受当事人意思自治的程度多一点，一般遵循民法的原则和精神，而劳动合同解除受到法律约束的程度较高，更多地体现社会法的性质和国家公权力的介入，体现对劳动者的倾斜保护。

（二）劳动合同终止的情形

《劳动合同法》第四十四条对劳动合同终止的情形作了明确规定。

1. 劳动合同期满

劳动合同期满主要适用于固定期限劳动合同和以完成一定工作任务为期限的劳动合同两种情形。劳动合同期满，除依法续订劳动合同的和依法应延期的以外，劳动合同自然终止，双方权利义务结束。劳动合同的终止时间，应当以劳动合同期限最后一日的 24 时为准。实践中，对于劳动合同期满后，劳动者仍在原用人单位工作，原用人单位未表示异议的，但也未办理终止或者续订劳动合同的，该如何处理？如果劳动者仍在原用人单位工作，用人单位未表示异议的，应视为一个新劳动合同的开始。考虑到用人单位续签劳动合同的实际情况，以及在这种情形下劳动者也有一定责任，所以可依照《劳动合同法》第十条规定，在前一劳动合同终止之日后劳动者提供劳动的第一天起一个月内订立书面劳动合同，否则用人单位就要承担《劳动合同法》第十四条第四款、第八十一条的法律责任。至于后一劳动合同的内容除了期限，其他应视为与原劳动合同一致。

2. 劳动者已开始依法享受基本养老保险待遇

我国劳动者开始依法享受基本养老保险待遇的条件大致有两个，一是劳动者达到法定退休年龄的；二是个人缴费年限累计满 15 年或者个人缴费和视同缴费年限累计满 15 年。根据有关政策和法律规定，职工达到退休年龄、工龄年限和身体健康状况的条件，即可以申请退休。从批准退休的第二个月开始，停发工资，按照工龄及其他条件支付个人工资一定比例的退休金，直至退休人员死亡。《劳动合同法实施条例》第二十一条规定，"劳动者达到法定退休年龄的，劳动合同终止"。本条规定劳动者达到法定退休年龄时尚不能依法享受基本养老保险待遇的，用人单位可以终止劳动合同，实践中更具有操作性。

3. 劳动者死亡，或者被人民法院宣告死亡或者宣告失踪

在劳动领域中，公民死亡、被人民法院宣告失踪或者宣告死亡的，之前签订的劳动合同因为缺乏一方主体而归于消灭。

4. 用人单位被依法宣告破产

根据《企业破产法》规定，用人单位一旦被依法宣告破产，就进入破产清算程序，用人单位的主体资格即将归于消灭，因此用人单位一旦进入被依

法宣告破产的阶段，意味着劳动合同一方主体资格必然消灭，劳动合同归于终止。

5. 用人单位被吊销营业执照、责令关闭、撤销或者用人单位决定提前解散

吊销营业执照是指剥夺被处罚用人单位已经取得的营业执照，使其丧失继续从事生产或者经营的资格；责令关闭是指行为人违反了法律、行政法规的规定，被行政机关作出停止生产或者经营的处罚决定，从而停止生产或者经营；被撤销是指由行政机关撤销有瑕疵的公司的登记。用人单位被依法吊销营业执照、责令关闭或者被撤销，已经不能进行生产或者经营，应当解散，以该用人单位为一方的劳动合同终止；用人单位决定提前解散是指在股东会或者股东大会决议解散，或者公司合并或者分立需要解散，或者持有公司全部股东表决权 10% 以上的股东，请求人民法院解散公司的情形下，用人单位提前于公司章程规定的公司终止时间而解散公司的。

6. 法律、行政法规规定的其他情形

用人单位与劳动者不得在《劳动合同法》第四十四条规定的劳动合同终止情形之外约定其他的劳动合同终止条件。

📢 **以案说法** 6-17

超过法定退休年龄人员确认劳动关系争议案

时年 56 岁的王某（女）于 2021 年 4 月入职至某养老院从事护理工作。同年 5 月 21 日 15 时许，王某在工作岗位上突发疾病被送医救治。后王某因医疗费与养老院产生纠纷，养老院以王某入职时已超过法定退休年龄为由否认双方之间存在劳动关系。王某遂向劳动人事争议仲裁委员会申请劳动仲裁，请求确认王某与养老院存在劳动关系。

仲裁委驳回了王某关于确认与养老院劳动关系的仲裁请求。王某不服裁决结果，诉至人民法院。法院一审判决王某与某养老院不存在劳动关系，二审法院维持一审判决。

✏️ **案例点评**

《劳动合同法》第四十四条第（六）项对劳动合同终止的情形作了准用性规定，明确指出可以援引其他法律及行政法规的情形。根据《劳动合同法实施条例》第二十一条规定可知，劳动者达到法定退休年龄，劳动合同终止。它是对劳动合同法中关于劳动合同终止条件的补充。本案中，王某入职至敬老院时其年龄已经56岁，超过女职工最高法定退休年龄55岁，其已不具备建立劳动关系的主体资格。关于王某提出的要求确认劳动关系的请求，仲裁委及人民法院均不予支持。

资料来源：陕西省人力资源和社会保障厅 陕西省高级人民法院 关于联合发布第一批劳动人事争议典型案例的通知（陕人社发〔2022〕32号）。

（三）劳动合同期满不得终止的情形

《劳动合同法》第四十二条规定了用人单位不得解除劳动合同的情形，劳动合同期满时，用人单位必须将劳动合同延续到相应的情形消失时才能终止。

（1）从事接触职业病危害作业的劳动者未进行离岗前职业健康检查，劳动合同期满的，必须等到进行职业健康检查后，劳动合同才能终止。

（2）疑似职业病病人在诊断或者医学观察期间，劳动合同期满的，必须等到排除职业病、确认职业病或者医学观察结束，劳动合同才能终止。

（3）在本单位患职业病，劳动合同期满的，必须等到职业病治愈，劳动合同才能终止，如果职业病不能治愈，劳动合同就不能终止。

（4）因工负伤并被确认丧失劳动能力，劳动合同期满的，必须等到劳动能力全部恢复，劳动合同才能终止，如果劳动能力不能全部恢复，劳动合同就不能终止。

（5）患病或者非因工负伤在医疗期内，劳动合同期满的，必须等到医疗期满后才能终止劳动合同。

（6）女职工孕期、产期、哺乳期满后，劳动合同才可以终止。

（7）在本单位连续工作满15年，且距法定退休年龄不足5年的，如果劳动合同期满，由于这种工作年限的情况不可能消失，因此就不能终止劳动合同。

需要注意的是，《劳动合同法》第四十二条第（二）项规定，对劳动者患职业病或者因工负伤并被确认丧失或者部分丧失劳动能力的情形作了例外规定，在这种情形下，适用工伤保险条例的规定。

以案说法 6-18

终止合同时员工正生病，怎么办？

方某与某公司的劳动合同于 2010 年 12 月 31 日到期。2010 年 12 月 5 日，公司将一份《终止劳动合同意向通知书》交给方某，12 月 12 日，方某在《终止劳动合同意向通知书》的回执上签了字，并去财务部结算了 12 月 31 日以前的工资。正当方某要与公司办理终止劳动关系手续时，方某因病卧床不起，2010 年 12 月 23 日上午，方某将病假条送至公司人事部申请病假，人事部经理看了方某送交的病假条后，当即表示"方某已在《终止劳动合同意向通知书》上签字，此时送交请假条，并且没有任何三级甲等医院证明（公司规章制度中要求），所以申请病假已无意义"。对于公司的上述做法，方某感到非常不解，于 2010 年 12 月 28 日，向劳动人事争议仲裁委员会提出申诉，要求公司将双方的劳动合同延续至医疗期满。

案例点评

根据《劳动合同法》第四十二条和第四十五条规定，劳动者有以下六种情形之一的，劳动合同应当续延至相应的情形消失时终止。这其中就包括"（三）患病或者非因工负伤，在规定的医疗期内的"这条规定内容。《劳动法》第二十六条规定，"有下列情形之一的，用人单位可以解除劳动合同，但是应当提前三十日以书面形式通知劳动者本人：（一）劳动者患病或者非因工负伤，医疗期满后，不能从事原工作也不能从事由用人单位另行安排的工作"。从上述法律规定可以清楚看出：在医疗期内，用人单位不得解除与其聘用职工的劳动合同，只有医疗期满以后，用人单位才可以解除劳动合同，并且必须提前 30 日以书面形式通知劳动者。

本案中，方某在《终止劳动合同意向通知书》回执上的签字仅表示收到了用人单位的书面通知，并且签字中也没明确表示提前终止劳动合同的内容。此外，用人单位单方面解除劳动合同的，必须提前 30 日通知劳动者，如果把方某在《终止劳动合同意向通知书》回执上的签字行为视作解除合同的行为，不仅与事实不符，同时也与法律规定相悖。因此，公司与方某的劳动合同在医疗期满后才能终止。

案例来源：劳动合同终止时遇病假时不能终止合同 [EB/OL].（2011-01-28）[2018-10-12].http://www.fabang.com/a/20110128/230615.html。内容有修改。

五、经济补偿支付规定

（一）经济补偿的性质

经济补偿是一种企业承担社会责任的主要方式之一，在我国失业保险制度建立健全的过程中，经济补偿可以有效缓减失业者的焦虑情绪和生活实际困难，维护社会稳定，形成社会互助的良好社会氛围。经济补偿不同于经济赔偿，不是一种惩罚手段。经济赔偿金是企业超越法律规定解除或终止劳动合同时的一种惩罚性的赔偿，是违法行为所要付出的代价，其目的是惩罚性。而违约金是指按照当事人的约定或者法律直接规定，一方当事人违约的，应向另一方支付的货币。违约金具有担保债务履行的功效，又具有惩罚违约人和补偿无过错一方当事人所受损失的效果。经济补偿金与赔偿金、违约金的区别如表 6-2 所示。经济补偿是国家调节劳动关系的一种经济手段，引导用人单位长期使用劳动者，谨慎行使解除权利和终止权利。劳动法规定，用人单位单方解除劳动合同，应依法支付经济补偿。用人单位为了减少成本，避免支付经济补偿，就不会随意解除劳动合同，从而达到稳定劳动关系的目的。劳动合同法基本延续了劳动法关于用人单位单方解除劳动合同支付经济补偿的规定，同时增加规定劳动合同期满，用人单位依法支付经济补偿。劳动合同法通过规定劳动合同终止，用人单位依法支付经济补偿，可以防止用人单位钻法律的空子，按照企业实际需求，签订劳动合同。

表 6-2　经济补偿金与赔偿金、违约金的区别

类别	法律性质	构成要件	责任主体	责任计算
经济补偿金	法定赔偿	法定情形出现	企业	月平均工资 × 连续工龄
赔偿金	填补赔偿	违反法律规定；存在损失；存在过失；损失与过失间存在因果关系	企业或员工	实际损失（违法解除或终止劳动合同的 2 倍经济补偿金）
违约金	约定赔偿	劳动合同有约定；约定合法	企业或员工	劳动合同约定

（二）经济补偿的范围

根据《劳动合同法》第四十六条规定，有下列情形之一的，用人单位应当向劳动者支付经济补偿：

（1）劳动者依照《劳动合同法》第三十八条规定解除劳动合同的。因用人单位未按照劳动合同约定提供劳动保护或者劳动条件；未及时足额支付劳

动报酬；未依法为劳动者缴纳社会保险费；用人单位的规章制度违反法律、法规的规定，损害劳动者权益；用人单位在订立劳动合同中欺诈劳动者致使劳动合同无效；法律、行政法规规定劳动者可以解除劳动合同的其他情形。

（2）用人单位依照《劳动合同法》第三十六条规定向劳动者提出解除劳动合同并与劳动者协商一致解除劳动合同的。

（3）用人单位依照《劳动合同法》第四十条规定解除劳动合同的。"（一）劳动者患病或者非因工负伤，在规定的医疗期满后不能从事原工作，也不能从事由用人单位另行安排工作；（二）劳动者不能胜任工作，经过培训或者调整工作岗位，仍不能胜任工作的；（三）劳动合同订立时所依据的客观情况发生重大变化，致使劳动合同无法履行，经用人单位与劳动者协商，未能就变更劳动合同内容达成协议的。"

《劳动合同法实施条例》第二十三条规定："用人单位依法终止工伤职工的劳动合同的，除依照劳动合同法第四十七条的规定支付经济补偿外，还应当依照国家有关工伤保险的规定支付一次性工伤医疗补助金和伤残就业补助金。"

（4）用人单位依照《劳动合同法》第四十一条第一款规定解除劳动合同的。"（一）依照企业破产法规定进行重整的；（二）生产经营发生严重困难的；（三）企业转产、重大技术革新或者经营方式调整，经变更劳动合同后，仍需裁减人员的；（四）其他因劳动合同订立时所依据的客观经济情况发生重大变化，致使劳动合同无法履行的。"

（5）除用人单位维持或者提高劳动合同约定条件续订劳动合同，劳动者不同意续订的情形外，依照《劳动合同法》第四十四条第（一）项规定终止固定期限劳动合同的。根据《劳动合同法》第四十四条第（一）项规定，劳动合同期满时，用人单位同意续订劳动合同，且维持或者提高劳动合同约定条件，劳动者不同意续订的，劳动合同终止，用人单位不支付经济补偿；如果用人单位同意续订劳动合同，但降低劳动合同约定条件，劳动者不同意续订的，劳动合同终止，用人单位应当支付经济补偿；如果用人单位不同意续订，无论劳动者是否同意续订，劳动合同终止，用人单位应当支付经济补偿。

《劳动合同法实施条例》第二十二条规定，"以完成一定工作任务为期限的劳动合同因任务完成而终止的，用人单位应当依照劳动合同法第四十七条的规定向劳动者支付经济补偿"。

（6）依照《劳动合同法》第四十四条第（四）项、第（五）项规定终止劳动合同的。用人单位被依法宣告破产、被吊销营业执照、责令关闭、撤销或者用人单位决定提前解散而与劳动者解除劳动合同。

（7）法律、行政法规规定的其他情形。

（三）经济补偿的计算

在劳动合同解除或者终止，用人单位依法支付经济补偿时，就涉及如何计算经济补偿的问题。计算经济补偿的普遍模式为：工作年限 × 每工作一年应得的经济补偿。劳动合同法及有关国家规定对工作年限及经济补偿标准作了明确的规定。

1.计算经济补偿中的工作年限

劳动者在单位工作的年限，应从劳动者向该用人单位提供劳动之日起计算。由于各种原因，如果用人单位与劳动者未及时签订劳动合同的，工作年限的计算不受影响。如果劳动者连续为同一用人单位提供劳动，但先后签订了几份劳动合同的，工作年限应从劳动者提供劳动之日起连续计算。如果劳动者为同一用人单位提供劳动多年，但间隔了一段时间，也先后签订了几份劳动合同，工作年限原则上应从劳动者提供劳动之日起连续计算，已经支付经济补偿的除外。总之，"在本单位工作的年限"的规定，不能理解为连续几个合同的最后一个合同期限，原则上应连续计算。当然，随着劳动合同法的实施，用人单位利用短期劳动长期用工的现象将会减少，这主要是劳动合同法规定了两个措施：一是连续签订两次固定期限劳动合同的，劳动者可以要求签订无固定期限劳动合同；二是劳动合同期满终止的，用人单位也要依法支付经济补偿。

2.计算标准

（1）经济补偿按劳动者在本单位工作的年限，每满一年支付一个月工资的标准向劳动者支付。六个月以上不满一年的，按一年计算；不满六个月的，向劳动者支付半个月工资的经济补偿。

（2）劳动者月工资高于用人单位所在直辖市、设区的市级人民政府公布的本地区上年度职工月平均工资三倍的，向其支付经济补偿的标准按职工月平均工资三倍的数额支付，向其支付经济补偿的年限最高不超过十二年。

（3）劳动者月工资是指劳动者在劳动合同解除或者终止前十二个月的平均工资。

（4）用人单位依照《劳动合同法》第四十条规定，选择额外支付劳动者一个月工资后解除劳动合同的，其额外支付的工资应当按照该劳动者上一个月的工资标准确定。当然，这里的工资属于总额的概念，包括基本工资还包括加班工资、津贴、补贴、奖金等工资性收入。

《劳动合同法实施条例》第二十七条规定："劳动合同法第四十七条规定的经济补偿的月工资按照劳动者应得工资计算，包括计时工资或者计件工资以及奖金、津贴和补贴等货币性收入。劳动者在劳动合同解除或者终止前12个月的平均工资低于当地最低工资标准的，按照当地最低工资标准计算。劳动者工作不满12个月的，按照实际工作的月数计算平均工资。"

《劳动合同法实施条例》第三十四条规定："用人单位依照劳动合同法的规定应当向劳动者每月支付两倍的工资或者应当向劳动者支付赔偿金而未支付的，劳动行政部门应当责令用人单位支付。"本条新增加了用人单位未依法向劳动者每月支付两倍的工资或者未支付赔偿金的，劳动者在仲裁或者诉讼途径外还有行政救济途径，即可向劳动行政部门投诉，劳动行政部门应当责令用人单位支付。

（四）经济补偿的法律适用

《劳动合同法》施行之日存续的劳动合同在该法施行后解除或者终止，依照该法第四十六条规定应当支付经济补偿的，经济补偿年限自本法施行之日起计算；《劳动合同法》施行前按照当时有关规定，用人单位应当向劳动者支付经济补偿的，按照当时有关规定执行。

六、用人单位违法解除、终止劳动合同的法律后果

（1）用人单位违反《劳动合同法》规定解除或者终止劳动合同，劳动者要求继续履行劳动合同的，用人单位应当继续履行。

（2）劳动者不要求继续履行劳动合同或者劳动合同已经不能继续履行的，用人单位应当依照《劳动合同法》第八十七条规定支付赔偿金。《劳动合同法》第八十七条规定："用人单位违反本法规定解除或者终止劳动合同的，应当依照本法第四十七条规定的经济补偿标准的二倍向劳动者支付赔偿金。"支付了赔偿金的，不再支付经济补偿。赔偿金适用于用人单位违法解除劳动合同，经济补偿金适用于用人单位依法解除劳动合同，二者性质截然不同，不能同时适用。赔偿金的计算年限自用工之日起计算。

七、解除或者终止劳动合同后的义务

（一）用人单位的义务

1. 用人单位有出具解除或者终止劳动合同证明的义务

用人单位出具的解除、终止劳动合同的证明，应当写明劳动合同期限、解除或者终止劳动合同的日期、工作岗位、在本单位的工作年限。

用人单位出具证明的时间是依法解除或者终止劳动合同的时间。规定用人单位有出具解除或者终止劳动合同证明的义务，主要是考虑便于劳动者办理失业登记。1999 年国务院颁布的《失业保险条例》（国务院令第 258 号）规定，城镇企业事业单位职工失业后，应当持本单位为其出具的终止或者解除劳动关系的证明，及时到指定的社会保险经办机构办理失业登记。根据《失业保险条例》规定，用人单位出具的终止或者解除劳动关系证明是进行失业登记的必备条件，因此劳动合同法不仅将失业保险条例中城镇企业、事业单位应当及时为失业人员出具终止或者解除劳动合同的证明的义务，上升为法律义务，而且还规定了法律责任。《劳动合同法》第八十九条规定，用人单位违反本法规定未向劳动者出具解除或者终止劳动合同的书面证明，由劳动行政部门责令改正；给劳动者造成损害的，应当承担赔偿责任。

2. 用人单位有在 15 日内为劳动者办理档案和社会保险关系转移手续的义务

在实践中，用人单位扣留劳动者档案，不明确告知劳动者社会保险缴纳情况比较普遍，因此劳动合同法作了专门规定。首先，规定用人单位为劳动者办理档案和社会保险关系转移手续是用人单位的一项法定义务，用人单位必须依法履行；其次，为有关手续办理规定了时间限制，必须在依法解除或者终止劳动合同之日起 15 日内办理完毕。《劳动合同法》第八十四条第三款规定，"劳动者依法解除或者终止劳动合同，用人单位扣押劳动者档案或者其他物品的，由劳动行政部门责令限期退还劳动者本人，并以每人五百元以上二千元以下的标准处以罚款；给劳动者造成损害的，应当承担赔偿责任"。

3. 用人单位有在办理交接手续时向劳动者支付经济补偿的义务

在劳动者办理交接手续的同时，用人单位应当及时支付经济补偿。《劳动合同法》第八十五条第（四）项规定，"解除或者终止劳动合同，未依照本法规定向劳动者支付经济补偿的"，由劳动行政部门责令限期支付劳动报酬、加班费或者经济补偿；劳动报酬低于当地最低工资标准的，应当支付其差额部分；逾期不支付的，责令用人单位按应付金额百分之五十以上百分之一百以下的标准向劳动者加付赔偿金。

4. 用人单位有对已经解除或者终止的劳动合同文本保存二年以上备查的义务

实践中，发生在劳动合同解除或者终止之后的一些劳动争议，往往因为时过境迁，劳动合同文本灭失，导致劳动合同的约定内容无从查证，法院难以判明事实，有时对劳动者极其不利。考虑到劳动合同文本是记载劳动合同双方权利义务的基本文件，用人单位有保留相关档案的义务，因此《劳动合同法》第五十条第三款规定，"用人单位对已经解除或者终止的劳动合同的文本，至少保存二年备查"。

（二）劳动者的义务

1. 劳动者有按照双方约定，遵循诚实信用的原则办理工作交接的义务

劳动者在劳动合同解除或者终止时，不能一走了之，还必须履行相应的法律义务，即按照双方约定，遵循诚实信用的原则办理工作交接的义务。之所以规定劳动者有办理工作交接的义务，主要是考虑到用人单位的实际情况，为了保持用人单位相关工作的有序、顺利进行，不至于因为劳动者换人后有关工作前后衔接不上，影响正常的生产经营。工作交接主要包括公司财产物品的返还、资料的交接等。

2. 赔偿损失的义务

因劳动者本人原因给用人单位造成经济损失的，用人单位可以按照劳动合同的约定要求其赔偿经济损失。

3. 保守商业秘密的义务

解除或终止劳动合同并不影响保护商业秘密义务的履行。《劳动合同法》第二十三条第一款规定："用人单位与劳动者可以在劳动合同中约定保守用人单位的商业秘密和与知识产权相关的保密事项。"

本章小结

（1）劳动合同是劳动者与用人单位确立劳动关系、明确双方权利和义务的协议。订立劳动合同应遵循合法、公平、平等自愿、协商一致、诚实信用原则。

（2）劳动合同的订立是指劳动者和用人单位经过相互选择和平等协商，就劳动合同条款达成协议，从而确立劳动关系和明确相互权利、义务的法律行为。劳动关系双方应当自用工之日起一个月内订立书面劳动合同。劳动合同分为固定期限劳动合同、无固定期限劳动合同和以完成一定工作任务为期限的劳动合同。

（3）劳动合同的必备条款是指法律规定的劳动合同必须具备的内容，包括双方当事人，劳动合同期限，工作内容和工作地点，工作时间和休息休假，劳动报酬，社会保险，劳动保护、劳动条件和职业危害防护，法律、法规规定应当纳入劳动合同的其他事项。合同中还可以约定法定可备条款，包括试用期、培训与服务期、保密与竞业限制、违约金等。

（4）劳动合同由用人单位与劳动者协商一致，并经用人单位与劳动者在劳动合同文本上签字或者盖章生效。

无效的合同可分部分无效合同和全部无效合同。劳动合同的无效有以下几方面的情形：①订立劳动合同因采取欺诈、威胁等手段而无效；②用人单位免除自己的法定责任、排除劳动者的权利的劳动合同无效；③劳动合同因违反国家法律、行政法规的强制性规定而无效。劳动合同的无效只有劳动人事争议仲裁机构和人民法院才有权确认，其他任何部门或者个人都无权认定无效劳动合同。

（5）劳动合同的履行是指劳动合同的双方当事人按照合同约定完成各自义务的行为，有一般情况和特殊情况。劳动合同的变更是指劳动合同依法订立后，在合同尚未履行或者尚未履行完毕之前，经用人单位和劳动者双方当事人协商同意，对劳动合同内容做部分修改、补充或者删减的法律行为。

（6）劳动合同的解除是指劳动合同签订以后，尚未履行完毕之前，由于一定事由的出现，提前终止劳动合同的法律行为。劳动合同终止是指劳动合同的法律效力依法被消灭，即劳动关系由于一定法律事实的出现而终结，劳动者与用人单位之间原有的权利义务不再存在。

（7）经济补偿是一种企业承担社会责任的主要方式之一，《劳动合同法》第四十六条规定了用人单位应当向劳动者支付经济补偿的情形。

本章习题

一、单项选择题

1. 劳动合同的下列条款中，不属于劳动法规定的法定条款的是（　　）。

A. 劳动报酬
B. 劳动保护和劳动条件
C. 劳动合同终止的条件
D. 试用期条款

2．用人单位自（　　）起即与劳动者建立劳动关系。

A．用工之日 　　　　　　　　　B．签订合同之日

C．上级批准设立之日 　　　　　D．劳动者领取工资之日

3．《劳动合同法》规定，建立劳动关系，（　　）订立书面劳动合同。

A．可以 　　　　B．应当 　　　　C．需要 　　　　D．无须

4．劳动者在试用期的工资不得低于本单位相同岗位最低档工资或者劳动合同约定工资的（　　），并不得低于用人单位所在地的最低工资标准。

A．30% 　　　　B．50% 　　　　C．60% 　　　　D．80%

5．经济性裁员是指一次性裁减人员20人以上或者裁减不足20人但占企业职工总人数（　　）。

A．10% 　　　　B．15% 　　　　C．20% 　　　　D．25%

二、多项选择题

1．劳动合同无效的确认权在（　　）。

A．用人单位上级主管部门 　　　B．企业劳动争议委员会

C．劳动人事争议仲裁委员会 　　D．人民法院

2．下列情况下，用人单位应当支付给劳动者经济补偿金的是（　　）。

A．劳动合同因双方约定的终止条件出现而终止

B．劳动合同因合同双方协商一致而解除

C．劳动者在试用期间被证明不符合录用条件

D．用人单位濒临破产进行法定整顿期间确需裁减人员

3．下面有关竞业限制规定正确的是（　　）。

A．竞业限制期不得超过3年

B．竞业限制人员仅限于高级管理人员

C．竞业限制的地域范围以能与用人单位形成实际竞争关系的地域为限

D．用人单位应当向劳动者支付经济补偿

4．订立劳动合同应遵循的原则有（　　）。

A．合法原则 　　　　　　　　　B．平等自愿原则

C．诚实信用原则 　　　　　　　D．协商一致原则

5．下列情况下，劳动合同不得终止。（　　）

A．患病或者非因工负伤在医疗期内的

B．女职工孕期、产期、哺乳期内

C．在本单位连续工作满15年，且距法定退休年龄不足5年的

D．用人单位被依法宣告破产的

三、案例分析题

李某，1983 年 10 月 10 日出生，于 1997 年 11 月 10 日与某农药厂签订为期 5 年的劳动合同。合同约定李某试用期为 1 年，从事农药包装工作，每日工作 8 小时，必须遵守厂规厂纪，实行计件工资，若李某擅自解除劳动合同，应负违约赔偿责任，并且厂方不退还其签订劳动合同时缴纳的入厂押金。请问：

（1）按照劳动合同法规定，这份劳动合同有哪些内容是违法的？

（2）这份劳动合同缺少哪些必要条款？

（3）如何认定这份劳动合同的效力？

第七章
特殊劳动合同制度

学习目标

认知目标

说明集体合同制度的概念和特点，阐述非全日制用工的含义，复述劳务派遣的概念，指明集体合同与劳动合同的区别，描述集体合同订立程序，明确劳务派遣单位和用工单位在劳务派遣中的义务，复述劳务派遣的一般性规定。

技能目标

结合实际，说明用工单位如何退回被派遣劳动者。

引导案例

非全日制女性职工，解聘时是否受"三期"限制？

曹女士于 2020 年 9 月入职一家出版社，岗位是校对员，双方签订的《非全日制用工合同》期限为 4 年。合同约定曹女士的工作时间为每天上午 8 点到 12 点，每周工作 5 天。

2022 年 11 月，出版社发现曹女士有了身孕，便通知她终止用工。曹女士认为，自己处于孕期，按照相关法律法规应当受到特殊保护，出版社的做法属于违法解除劳动合同。因此，她想通过申请劳动争议仲裁要求出版社继续履行劳动合同或者支付经济赔偿金，但是，她又不知道这样的请求能否获得裁审机构的支持。

案例点评

曹女士的请求无法获得裁审机构的支持。

《劳动合同法》第四十二条规定，女职工在孕期、产期、哺乳期的，用人单位不得依照本法第四十条（预告辞退）、第四十一条（经济性裁员）的规定解除劳动合同。这就是说，用人单位对"三期"女工不能采用提前30日以书面形式通知或额外支付1个月工资的方式予以解雇，也不能纳入裁员之列。

不过，上述规定属于对"三期"女职工的解雇限制性保护，并不适用于非全日制职工。因为《劳动合同法》第七十一条规定："非全日制用工双方当事人任何一方都可以随时通知对方终止用工。"因此，女性劳动者要谨慎与用人单位建立这种非全日制用工关系。

劳动者请求继续履行劳动合同或者支付给赔偿金的前提是用人单位违法解除或者终止劳动合同。本案中，出版社发现曹女士怀孕后随即终止双方之间的劳动关系，并不构成违法解除劳动合同。因此，曹女士的请求自然不能获得裁审机构的支持。

资料来源：非全日制女性职工，解聘时是否受"三期"限制？[EB/OL].（2022-12-29）[2024-07-05].https://www.163.com/dy/article/HPOQOIK70518FVEK.html。内容有修改。

第一节 集体合同

一、集体合同制度的概念和特点

集体合同是指工会或职工代表代表全体职工与用人单位或其团体（集体协商双方当事人）之间根据法律、法规的规定，就劳动报酬、工作时间、休息休假、劳动安全卫生、保险福利等事项，在平等协商一致的基础上签订的书面协议。之所以要做特别规定，是因为集体合同与劳动合同相比存在明显不同，它们主要有以下区别。

（一）主体不同

集体合同主体一方是工会、工会团体（如行业工会）或职工代表，另一方主体为雇主或雇主团体；而劳动合同主体是特定的，仅限于劳动者和用人单位。

（二）目的不同

集体合同的目的是通过工会或者劳动者代表与用人单位谈判，平衡个体劳动者与用人单位的力量，保护劳动者的合法权益，协调、稳定劳动关系；而劳动合同的目的是建立劳动关系，明确双方权利义务。

（三）内容不同

集体合同所约定的条件是涉及所有劳动者的一般劳动条件、生活待遇、集体谈判的程序及民主管理的方式等，而劳动合同则仅涉及个别劳动者的特殊劳动条件。

（四）形式不同

签订集体合同需要提交职工代表大会或者全体职工讨论通过，由双方首席代表签字，必须采用书面形式，并报劳动行政部门批准；而劳动合同只需劳动者个人与用人单位协商签订，应当采用书面形式，但法律不排除口头形式的劳动合同，同时对事实劳动关系进行保护。

（五）效力不同

集体合同的效力高于劳动合同。根据《劳动法》第三十五条规定："依法签订的集体合同对企业和企业全体职工具有约束力。职工个人与企业订立的劳动合同中劳动条件和劳动报酬等标准不得低于集体合同的规定。"

（六）适用范围不同

集体合同适用于签订集体合同的工会或劳动者代表所代表的全体劳动者，而劳动合同则适用于签订劳动合同的劳动者个人和用人单位。

（七）纠纷的处理方式不同

集体合同纠纷多为利益争议，且涉及范围较广，各国一般采取政府协同劳资各方协调处理的方式。在我国，根据《劳动法》第八十四条规定，因签订集体合同和履行集体合同发生的争议，采取协商和仲裁两种不同的处理方式；而劳动合同争议则采用普通劳动争议处理方式。

二、集体合同制度的功能

（一）可弥补劳动立法的不足

（1）劳动法规定的关于劳动者利益的标准属于最低标准，按此标准进行保护只是法律所要求的最低水平，而立法意图并不是希望对劳动者利益的保护仅仅停留在最低水平上，但想要通过劳动立法的方式规定更高的标准又可能难以施行。通过集体合同，可以对劳动者利益作出高于法定最低标准的约定，从而使劳动者利益保护的水平能够实际高于法定最低标准。

（2）劳动法关于劳动者利益和劳动关系协调的规定可能比较笼统，相对于复杂丰富的劳动关系而言难免有所疏漏。通过集体合同可以对这些共性问题作出约定，从而更具体地规范劳动关系，对劳动立法不完备起到补充作用。

（二）可弥补劳动合同的不足

（1）在签订劳动合同时，因单个劳动者是相对弱者，不足以与用人单位抗衡，难免违心地接受用人单位提出的不合理条款。而由工会代表全体劳动者签订集体合同，就可以与用人单位平等协商，避免劳动者被迫接受不合理条款。

（2）劳动关系的内容包括工时、定额、工资、保险、福利、安全卫生等多个方面，若都由劳动合同具体规定，每个劳动合同的篇幅必将冗长，这对于劳动合同的签订和鉴证来说，都是难以承受的负担，也不利于劳动关系的及时确立；集体合同对劳动关系的主要内容作出具体规定后，劳动合同只需要就单个劳动者的特殊情况作出约定即可。

三、集体合同的内容

《劳动合同法》第五十一条规定：企业职工一方与用人单位通过平等协商，可以就劳动报酬、工作时间、休息休假、劳动安全卫生、保险福利等事项订立集体合同。因此，企业职工一方与用人单位可以就劳动报酬、工作时间、休息休假、劳动安全卫生、保险福利等事项中的一项或者数项订立集体合同。

一般来说，集体合同的内容比相关法律规定更具体更专业，但是比单个劳动合同更具有原则性和一般性。单个劳动者在签订劳动合同时可以依据法律、法规和参照集体合同的相关规定，来约定更有利于自己的条款。例如，集体合同关于保险福利的规定，主要包括有关职工养老、待业、工伤、医疗、死亡的待遇和职工住房、生活供应、保健、文化、教育、娱乐设施等项内容的约定。由于劳动法实施后，我国的劳动保险以社会保险为主体，因此，集体合同对于劳动保险的约定，主要在于说明除国家基本社会保险外，企业将为职工建立哪些补充保险和提供哪些职工福利。

四、集体合同订立程序

（1）企业职工一方与用人单位通过平等协商订立集体合同。

（2）集体合同草案应当提交职工代表大会或者全体职工讨论通过。

（3）集体合同由工会代表企业职工一方与用人单位订立；尚未建立工会的用人单位，由上级工会指导劳动者推举的代表与用人单位订立。

（4）集体合同订立后，应当报送劳动行政部门；劳动行政部门自收到集体合同文本之日起 15 日内未提出异议的，集体合同即行生效。

五、专项集体合同

专项集体合同是指用人单位与劳动者根据法律、法规、规章的规定，就集体协商的某项内容签订的专项书面协议。《劳动合同法》第五十二条规定："企业职工一方与用人单位可以订立劳动安全卫生、女职工权益保护、工资调整机制等专项集体合同。"

随着保护劳动者权益的认识逐渐深入，劳动安全卫生标准越来越为社会关注。例如，在安全事故多发的采矿业，制定劳动安全卫生专项集体合同就尤为必要。

六、行业性、区域性集体合同

（一）行业性集体合同

行业性集体合同主要是指在一定行业内，由行业性工会联合会与相应行业内各企业，就劳动报酬、工作时间、休息休假、劳动安全卫生、保险福利等事项进行平等协商，所签订的集体合同。《劳动合同法》第五十三条规定："在县级以下区域内，建筑业、采矿业、餐饮服务业等行业可以由工会与企业方面代表订立行业性集体合同，或者订立区域性集体合同。"行业性集体合同一般具有以下优势：

（1）同一领域的各企业具有行业共同性，在利润和职工工资水平、职业危害状况、劳动者素质等方面往往比较接近，可以就某一方面制定具体的、有针对性的共同标准，从而容易达成行业性集体合同。

（2）行业性集体合同能够更广泛地保护整个行业内的劳动者的合法权益，同时在和谐稳定劳动关系的基础上，行业整体素质也得到提升。

（3）协商订立行业性集体合同能够减少劳资谈判的社会成本，因此行业性集体合同有逐渐向越来越广大区域扩展的趋势。

（二）区域性集体合同

区域性集体合同是指在一定区域内（指镇、区、街道、村、行业），由区域性工会联合会与相应经济组织或区域内企业，就劳动报酬、工作时间、休息休假、劳动安全卫生、保险福利等事项进行平等协商，所签订的集体合同。发展区域性集体合同制度，需要注意以下几点：

（1）区域性集体合同不适合在大范围大区域内推行，由于企业性质差异、各行业劳动者需求不同等，在一个较大区域内协商签订集体合同往往比较困难，即使签订集体合同也往往因为缺少针对性而难以实施。

（2）区域性集体合同的优势在于在基层（镇、街道、村）较小的区域内，发挥好基层工会熟悉当地企业和劳动者的优势，就当地某些特殊情况、特殊需要订立区域性集体合同。

七、集体合同的效力

（1）依法订立的集体合同对用人单位和劳动者具有约束力。

（2）行业性、区域性集体合同对当地本行业、本区域的用人单位和劳动者具有约束力。

（3）用人单位与劳动者订立的劳动合同中劳动报酬和劳动条件等标准不得低于集体合同规定的标准。

以案说法 7-1

劳动合同中约定的工资标准不得低于集体合同标准

陈某与某公司签订了为期 2 年的劳动合同，合同期限从 2008 年 1 月 1 日开始到 2010 年 1 月 1 日结束。2008 年 5 月 1 日，公司经职工代表大会通过签订了为期 3 年的集体合同，并经当地劳动行政部门审核后开始生效实施。随后，陈某发现自己与公司签订的劳动合同中约定的工资标准比集体合同规定的标准低了很多。于是，他到公司人力资源部门咨询，该部门负责人称：集体合同是针对正式员工的，对农民工不发生效力。陈某觉得自己的合法权益受到了侵害，便到当地劳动保障监察部门讨说法。

✒ 案例点评

《劳动合同法》第五十五条规定，用人单位与劳动者订立的劳动合同中劳动报酬和劳动条件等标准不得低于集体合同规定的标准。本案中，公司与陈某签订的劳动合同中约定的工资标准低于集体合同规定的标准是错误的。后来，公司按照集体合同的规定，补发了陈某的工资，并同意以后陈某的工资也按集体合同的规定发放。

资料来源：《中华人民共和国劳动合同法适用与实例》编写组 . 中华人民共和国劳动合同法适用与实例 [M]. 北京：法律出版社，2013。内容有修改。

第二节　劳务派遣

一、劳务派遣的概念

劳务派遣，又叫人才派遣、人才租赁，它是劳务派遣单位（用人单位）招用劳动者，并与其签订劳动合同后，按照与以劳务派遣形式用工的单位（以下称用工单位）签订劳务派遣协议将劳动者派遣到用工单位，由用工单位对被派遣劳动者的劳动过程进行指挥、监督和管理的一种用工形式。在劳务派遣中，劳动者与劳务派遣单位存在劳动关系，与用工单位不存在劳动关系。对用工单位来说，劳务派遣是人力资源外包的一种重要形式，其最大特点是劳动力的法律雇用和使用相分离。劳动者与派遣单位之间签订劳动合同，形成劳动关系，但并不发生劳动力给付的事实；派遣单位与用工单位之间签订劳务派遣协议，形成劳务派遣关系；劳动力给付的事实发生在劳动者与用工单位之间，双方形成劳务关系。国家机关、事业单位使用劳务派遣用工应当向当地人力资源和社会保障行政部门备案，没有备案视为直接用工。劳务派遣关系如图 7-1 所示。

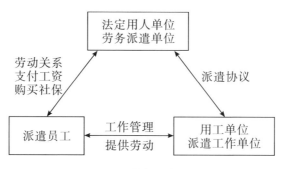

图 7-1 劳务派遣关系

为规范劳务派遣人员的聘用和管理，明确用工单位、劳务派遣单位和被派遣劳动者三方的权利和义务，保证劳务用工、制度的规范执行，《劳动合同法》用专节对劳务派遣用工方式首次作出规定，明确规定了劳务派遣三方的权利义务，以保障劳务派遣的规范运行。《劳动合同法实施条例》进一步明确了劳务派遣的相关规定。2012 年 12 月 28 日，《全国人民代表大会常务委员会关于修改〈中华人民共和国劳动合同法〉的决定》（主席令第七十三号）由中华人民共和国第十一届全国人民代表大会常务委员会第三十次会议审议通过，提高了经营劳务派遣的注册资本，细化了劳务派遣中的"同工同酬""三性"岗位等规定，以切实保障被派遣劳动者的合法权益。2013 年 12 月 20 日，《劳务派遣暂行规定》经人力资源社会保障部第 21 次部务会审议通过，自 2014 年 3 月 1 日起施行。

以案说法 7-2

劳务中介机构与劳务派遣公司的用工区别

上海某德资汽车公司与所在街道劳动服务所订立协议，由街道劳动服务所派遣临时工 5 名，由公司按照每人每月 1200 元标准给付给劳动服务所费用，劳动服务所对员工进行人事管理并发放劳动报酬。陈某由劳动服务所按此协议派至该公司工作，工资由劳动服务所发放。后陈某在工作中左脚被压伤，被鉴定为八级伤残。伤愈后陈某要求重新安排工作、支付工资等未果，遂发生劳动争议。陈某要求劳动人事争议仲裁机构裁令劳动服务所重新安排工作、支付工资等。但劳动服务所称，自己只是隶属于街道的一个职业介绍机构，其与陈某无劳动关系，故不存在为陈某安排工作等义务。汽车公司则表示，公司已经按照工伤待遇标准承担了陈某的一切费用和生活补偿金，不接受陈某的其他主张。

案例点评

劳动服务所的业务范围为劳动力就业中介服务，不具有从事派遣业务资质，陈某与汽车公司存在事实劳动关系，汽车公司需要承担用人单位的义务。

资料来源：王桦宇 . 劳动合同法实务操作与案例精解 [M]. 增订版 . 北京：中国法制出版社，2011。内容有修改。

二、劳务派遣单位的义务

（一）劳务派遣单位须具有合法资质

《劳动合同法》第五十七条规定："经营劳务派遣业务应当具备下列条件：（一）注册资本不得少于人民币二百万元；（二）有与开展业务相适应的固定的经营场所和设施；（三）有符合法律、行政法规规定的劳务派遣管理制度；（四）法律、行政法规规定的其他条件。经营劳务派遣业务，应当向劳动行政部门依法申请行政许可；经许可的，依法办理相应的公司登记。未经许可，任何单位和个人不得经营劳务派遣业务。"

用工单位在选择劳务派遣单位时，应严格审查劳务派遣单位的经营范围、资质和注册资金状况，防范因劳务派遣单位资质不合法而引发的劳务派遣风险。

（二）明确劳务派遣单位的地位和角色

《劳动合同法》第五十八条规定："劳务派遣单位是本法所称用人单位，应当履行用人单位对劳动者的义务。劳务派遣单位与被派遣劳动者订立的劳动合同，除应当载明本法第十七条规定的事项外，还应当载明被派遣劳动者的用工单位以及派遣期限、工作岗位等情况。劳务派遣单位应当与被派遣劳动者订立二年以上的固定期限劳动合同，按月支付劳动报酬；被派遣劳动者在无工作期间，劳务派遣单位应当按照所在地人民政府规定的最低工资标准，向其按月支付报酬。"这一规定明确了劳务派遣单位在劳务派遣中的地位和角色。

1. 劳务派遣单位是"用人单位"，应依法与被派遣劳动者订立劳动合同

劳务派遣单位的角色属于劳动关系中的"用人单位"，应当与被派遣的劳动者之间签订劳动合同，履行所有用人单位应当履行的义务。

劳务派遣单位与劳动者签订的劳动合同的内容包括两部分：一是《劳动

合同法》第十七条规定的劳动合同的法定条款和约定条款；二是劳务派遣中的特殊内容，即被派遣劳动者的用工单位、派遣期限以及工作岗位等情况。派遣单位应当告知被派遣劳动者用工单位的上述情况。

2. 劳务派遣中劳动合同期限不低于两年

劳务派遣中劳动合同期限不低于两年，且被派遣劳动者在无工作期间，劳务派遣单位应当向其按月支付不低于最低工资标准的报酬。

3. 派遣单位不得以非全日制用工形式招用被派遣劳动者

《劳动合同法实施条例》第三十条规定："劳务派遣单位不得以非全日制用工形式招用被派遣劳动者。"这一规定明确了劳务派遣单位和被派遣劳动者之间只能订立两年以上的固定期限全日制劳动合同，禁止签订非全日制劳动合同。

4. 劳务派遣单位应履行如实告知义务，不得克扣被派遣劳动者的劳动报酬

《劳动合同法》第六十条规定："劳务派遣单位应当将劳务派遣协议的内容告知被派遣劳动者。劳务派遣单位不得克扣用工单位按照劳务派遣协议支付给被派遣劳动者的劳动报酬。劳务派遣单位和用工单位不得向被派遣劳动者收取费用。"

三、在劳务派遣中用工单位的义务

（一）用工单位应当严格执行的劳动标准和条件

《劳动合同法》第六十二条规定："用工单位应当履行下列义务：（一）执行国家劳动标准，提供相应的劳动条件和劳动保护；（二）告知被派遣劳动者的工作要求和劳动报酬；（三）支付加班费、绩效奖金，提供与工作岗位相关的福利待遇；（四）对在岗被派遣劳动者进行工作岗位所必需的培训；（五）连续用工的，实行正常的工资调整机制。用工单位不得将被派遣劳动者再派遣到其他用人单位。"

《劳动合同法实施条例》第二十九条中对用工单位所需履行的相关义务进行了再次强调："用工单位应当履行劳动合同法第六十二条规定的义务，维护被派遣劳动者的合法权益。"用工单位在使用被派遣劳动者时，必须切实履行法定义务，维护被派遣劳动者的合法权益。

（二）用人单位不得自设劳务派遣单位

《劳动合同法》第六十七条规定："用人单位不得设立劳务派遣单位向本单位或者所属单位派遣劳动者。"

实践中，有些用人单位自设派遣公司，把一些员工重新纳入被派遣劳动者行列。有的企业为了降低用工成本，以改制名义将一些正式职工分流到本企业设立的劳务派遣公司，然后以劳务派遣公司的名义再将这些职工派遣到原岗位。有的企业将内设的劳动管理机构挂牌自行设立一劳务派遣公司，将招用的员工以劳务派遣公司的名义派遣到所属企业，这些情况严重损害了劳动者的利益，极大影响了劳动关系的稳定。因此，劳动合同法对用人单位自设劳务派遣单位进行派遣作了禁止性规定。

《劳动合同法实施条例》第二十八条规定："用人单位或者其所属单位出资或者合伙设立的劳务派遣单位，向本单位或者所属单位派遣劳动者的，属于劳动合同法第六十七条规定的不得设立的劳务派遣单位。"该法条从形式、主体两方面界定了"自行设立"。在劳务派遣单位设立方式上，凡是与用人单位有资本关联的，如出资、参股或者合作等，均属自行设立劳务派遣单位。在设立主体方面，凡是劳务派遣单位向用人单位、用人单位的所属单位以及用人单位的上级单位派遣劳动者，均属于向本单位或者所属单位派遣劳动者。

以案说法 7-3

用人单位不得通过逆向派遣规避法定责任

曹某于 2007 年 7 月 6 日入职某热电公司，从事皮带工岗位工作。入职后，WM 服务社以劳务派遣的方式与曹某签订劳动合同，将曹某派遣至热电公司工作。2008 年 7 月 1 日，HT 公司作为劳务派遣方与曹某签订了劳动合同，仍将其派遣至热电公司工作，工种仍为皮带工，合同期限为 2 年，双方签订了三次劳动合同，合同期限分别为自 2008 年 7 月 1 日至 2010 年 6 月 30 日、2010 年 7 月 1 日至 2012 年 6 月 30 日、2012 年 7 月 1 日至 2014 年 6 月 30 日。2014 年 8 月，协力公司作为劳务派遣方与曹某签订了劳动合同，仍将其派遣至热电公司工作，工种仍为皮带工，合同期限为 1 年，其间签订了两次合同，合同期限分别为自 2014 年 8 月 1 日至 2015 年 7 月 31 日、2015 年 9 月 1 日至 2016 年 8 月 31 日。2016 年 8 月 11 日，XL 公司向曹某发出告知书，载明双方劳动合同于 2016 年 8 月 31 日到期终止，到时不再续签。曹某申请仲裁，请求裁令热电公司支付经济补偿金。仲裁委未予受理，曹某诉至法院。

法院认为，曹某实际为热电公司招用，但热电公司却先后通过 WM 服务社、HT 公司、XL 公司与曹某签订劳动派遣合同，将其派遣至本单位从事岗位、地点均无任何变化的工作，热电公司的这种做法是规避用人单位法律责任的逆向派遣行为，因曹某的诉讼请求为要求热电公司支付经济补偿金，对该主张应予支持。

✏ 案例点评

劳务派遣作为灵活性用工方式，只能在临时性、辅助性或者替代性的工作岗位上实施。《劳动合同法》第六十七条规定，用人单位不得设立劳务派遣单位向本单位或者所属单位派遣劳动者。本案中，虽然涉案派遣公司并非热电公司设立，但热电公司对曹某的雇用显然是长期的，且曹某也实际系热电公司自己招用。热电公司这种通过多家派遣单位轮流实施派遣的行为与劳动合同法中所禁止的用人单位设立劳务派遣单位向本单位或者所属单位派遣劳动者的行为性质一样，均为通过假派遣损害劳动者合法权益、规避用人单位法定责任的行为。

资料来源：江苏法院 2016—2018 年度劳动争议十大典型案例 .[EB/OL]（2019-07-08）[2024-05-19].http://www.jsfy.gov.cn/article/91674.html。内容有修改。

（三）跨地区劳务派遣的劳动者的劳动报酬和劳动条件的规定

《劳动合同法》第六十一条规定："劳务派遣单位跨地区派遣劳动者的，被派遣劳动者享有的劳动报酬和劳动条件，按照用工单位所在地的标准执行。"其中所提到的"跨地区"，既包括省、自治区、直辖市，也包括省会所在市、较大的市、设区的市。如果市级行政区域内有相应的标准，应当按照设区市的标准执行，如果市级行政区域没有相应的标准，就按照省、自治区、直辖市的标准执行。

根据《劳动合同法实施条例》规定，有关劳动者的最低工资标准、劳动保护、劳动条件、职业危害防护和本地区上年度职工月平均工资标准等事项，原则上按照用工单位所在地的有关规定执行。如果劳务派遣单位的有关劳动标准高于用工单位所在地的有关标准，劳务派遣单位与劳动者约定按照劳务派遣单位有关标准执行的，从其约定。也就是说，双方可以按照"就高不就低"的原则，约定按照劳动标准较高的劳务派遣单位所在地的有关标准执行。

以案说法 7-4

劳务派遣中的三方关系与责任承担

2009 年 1 月 1 日，ZF 有限公司与 DH 劳动事务咨询服务公司签订了为期一年的"派遣协议"，委托 DH 劳动事务咨询服务公司提供人力资源，该公司与派遣人员签订劳动合同，办理社会保险，发放工资，双方约定 ZF 公司与派遣人员之间无任何协议性或事实性的劳动或劳务关系等。2009 年 1 月，刘某与 ZF 劳动事务咨询服务公司签订劳动合同，约定合同期限为 1 年。2010 年 1 月 5 日，刘某与 DH 劳动事务咨询服务公司的劳动合同到期，双方未续签新的劳动合同，刘某也没有被 DH 劳动事务咨询服务公司召回，而是继续在 ZF 下属公司工作。2010 年 1 月 4 日，ZF 有限公司对刘某发出书面通知：根据其工作表现，认为她不适合担任储备店长职务，将其职位调整为组长，并相应调整其薪水。2010 年 1 月 6 日，刘某同时向 ZF 有限公司和 DH 劳动事务咨询服务公司发出通知，称其对降职行为不能接受，在未恢复其岗位之前暂不上班，且于当日离开 ZF 有限公司，亦未回 DH 劳动事务咨询服务公司。2010 年 1 月 19 日，ZF 有限公司向刘某发出通知，称其旷工 8 天，故受到立即终止服务关系的处分。2010 年 1 月 22 日，DH 劳动事务咨询服务公司向刘某发出"辞退通知"，称刘某无故旷工，公司不再与其续签劳动合同。2010 年 1 月 28 日，刘某向劳动人事争议仲裁委员会提出仲裁请求，要求撤销 DH 劳动事务咨询服务公司作出的辞退决定，解除劳动关系，并要求 ZF、DH 两家公司支付经济赔偿金。

案例点评

刘某在 ZF 有限公司享有同等的劳动权利和义务，DH 劳动事务咨询服务公司作出的辞退决定符合事实，DH、ZF 两家公司共同承担解除劳动关系的连带赔偿责任。

资料来源：王桦宇.劳动合同法实务操作与案例精解 [M].增订版.北京：中国法制出版社，2011。内容有修改。

四、如何退回被派遣劳动者

在劳务派遣中，用工单位与被派遣劳动者不存在劳动关系，因而无权与其直接解除劳动合同，只能将劳动者退回劳务派遣单位，退回劳务派遣单位之后，由劳务派遣单位对被派遣劳动者的违规行为进行处理。

（一）被派遣劳动者严重违纪，用工单位如何将其退回

根据《劳动合同法》第六十五条第二款规定，被派遣劳动者有下列行为之一的，用工单位可以将其退回劳务派遣单位：①被派遣劳动者在试用期内被证明不符合录用条件的；②被派遣劳动者严重违反用工单位的规章制度的；③被派遣劳动者严重失职，营私舞弊，给用工单位造成重大损害的；④被派遣劳动者同时与其他用人单位建立劳动关系，对完成本单位的工作任务造成严重影响，或者经用工单位提出，拒不改正的；⑤被派遣劳动者以欺诈、胁迫的手段或者乘人之危，使对方在违背真实意思的情况下订立或者变更劳动合同，致使劳动合同无效的；⑥被派遣劳动者被依法追究刑事责任的。被派遣劳动者严重违纪，用工单位可以将其退回。

被派遣劳动者被退回的，劳务派遣单位可以行使即时解雇权，也可以在对其进行批评教育后继续留用。

（二）被派遣劳动者患病无法继续工作的，用工单位如何将其退回

根据《劳动合同法》第六十五条第二款规定，当劳动者患病或非因公负伤，在规定的医疗期满后不能从事原工作，也不能从事由用工单位另行安排的工作时，用工单位才有权将其退回原劳务派遣单位。并不是所有劳动者患病无法继续工作的情况下，用工单位都有权将劳动者退回。

用工单位在这种情形下退回劳动者，应明确：①必须是劳动者患病或非因工负伤，如果是因公负伤或者患职业病则不适用。②必须是医疗期满。医疗期是劳动者患病或非因工负伤的治疗、休息期间，劳动者依据其工龄长短享有3～24个月不等医疗期。被派遣劳动者患病或非因工负伤，用工单位应当依法给予医疗期，而不能直接退回劳务派遣单位。③医疗期满，劳动者不能从事原工作，经过调岗后，也无法从事用工单位安排的其他工作的，用工单位才能将劳动者退回。用工单位应当证明劳动者不能工作，而且经调岗后仍不能继续工作，用工单位才能将劳动者退回。

《劳务派遣管理规定》对于合同到期的派遣员工，如果被派遣劳动者有患病或者非因公负伤在规定的医疗期内以及女职工在孕期、产期、哺乳期等情形的，在派遣期限届满前，用工单位不得将被派遣劳动者退回劳务派遣单位；派遣期限届满的，应当延续至相应情形消失时方可退回。

五、被派遣劳动者在劳务派遣中的权利

（一）享有同工同酬的权利

《劳动合同法》第六十三条规定："被派遣劳动者享有与用工单位的劳动者同工同酬的权利。用工单位应当按照同工同酬原则，对被派遣劳动者与本单位同类岗位的劳动者实行相同的劳动报酬分配办法。用工单位无同类岗位劳动者的，参照用工单位所在地相同或者相近岗位劳动者的劳动报酬确定。"用工单位应当按照同工同酬原则，对被派遣劳动者与本单位同类岗位的劳动者实行相同的劳动报酬分配办法。《劳务派遣管理规定》向被派遣劳动者提供与工作岗位相关的福利待遇，保险福利同工同酬，不得歧视被派遣劳动者。

（二）有权依法参加或者组织工会

《劳动合同法》第六十四条规定："被派遣劳动者有权在劳务派遣单位或者用工单位依法参加或者组织工会，维护自身的合法权益。"

《中华人民共和国工会法》（以下简称《工会法》）第三条规定："在中国境内的企业、事业单位、机关中以工资收入为主要生活来源的体力劳动者和脑力劳动者，不分民族、种族、性别、职业、宗教信仰、教育程度，都有依法参加和组织工会的权利。任何组织和个人不得阻挠和限制。"《劳动法》第七条规定："劳动者有权依法参加和组织工会。工会代表和维护劳动者的合法权益，依法独立自主地开展活动。"

（三）依法享有解除合同的权利

《劳动合同法》第六十五条规定："被派遣劳动者可以依照本法第三十六条、第三十八条的规定与劳务派遣单位解除劳动合同。""被派遣劳动者有本法第三十九条和第四十条第一项、第二项规定情形的，用工单位可以将劳动者退回劳务派遣单位，劳务派遣单位依照本法有关规定，可以与劳动者解除劳动合同。"明确了被派遣劳动者与劳务派遣单位解除劳动合同的规定。

1. 协商解除合同的权利

《劳动合同法》第三十六条规定："用人单位与劳动者协商一致，可以解除劳动合同。"劳务派遣单位与劳动者之间建立的是劳动关系，《劳动合同法》规定的劳动者可解除劳动合同的情形同样适用于被派遣劳动者与劳务派遣单位。

2.单方解除合同的权利

用人单位出现《劳动合同法》第三十八条规定情形之一时，被派遣劳动者不仅享有单方解除合同的权利，而且有权要求劳务派遣单位向其支付经济赔偿金。

以案说法 7-5

劳务派遣工未签劳动合同的双倍工资该由谁承担？

2008年，某劳务派遣公司将几名派遣工派遣到某学校从事清洁工作，劳动合同与劳务派遣协议都是两年一签，且期限相同。2010年3月，两个合同均到期。在此之前，学校曾表示无法明确是否续签及续签多久，但仍将继续用工一段时间，劳务派遣公司与派遣工均未提出异议。因此合同到期后，这几名派遣工仍在该校工作。直到2010年7月，学校表示将退工，并告知派遣工和劳务派遣公司。于是，几名派遣工要求支付经济补偿金，以及4—7月没有签订劳动合同的双倍工资，并将劳务派遣公司与学校一起列为被申诉人，诉诸劳动人事争议仲裁。

案例点评

本案中，因为学校的原因导致没能与劳务派遣公司续订劳务派遣协议，而劳务派遣公司以没有签订劳务派遣协议为由，没能与派遣员工签订劳动合同，从法律上讲，学校的行为应当属于违约行为，而派遣公司的行为则属于违法行为，违法行为理应承担法律责任。但是，由于派遣用工的特殊性，《劳动合同法》第九十二条规定，用工单位给被派遣劳动者造成损害的，劳务派遣单位与用工单位承担连带赔偿责任。同样，《劳动合同法实施条例》第三十五条规定，"用工单位违反劳动合同法和本条例有关劳务派遣规定的，由劳动行政部门和其他有关主管部门责令改正；情节严重的，以每位被派遣劳动者1000元以上5000元以下的标准处以罚款；给被派遣劳动者造成损害的，劳务派遣单位和用工单位承担连带赔偿责任"。因此无论是劳务派遣公司违法，还是用工单位违法，都应当对劳务派遣员工承担连带赔偿责任。该双倍工资应由双方共同承担，具体分担比例可协商确定，协商不成以劳动人事争议仲裁委员会判定为准。

资料来源：派遣工诉未签劳动合同的双倍工资该由谁承担[EB/OL].（2013-12-28）[2018-10-12].http://blog.sina.com.cn/s/blog_a7c96ff00101nryt.html.

内容有修改。

六、劳务派遣的一般性规定

（一）规定劳务派遣工作岗位的范围

2012 年 12 月 28 日第十一届全国人民代表大会常务委员会第三十次会议《关于修改〈中华人民共和国劳动合同法〉的决定》修正，将《劳动合同法》第六十六条修改为："劳动合同用工是我国的企业基本用工形式。劳务派遣用工是补充形式，只能在临时性、辅助性或者替代性的工作岗位上实施。"

"前款规定的临时性工作岗位是指存续时间不超过六个月的岗位；辅助性工作岗位是指为主营业务岗位提供服务的非主营业务岗位；替代性工作岗位是指用工单位的劳动者因脱产学习、休假等原因无法工作的一定期间内，可以由其他劳动者替代工作的岗位。"

"用工单位应当严格控制劳务派遣用工数量，不得超过其用工总量的一定比例，具体比例由国务院劳动行政部门规定。"一般这个比例是 10%。

《劳务派遣暂行规定》明确了企业"辅助性"岗位的确定方法，用工单位决定使用被派遣劳动者的辅助性岗位，应当经职工代表大会或者全体职工讨论，提出方案和意见，与工会或者职工代表平等协商确定，并在用工单位内公示。

（二）派遣单位与用工单位应当订立劳务派遣协议

《劳动合同法》第五十九条规定："劳务派遣单位派遣劳动者应当与接受以劳务派遣形式用工的单位（以下称用工单位）订立劳务派遣协议。劳务派遣协议应当约定派遣岗位和人员数量、派遣期限、劳动报酬和社会保险费的数额与支付方式以及违反协议的责任。用工单位应当根据工作岗位的实际需要与劳务派遣单位确定派遣期限，不得将连续用工期限分割订立数个短期劳务派遣协议。"明确了派遣单位与用工单位应当通过劳务派遣协议明确相互权利义务。

劳务派遣协议是劳务派遣单位与用工单位在平等自愿、协商一致的基础上订立的书面法律文件。其内容包括：①派遣岗位和人员数量；②派遣期限；③劳动报酬；④社会保险费的数额与支付方式；⑤违反劳务派遣协议的责任。

（三）劳务派遣单位与用工单位承担连带赔偿责任

2012 年 12 月 28 日第十一届全国人民代表大会常务委员会第三十次会议《关于修改〈中华人民共和国劳动合同法〉的决定》修正，将《劳动合同法》第九十二条修改为："违反本法规定，未经许可，擅自经营劳务派遣业务的，由劳动行政部门责令停止违法行为，没收违法所得，并处违法所得一倍以上五倍以下的罚款；没有违法所得的，可以处五万元以下的罚款。"

"劳务派遣单位、用工单位违反本法有关劳务派遣规定的，由劳动行政部门责令限期改正；逾期不改正的，以每人五千元以上一万元以下的标准处以罚款，对劳务派遣单位，吊销其劳务派遣业务经营许可证。用工单位给被派遣劳动者造成损害的，劳务派遣单位与用工单位承担连带赔偿责任。"

劳动合同法明确了劳务派遣单位与用工单位对被派遣的劳动者承担连带责任，当劳动者合法权益受到侵害时，可将劳务派遣单位和用工单位作为共同被诉人，向劳动人事争议仲裁委员会申请劳动仲裁，要求其承担连带责任。

（四）解除、终止劳务派遣劳动合同的经济补偿和赔偿

《劳动合同法实施条例》第三十一条规定："劳务派遣单位或者被派遣劳动者依法解除、终止劳动合同的经济补偿，依照劳动合同法第四十六条、第四十七条的规定执行。"第三十二条规定："劳务派遣单位违法解除或者终止被派遣劳动者的劳动合同的，依照劳动合同法第四十八条的规定执行。"也就是说，劳务派遣单位与被派遣劳动者之间依法解除或终止劳动合同的经济补偿，与用人单位和劳动者之间解除或终止合同的经济补偿的条件完全一样，没有任何差别。经济补偿的支付标准参照劳动合同法有关规定执行。

对于用人单位违法解除、终止被派遣劳动者劳动合同的，则需支付经济补偿标准两倍的赔偿金。

第三节　非全日制用工

非全日制用工是比全日制用工更为灵活的一种用工形式，根据其特点可以从计酬方式和工作时间两方面进行定义。从计酬方式看，非全日制用工以小时为单位，根据劳动者实际的工作时间支付其劳动报酬，单位时间的工资不得低于法律规定的小时最低工资标准；从工作时间看，非全日制用工的工作时间远低于全日制工作时间。

一、非全日制用工的含义

《劳动合同法》第六十八条规定："非全日制用工，是指以小时计酬为主，劳动者在同一用人单位一般平均每日工作时间不超过四小时，每周工作时间累计不超过二十四小时的用工形式。"即非全日制用工具有三个特征：

（1）以小时计酬为主，但不局限于以小时计酬。

（2）劳动者在同一用人单位一般平均每日工作时间不超过4小时。

（3）每周工作时间累计不超过24小时。

非全日制用工属于劳动关系。根据《劳动合同法》第二条规定的适用范围，非全日制用工只限于用人单位用工，而不包括个人用工形式。个人用工属于民事雇佣关系，应受民事法律关系调整。用人单位与非全日制劳动者之间的关系是劳动关系，符合劳动关系的所有特征，应受劳动法和劳动合同法的调整。

劳动合同法对非全日制用工的工作时间作出了明确、严格的规定。用人单位对一些临时性、辅助性、替代性的岗位可以选择使用非全日制这种用工形式。

以案说法 7-6

小王属于非全日制用工形式吗？

2008年3月11日，小王经朋友介绍，进入上海某宾馆前台工作，工作时间为21点到次日7点，每月工资为800元。随后在一次闲谈中，小王从朋友小李口中得知，2008年上海市最低月工资是840元，某宾馆给予其的工资还不足上海市最低月工资，于是小王向单位提出补发工资差额的要求，同时他认为自己每天工作10个小时，超过了标准工作时间的8小时，属于加班，所以还要求单位补发2008年3月至今的加班费。某宾馆则称，小王是在晚上上班，属于公司的非全日制员工，其工资不适用最低工资标准，同时也不存在加班现象。于是小王向当地的劳动人事争议仲裁委员会提出仲裁。

案例点评

非全日制用工与全日制用工的最本质的区别就是工作时间。根据我国《劳动合同法》第六十八条的规定，"非全日制用工，是指以小时计酬为主，劳动者在一个用人单位平均每日工作时间不超过四个小时，每周工作时间不超过二十四小时的用工形式"。小王在某宾馆上班，每天工作时间长达 10 个小时，因此很明显不属于非全日制用工，应该适用上海市最低工资标准。同时，小王每天工作 10 个小时，已经属于加班。综上，劳动人事争议仲裁委员会裁定某宾馆应当依法补足小王工资差额并向小王支付加班费。

资料来源：《中华人民共和国劳动合同法适用与实例》编写组.中华人民共和国劳动合同法适用与实例 [M].北京：法律出版社，2013。内容有修改。

二、非全日制用工的特点

（一）可订立口头协议

《劳动合同法》第六十九条第一款规定："非全日制用工双方当事人可以订立口头协议。"当然，也可以采用书面形式，不管采用口头形式还是书面形式，都是合法行为。之所以这样规定，主要是非全日制用工具有较大的灵活性，合同履行具有即时性，因而法律规定非全日制劳动合同的形式可以较为灵活。

（二）可形成两个以上劳动关系

《劳动合同法》第六十九条第二款规定："从事非全日制用工的劳动者可以与一个或者一个以上用人单位订立劳动合同；但是，后订立的劳动合同不得影响先订立的劳动合同的履行。"

（三）不得约定试用期

2003 年 5 月 30 日，劳动和社会保障部颁发的《劳动保障部关于非全日制用工若干问题的意见》明确规定非全日制劳动合同不得约定试用期。《劳动合同法》第七十条也作出了同样的规定。

用人单位违反《劳动合同法》规定与非全日制用工的劳动者约定了试用期的，按照劳动合同法第八十三条规定，"用人单位违反本法规定与劳动者约定试用期的，由劳动行政部门责令改正；违法约定的试用期已经履行的，由用人单位以劳动者试用期满月工资为标准，按已经履行的超过法定试用期的期间向劳动者支付赔偿金"。

（四）可随时终止合同，无须向劳动者支付经济补偿

《劳动合同法》第七十一条规定："非全日制用工双方当事人任何一方

都可以随时通知对方终止用工。终止用工，用人单位不向劳动者支付经济补偿。"这里的"终止用工"，既包括因劳动合同期届满而导致的终止，也包括劳动合同期没有届满而解除劳动合同的情形。终止合同应该通知另一方。通知可以采用书面形式，也可以采用口头通知形式。任何一方提出终止用工都无须向对方支付经济补偿。

（五）工资支付最长周期不超过 15 天

《劳动合同法》第七十二条规定："非全日制用工小时计酬标准不得低于用人单位所在地人民政府规定的最低小时工资标准。非全日制用工劳动报酬结算支付周期最长不得超过十五日。"

三、新就业形态

2015 年，党的十八届五中全会提出"新就业形态"的概念，引起社会各界的广泛关注。党的二十大报告要求"完善促进创业带动就业的保障制度，支持和规范发展新就业形态"，并且强调"完善劳动者权益保障制度，加强灵活就业和新就业形态劳动者权益保障"。我国新就业形态劳动者达 8400 万人。新就业形态已经成为我国保就业、解决结构性就业矛盾的重要途径，发挥着显著的就业"蓄水池"作用，蕴含着巨大的发展动力和潜能。

新就业形态是指新经济模式下在雇佣、劳动管理、劳动报酬获取方式和劳动关系认定等方面与传统标准相异的一种就业形态，具有就业方式灵活化、组织方式扁平化、用工范围扩大化等特征。

（一）新就业形态的基本特征

1. 就业方式灵活化

在新就业形态下，企业并不要求从业者在固定时空开展工作，允许其在异地或利用技术手段进行远程工作，从业者与企业的关系也不像过去那样紧密结合，劳动报酬、工作时间、地点和期限更富有弹性，呈现网约化和非标准化特征。在传统就业形态中，主要依赖雇佣单位，员工有身份和职业资格准入等要求。新就业形态突破了这些限制，从业者可以无差别接入全球性的工作机会，不论是身处偏远地区的个人还是小型化组织都可以通过平台获得全世界的工作机会。

2.组织方式平台化

新就业形态不同于传统"泰罗制+福特制"的组织模式,是一种"平台+注册+个人"的新形式,个人只要注册就能工作。随着平台用工大规模出现,传统就业模式被彻底改写,供给和需求实现了即时性对接,大幅降低了交易成本。在管理方式上,传统企业科层制度逐渐被淘汰。新就业形态的企业可以依据强大算法,为骑手设定到达时间和路线,为司机测算在何时何地等客,并依据系统信息统计从业人员的工作量,按预定规则分发报酬。

3.工作任务自主化

新就业形态的从业者以平台分发的需求为依托,自主选择工作任务和岗位,并接受平台的相应规则和监管。由于前端走向细微化乃至个人化,新就业形态具有极强的自主性,让大批有工匠精神从业者的"创意、创造、创新能力得到充分施展"。一方面,用工方式从以岗位为导向走向以任务为导向,在管理上重绩效、轻责任,强调劳动者需要在预定的时间内完成工作任务;另一方面,劳动者与平台之间的关系较为松散,除非另有协议,平台规则是唯一的管理制度。在劳动过程中,劳动者可以自主决定是否承接某项订单,自主确定生产资料,自主确定工作时长和工作场所。

4.主体身份多重化

在新就业形态下,从业者通过虚拟账号就可以实现就业,甚至可以同时在多个平台就业。其实质是,平台将原本为全职完成的工作拆分为一单一单任务,转化成多个非全职工作相累加,结果形成大规模兼职化倾向,即便是有全职工作的人,也有可能利用业余时间从事平台兼职工作。例如,家政人员在一个或数个平台为多家单位或不同个人提供服务,每天工时累积也能达到8小时,实现全时化就业。此外,共享员工也是新就业形态典型的用工方式。共享员工不同于劳务派遣,后者与输入企业"既存在劳动关系又存在用工关系",前者则"不一定存在劳动关系"。能"一天切换N个身份,程序员、网店主、主播",就是通过平台实现的。

5.劳动关系模糊化

在传统就业形态中,确认劳动关系的主要依据是劳动从属性,包括经济从属、人格从属和组织从属。在新就业形态下,由于缺少明确的从属关系,劳动关系往往难以认定。一方面,越来越多的企业借助平台将大量常规性工作分包给独立协议人、独立劳动者或自由职业者等来完成,呈现出明显的

"去雇主化"特征；另一方面，劳动者交换的主要是个人技能、知识、体力和时间，不存在大规模生产，通常情况下个人就能提供独立服务，使得从业者就业更依靠个人而非雇主。这就导致一个疑问：从业者和平台"究竟是劳动关系还是合作关系，或者是介乎于两者之间的第三种关系"？这个问题迄今悬而未决。弗里曼称之为"非典型雇佣"关系，也是这个原因。

（二）新就业形态劳动者权益保障的实践难题

新就业形态就业容量大、门槛低、灵活性强，不仅在保就业、稳就业中发挥了积极作用，而且对于方便群众生活、促进经济发展也产生了举足轻重的影响。然而，新就业形态劳动者权益保障也暴露出许多制度短板和治理乱象，反映出当前针对新就业形态劳动者权益保护的立法还有大量空白，新就业形态下的劳动关系难以比照传统劳动法律体系予以规范和保障，劳动者的权益难以通过司法途径获得公正高效的保护。

1. 劳动者与企业之间的劳动关系认定难

我国劳动法、劳动合同法、安全生产法、劳动保障监察条例等法律法规赋予劳动行政机关对用人单位遵守劳动法律法规的情况进行监督检查的职权。然而，新就业形态下企业与劳动者之间的劳动关系很难根据既有法律进行认定。通常而言，企业与劳动者往往不签订劳动合同或以民事合同约定权利义务，以便规避和逃脱传统劳动法律监管的范围。

2. 政府部门的监管难

现实当中，企业借助大数据、人工智能算法等新技术的巧妙包装，违法用工、损害劳动者权益的问题更加隐蔽。传统的部门执法、多头执法形式以及现场检查等行政监管手段难以实现对新就业形态劳动者权益的有效保障。此外，数字平台企业往往整合多种业务、涉及多个部门的监管职权。按照传统的政府归口管理方式，也很难将其划入哪一个具体的政府监管门类。互联网经济的跨界性、综合性和整体性都对当前政府部门执法和行业执法提出巨大挑战。

3. 劳动纠纷和争议处置难

近年来，我国新就业形态劳动纠纷数量呈逐年增长趋势，纠纷和争议的内容也极其复杂。不同行业或者同一行业不同企业内的劳动关系形式也不尽相同，难以一概而论。在缺少全国统一法律制度依据的条件下，需要综合考虑具体个案中劳动者的工作自主性、工作持续性和市场参与性等因素进行全面评判和综合考量。这就对各级法院解决新就业形态劳动纠纷的能力提出巨大挑战。

（三）新就业形态劳动领域的立法

在新就业形态劳动关系的制度规范方面，既面临权威性、稳定性法律调整与短期型、灵活性政策交织的现实状况，亦面临既需要加强法律规制、又不能规制错位或者过度规制从而影响新就业形态发展的两难局面。当前，我国劳动法律体系面对新就业形态带来的变化存在明显的时间差、空白区。为解决新就业形态劳动者权益保障的实践难题，我们首先要加快新就业形态劳动关系领域的立法，补齐新就业形态法律规范的制度短板，为新就业形态劳动者权益保障提供权威、统一的法律制度依据。

2021 年 7 月，人力资源和社会保障部等八部门联合印发《关于维护新就业形态劳动者劳动保障权益的指导意见》（人社部发〔2021〕56 号），从多个方面保障符合确立劳动关系情形、不完全符合确立劳动关系情形但企业对劳动者进行劳动管理的新就业形态劳动者权益。同年，市场监管总局、国家网信办、国家发展改革委、公安部、人力资源和社会保障部、商务部、中华全国总工会联合印发《关于落实网络餐饮平台责任 切实维护外卖送餐员权益的指导意见》，就外卖送餐员权益保障进行规范指导。2022 年，交通运输部、工业和信息化部、公安部、商务部、市场监管总局、国家网信办等多部委公布《关于修改〈网络预约出租汽车经营服务管理暂行办法〉的决定》，就网约车这一新就业形态明确了各部门的管理职责和网约车驾驶员的劳动权益保障。2023 年，人力资源和社会保障部印发《新就业形态劳动者劳动合同和书面协议订立指引（试行）》，为新就业形态劳动者与企业订立劳动合同和书面协议的内容、订立方式及应用等作出了明确规定。

2023 年 11 月，人力资源社会保障部办公厅印发《新就业形态劳动者休息和劳动报酬权益保障指引》（以下简称《保障指引》）《新就业形态劳动者劳动规则公示指引》（以下简称《公示指引》）《新就业形态劳动者权益维护服务指南》（以下简称《指南》）的通知（人社厅发〔2023〕50 号），以引导企业规范用工、新就业形态劳动者依法维权。

就法律渊源和法律形式而言，上述这些指导意见、暂行办法都属于"部门规章"的层级，在关于新就业形态劳动者权益保障的权威性、统一性、全面性和保护力度方面仍然存在明显不足。为此，我们应在条件成熟时适时推动劳动法、劳动合同法等国家法律的修改，以全国统一立法形式明确新就业形态劳动关系的性质、构成要件及劳动者权益保障措施，使符合条件的劳动者权益能够得到国家法律的有效保障。

根据这些政策，将从事网约配送、出行、运输、家政服务等的新就业形态劳动者纳入最低工资保障。同时，平台企业要科学确定劳动者工作量和劳动强度，确保劳动者获得必要休息时间；要向依托平台就业的新就业形态劳动者公开订单分配、报酬及支付、工作时间和休息等规章制度、格式合同条款、算法规则及其运行机制等。

《保障指引》提出，新就业形态劳动者每日工作时间包括当日累计接单时间和适当考虑劳动者必要的在线等单、服务准备、生理需求等因素确定的放宽时间。企业明确要求新就业形态劳动者在线时间或在指定时间前往指定场所接受常规管理的，企业要求的在线时间和线下接受常规管理时间计入工作时间。

《保障指引》明确，企业与工会或新就业形态劳动者代表要根据法律法规精神和行业管理规定，结合行业特点和企业实际，平等协商合理确定新就业形态劳动者连续最长接单时间和每日最长工作时间。劳动者达到连续最长接单时间和每日最长工作时间的，系统应推送休息提示，并停止推送订单一定时间。

在劳动报酬方面，《保障指引》提出，不完全符合确立劳动关系情形但企业对劳动者进行劳动管理的新就业形态劳动者，适用劳动者实际工作地人民政府规定的小时最低工资标准。

该指引还规定，新就业形态劳动者在法定节假日工作的，企业应向劳动者支付高于正常工作时间劳动报酬的合理报酬。企业要以货币形式将劳动报酬支付给新就业形态劳动者本人，不得以实物及有价证券替代货币支付。

《公示指引》指出，平台企业要向依托平台就业的新就业形态劳动者公开订单分配、报酬及支付、工作时间和休息、职业健康与安全、服务规范等与劳动者基本权益直接相关的规章制度、格式合同条款、算法规则及其运行机制等。

例如，平台企业应公开平台订单分配规则，包括订单分配的基本原则、订单优先分配或差别性分配规则等；应公开报酬规则，包括计件单价及确定因素，抽成比例及确定因素，报酬构成及支付周期、支付方式等。

根据《公示指引》，平台企业制定或修订直接涉及新就业形态劳动者权益的劳动规则，要提前通过应用程序弹窗等显著方式向劳动者公开征求意见，充分听取工会或劳动者代表的意见建议，将采纳情况告知劳动者。确定实施前，至少提前七日向劳动者予以公示。

同时，平台企业拟调整经营方式或制定、修订劳动规则对新就业形态劳动者权益有重大影响的，了解或应当了解平台用工合作企业涉及新就业形态劳动者权益的重大制度规则调整的，要开展风险评估，并提前七日向服务所在地人力资源社会保障行政部门和相关主管部门报告，听取意见建议。

《指南》规定了企业内部劳动纠纷化解机制、工会权益维护服务、相关部门机构权益维护服务等内容。平台企业要建立健全与新就业形态劳动者的常态化沟通机制和新就业形态劳动者申诉机制，鼓励平台企业成立由工会代表、新就业形态劳动者代表和企业代表参加的企业内部劳动纠纷调解委员会，提供涉新就业形态劳动者劳动纠纷调解服务。

新就业形态劳动者对报酬计算、服务时长、服务费用扣减、奖惩、平台用工合作企业管理服务等有异议的，或遭遇职场欺凌、骚扰的，可向平台企业反映或申诉，平台企业要在承诺时间内予以回应并公正处理。

《指南》还提到，工会组织要积极吸收新就业形态劳动者入会，对企业履行用工责任情况进行监督、推动平台企业建立常态化的沟通协商机制、为新就业形态劳动者提供法律援助等服务。

《指南》指导新就业形态劳动者通过劳动争议调解仲裁、劳动保障监察、司法诉讼、法律援助等法定维权服务渠道维护自身权益，并鼓励地方探索创新新就业形态劳动纠纷调处机制，建立"一站式"的新就业形态争议调处机构。

本章小结

（1）集体合同是指工会或职工代表代表全体职工与用人单位或其团体（即集体协商双方当事人）之间根据法律、法规的规定，就劳动报酬、工作时间、休息休假、劳动安全卫生、保险福利等事项，在平等协商一致的基础上签订的书面协议。集体合同可以弥补劳动立法和劳动合同的不足。

（2）集体合同应按照以下程序订立：① 企业职工一方与用人单位通过平等协商订立集体合同。② 集体合同草案应当提交职工代表大会或者全体职工讨论通过。③ 集体合同由工会代表企业职工一方与用人单位订立；尚未建立工会的用人单位，由上级工会指导劳动者推举的代表与用人单位订立。④ 集体合同订立后，应当报送劳动行政部门；劳动行政部门自收到集体合同文本之日起 15 日内未提出异议的，集体合同即行生效。

（3）集体合同还包括专项集体合同、行业性集体合同和区域性集体合同。用人单位与劳动者订立的劳动合同中劳动报酬和劳动条件等标准不得低于集体合同规定的标准。

（4）劳务派遣，又叫人才派遣、人才租赁，它是劳务派遣单位（用人单位）招用劳动者，并与其签订劳动合同后，按照与以劳务派遣形式用工的单位（以下称用工单位）签订劳务派遣协议将劳动者派遣到用工单位，由用工单位对被派遣劳动者的劳动过程进行指挥、监督和管理的一种用工形式。主要学习内容有：劳务派遣单位的义务、用工单位在劳务派遣中的义务、如何退回被派遣劳动者、被派遣劳动者在劳务派遣中的权利以及其他劳务派遣的一般性规定。

（5）非全日制用工是指以小时计酬为主，劳动者在同一用人单位一般平均每日工作时间不超过 4 小时，每周工作时间累计不超过 24 小时的用工形式。非全日制用工具有以下特点：可订立口头协议；可形成两个以上劳动关系；不得约定试用期；可随时终止合同，无须向劳动者支付经济补偿；工资支付最长周期不超过 15 天。

本章习题

一、单项选择题

1．集体合同的主体一方是工会、工会团体或职工代表，另一方是（　　）。

A．政府　　　　　　　　　　B．劳动者

C．雇主或雇主团体　　　　　D．劳动行政部门

2．在劳务派遣中，劳动者和（　　）存在劳动关系。

A．劳务派遣机构　　　　　　B．用工单位

C．劳动行政部门　　　　　　D．雇主

3．用工单位应当严格控制劳务派遣用工数量，不得超过其用工总量的（　　）。

A．5%　　　　B．10%　　　　C．15%　　　　D．20%

4．非全日制用工双方当事人（　　）订立口头协议。

A．不得　　　　B．可以　　　　C．必须　　　　D．以上都对

5．非全日制用工小时计酬标准不得低于（　　）。

A．用人单位所在地人民政府规定的最低小时工资标准

B．劳动者居住所在地人民政府规定的最低小时工资标准

C．用人单位所在地人民政府公布的平均小时工资标准

D．劳动者居住所在地人民政府公布的平均小时工资标准

二、多项选择题

1．在劳务派遣中，用工单位应当履行以下义务（　　　）。

A．与劳动者签订劳动合同

B．执行国家劳动标准，提供相应的劳动条件和劳动保护

C．对在岗被派遣劳动者进行工作岗位所必需的培训

D．支付加班费、绩效奖金

2．关于非全日制用工的说法，正确的有（　　　）。

A．非全日制用工必须以小时计酬

B．劳动者在同一用人单位每周工作时间累计不超过 24 小时

C．非全日制用工可以订立口头协议

D．非全日制用工可以选择在一些临时性、辅助性、替代性的岗位上使用

3．下列选项中，属于集体劳动合同内容的有（　　　）。

A．劳动报酬　　　　　　　　B．工作时间

C．劳动安全卫生　　　　　　D．保险福利

三、案例分析题

2007 年 2 月 1 日，甲公司与工会经过协商签订了集体合同，规定职工的月工资不低于 1000 元。2007 年 2 月 8 日，甲公司将集体合同文本送劳动行政部门审查，但劳动行政部门一直未予答复。2008 年 1 月，甲公司招聘李某为销售经理，双方签订了为期 2 年的合同，月工资 5000 元。几个月过去了，李某业绩不佳，公司渐渐对他失去信心。2008 年 6 月，公司降低了李某的工资，只发给李某 800 元工资。李某就此事与公司协商未果，2008 年 7 月，李某解除了与公司的合同。

请问：

（1）集体合同是否生效，为什么？

（2）李某业绩不佳，公司可否只发其 800 元的工资，为什么？

第八章
工资工时法律制度

🎯 学习目标

认知目标 ✪

描述工资的概念与特征，复述工资构成，叙述工作时间的含义，描述最低工资制度概念，陈述最低工资的适用范围。

技能目标 ✿

举例说明工作时间的分类；结合实际，编写单位的休息休假制度；结合实际，计算加班加点工资。

📢 引导案例

"打工人"的提成，怎么算怎么提？

徐先生是某体育产业公司商务拓展部副经理。在职期间，徐先生经办某体检中心项目。2021年10月，考虑到个人职业发展，徐先生与公司解除了劳动合同关系。离职前，徐先生向公司提交申请报告单，报告单载明根据奖励办法发放该项目提成预计为5.5万元，公司应根据回款状况及时支付，各级领导审批结果均为"同意"。公司根据回款状况向徐先生支付了2000余元提成。

徐先生本以为随着项目回款，他的提成也可以全额到位。没想到，公司却未再向其发放提成，为此徐先生诉至法院。但公司主张，徐先生已经离职，奖励办法规定提成金额要根据实际到账收入确定，且对离职员工留存的30%提成不予发放。

法院经审理认为，徐先生提交的申请报告单中已写明了提成发放标准，公司已审批同意，且审批报告中未明确离职后即无须支付相应提成等事宜，公司应履行支付已到账金额的提成义务。

综上，法院依法判决体育产业公司向徐先生支付已到账收入部分提成1.4万余元。

📝案例点评

根据国家统计局《关于工资总额组成的规定》第六条的规定，按营业额提成或利润提成办法支付给个人的工资属于劳动者的合法劳动报酬。对于销售、电商运营、客服、置业顾问等特殊岗位的劳动者来说，提成工资是其劳动报酬的主要组成部分，更是他们维持生计、养家糊口不可或缺的组成部分。但是，因提成具有浮动发放、灵活计算等特征，劳动者与用人单位常因提成工资发不发、怎么发、发多少等问题产生争议。

司法实践中发现，部分企业滥用用人单位自主管理权，存在怠于催收应收账款，致使提成付款条件不成立、恶意拖欠离职员工提成工资等不当行为，严重影响劳动者的合法权益，也不利于企业建立公平、合理的薪酬制度，进而影响企业长期经营发展。

提成工资提倡"按劳分配、多劳多得"，劳动者需要按约定勤勉完成工作任务，并提高自身证据意识，合理保留如劳动合同、工资表、入职通知、薪酬制度等证据，避免在诉讼中陷入"无法举证的困境"。同时，用人单位在建立提成工资制度时，也应制定提成奖金发放规则并对企业员工进行公示，及时、足额发放员工提成工资，通过建立科学合理的薪酬结构和岗位工资等级制度，吸引和留住优秀的人才，激发员工的工作积极性。

资料来源：朱书，王静，刘琼，吴亦为."打工人"的提成，怎么算怎么提？[EB/OL].（2024-06-18）[2024-07-05].https://baijiahao.baidu.com/s?id=18021662081128454832&wfr=spider&for=pc。内容有修改。

第一节 工资法律制度

一、工资的概念与特征

（一）工资的概念

工资是指劳动关系中，劳动者因履行劳动给付义务而获得的，由用人单位以法定方式支付的各种形式的物质补偿，在劳动法中，称为劳动报酬。狭义的工资，仅指职工劳动报酬中的基本工资。

工资一般包括计时工资、计件工资、奖金、津贴和补贴、延长工作时间的工资报酬以及特殊情况下支付的工资等。劳动者的以下劳动收入不属于工资范围：

（1）单位支付给劳动者个人的社会保险福利费用，如丧葬抚恤救济费、生活困难补助费、计划生育补贴等。

（2）劳动保护方面的费用，如用人单位支付给劳动者的工作服、解毒剂、清凉饮料费用等。

（3）按规定未列入工资总额的各种劳动报酬及其他劳动收入，如根据国家规定发放的创造发明奖、国家星火奖、自然科学奖、科学技术进步奖、合理化建议和技术改进奖、中华技能大奖等，以及稿费、讲课费、翻译费等。

（二）工资的特征

（1）工资必须是基于一定的劳动法律关系所取得的劳动报酬，即只有在劳动者与用人单位之间的劳动关系存续期间，才存在工资支付问题。

（2）工资是用人单位对劳动者履行的劳动给付义务的物质补偿。所谓履行劳动给付义务，一般是指劳动者按照劳动法规、集体合同和劳动合同的要求，从事用人单位所安排的劳动，在法定特殊场合，劳动者即使未实际进行劳动给付，也视为已履行劳动给付义务。

（3）工资量的确定，必须以劳动法规、劳动政策、集体合同和劳动合同的规定为依据，即必须符合法定和约定的工资标准。

（4）工资必须以法定方式支付，即一般只能用法定货币支付，并且是持续的、定期的支付。

二、工资法律调整的原则

（一）按劳分配的原则

《劳动法》第四十六条第一款规定："工资分配应当遵循按劳分配原则，实行同工同酬。"按劳分配要求以劳动为尺度，按照劳动者的劳动数量和质量分配个人消费品，多劳多得，少劳少得，反对平均主义。同时，所有职工不分性别、年龄、种族等，一律按其等量劳动获得等量报酬。

（二）在经济发展的基础上，逐步提高工资水平的原则

《劳动法》第四十六条第二款规定"工资水平在经济发展的基础上逐步提高"。一方面要求劳动生产率提高的速度必须超过工资增长的速度，另一方面要求工资增长速度必须与劳动生产率提高的速度相适应。工资水平及增长幅度只有在一定经济水平提高的前提下实施。

（三）宏观调控原则

宏观调控原则是指对工资总额和工资分配中的不合理因素或现象实行国家干预的法律调控原则。《劳动法》第四十六条第二款规定"国家对工资总量实行宏观调控"。工资总量是指一定时期内国民生产总值用于工资分配的总数量。

（四）用人单位自主分配与劳动者协商原则

用人单位自主分配原则是指用人单位有权根据本单位的生产经营特点和经济效益，依法自主确定本单位的工资分配方式和工资水平。在国家宏观调控的前提下，工资分配方式由企业经营方式决定，工资水平由劳动力市场的供求关系来确定，用人单位与劳动者可以就工资报酬进行协商。

三、工资构成

（一）基本工资

基本工资即劳动者所得工资额的基本组成部分，它由用人单位按照规定的工资标准支付，较之工资额的其他组成部分具有相对稳定性。例如，工资总额组成中的计时工资、计件工资就是基本工资。再具体些说，实行结构工资制的单位支付给职工的基础工资和职务（岗位）工资均属基本工资。

（二）辅助工资

劳动者的辅助工资是指基本工资以外的各种工资。例如，奖金、津贴和补贴、加班加点工资、附加工资、保留工资等。

四、工资形式

工资形式是指计量劳动和支付工资的形式。我国现行的工资形式主要有计时工资、计件工资两种基本形式和年薪制等辅助形式。

（一）计时工资

计时工资是按照单位时间工资率（计时工资标准）和工作时间支付劳动者个人工资的一种形式。计时工资可以分为月工资制、日工资制和小时工资制三种。其优点是操作简单易行，适用面广。缺点是只以劳动时间作为计算工资报酬的依据，工资报酬没有与劳动的数量和质量相挂钩。

（二）计件工资

计件工资是指按照劳动者完成的合格产品的数量和预先规定的计件单位计算工资的形式。它是用一定时间内的劳动成果来计算的工资，即用间接劳动时间来计算，因此它是计时工资的转化形式。计件工资能够使劳动成果与劳动报酬直接联系起来，更好地体现了按劳分配的原则。

（三）年薪制

年薪制是一种国际上较为通用的支付企业经营者薪金的方式，它是以年度为考核周期，把经营者的工资收入与企业经营业绩挂钩的一种工资分配方式，通常包括基本收入和效益收入两部分。

五、最低工资制度

（一）概念

最低工资是指劳动者在法定工作时间或依法签订的劳动合同约定的工作时间内提供了正常劳动的前提下，用人单位依法应当支付的最低劳动报酬。最低工资具有以下三个特点：

（1）劳动者在单位时间里提供了正常劳动，这是取得最低工资的前提。所谓正常劳动，是指劳动者按依法签订的劳动合同约定，在法定工作时间或劳动合同约定的工作时间内从事的劳动。劳动者依法享受带薪年休假、探亲假、婚丧假、生育（产）假、节育手术假等国家规定的假期间，以及法定工作时间内依法参加社会活动期间，视为提供了正常劳动。

（2）最低工资标准是由政府直接确定的，而不是由劳动关系双方自愿协商的。省、自治区、直辖市范围内的不同行政区域可以有不同的最低工资标准。

（3）只要劳动者提供了单位时间的正常劳动，用人单位支付的劳动报酬就不得低于政府规定的标准。

（二）最低工资的确定

确定最低工资的因素通常要考虑维持劳动者本人最低生活的费用、劳动者平均赡养人口的最低生活费用及劳动者为了满足一般社会劳动要求而不断提高自身素质和专业水平、劳动技能所支出的必要费用。

在我国，由省、自治区、直辖市人民政府劳动保障行政部门会同同级工会、企业联合会、企业家协会拟订最低工资标准的确定方案。省、自治区、直辖市人民政府劳动保障行政部门将确定最低工资标准的方案报送国家劳动和社会保障部门。国家劳动和社会保障部门在收到拟订方案后，应征求全国总工会、中国企业联合会、企业家协会的意见。

（三）最低工资的适用范围

最低工资的适用范围，包括最低工资适用的劳动者范围、时间适用范围和劳动种类适用范围。

1.适用的劳动者范围

《劳动法》第二条中明确规定了劳动法的适用范围，即在中华人民共和国境内的企业、个体经济组织（以下统称用人单位）和与之形成劳动关系的劳动者，适用本法。其他几类劳动者，如国家机关工作人员、事业单位职工、农民、军人，都不适用劳动法。最低工资的适用范围应当与劳动法的适用范围相同。

2.时间适用范围

最低工资标准的时间适用范围是指劳动者在哪些时间内从事劳动，才能享受最低工资制度保障的情况。根据《最低工资规定》，劳动者享受最低工资制度保障的时间范围，应当是在法定工作时间或依法签订的劳动合同约定的工作时间内。因此，最低工资不应包括加班工资。

3.劳动种类适用范围

最低工资的劳动种类适用范围是指劳动者在法定劳动时间内，提供哪些种类的劳动有权享受最低工资保障。根据世界各国通行惯例和我国《最低工资规定》，劳动者在法定工作时间或依法签订的劳动合同约定的工作时间内提供了正常劳动的前提下，用人单位依法应支付的最低劳动报酬。同时，《最低工资规定》第三条规定："劳动者依法享受带薪年休假、探亲假、婚丧假、生育（产）假、节育手术假等国家规定的假期间，以及法定工作时间内依法参加社会活动期间，视为提供了正常劳动。"根据这一规定，可以看出：凡是劳动者在国家规定的带薪休假期间内的休假，都应视为提供了正常劳动，并适用最低工资保障规定。

（四）最低工资的计算与支付

最低工资标准一经确定公布，在适用区域和范围内，用人单位必须按照不低于最低工资率的标准，以货币形式向劳动者支付工资。但最低工资不应包括下列各项费用或收入：

（1）延长工作时间工资。延长工作时间工资，属于劳动者在法定工作时间之外提供超额劳动的报酬，因此，不能将这部分收入计算在劳动者的最低工资组成部分之内。

（2）中班、夜班、高温、低温、井下、有毒有害等特殊工作环境、条件下的津贴。这部分费用，是对劳动者在特殊条件下的额外的劳动消耗给予的补偿或鼓励，因此，不能计算在最低工资之内。

（3）法律、法规和国家规定的劳动者福利待遇等。保险和福利待遇，不属于工资的性质和范畴，当然也不应作为最低工资的组成部分。

六、工资与支付保障

（一）工资支付的原则

工资应当以法定货币形式按时足额支付给劳动者本人，不得以实物及有价证券替代货币支付。用人单位必须以书面形式记录支付劳动者工资的数额、时间、领取者的姓名以及签字，并保存两年以上备查。用人单位在支付工资时应向劳动者提供一份其个人的工资清单。用人单位不得无故拖欠劳动者的工资。

以案说法 8-1

用人单位变更工资支付方式应与劳动者协商一致

某培训中心通过银行转账、微信转账或者支付宝转账形式向杨某发放工资。后某培训中心通过某购物平台向杨某支付工资，杨某只能按照比例从某购物平台提取部分工资。杨某认为某培训中心存在通过某购物平台发放工资未征得其同意且未足额支付工资等违法行为，申请劳动争议仲裁。后杨某不服仲裁裁决，提出要求某培训中心支付未足额发放的工资14981.76元等诉讼请求。

审理法院认为，鉴于通过某购物平台支付工资导致杨某每月实得工资低于应得工资，某培训中心应当就改变工资支付方式与杨某协商一致。杨某无法通过某购物平台足额领取工资，已多次向某培训中心表示不希望通过某购物平台发放工资，某培训中心作为用人单位负有向劳动者及时足额支付劳动报酬的义务，判令某培训中心补足杨某的工资差额。

案例点评

用人单位负有向劳动者及时足额支付工资的法定义务。近年来，伴随经济与社会发展，部分用人单位选择通过第三方软件或者网络平台支付工资致使劳动者提取工资时存在不便，甚至被扣除部分费用，客观上导致劳动者收入水平降低。劳动者作为劳动关系中相对弱势方，无法自行选择劳动报酬的支付方式。本案明确了用人单位变更工资支付方式应与劳动者协商一致，且不应违反强制性法律规定；因用人单位的原因导致劳动者收入减少的，用人单位负有支付欠付工资义务等规则，引导用人单位依法行使经营自主权，全面维护劳动者的合法权益。

资料来源：最高法，人社部.全总发布涉欠薪纠纷典型案例[EB/OL].（2024-01-25）[2024-07-05].https://www.chinacourt.org/article/detail/2024/01/id/7783223.shtml。内容有修改。

（二）特殊情况下的工资支付

特殊情况下的工资是指依照法律、法规规定或劳动合同约定在特殊时间内或者特殊工作情况下支付给劳动者的工资。我国现行的特殊情况下的工资，主要有加班加点工资，休假期间的工资，停工、停产期间的工资，履行国家或社会义务期间的工资，以及学习和培训期间的工资。加班加点工资、休假期间的工资内容，将在本章第二节专门论述。

1. 停工、停产期间的工资

根据《工资支付暂行规定》，非因劳动者原因造成单位停工、停产在一个工资支付周期内的，用人单位应按劳动合同规定的标准支付劳动者工资。超过一个工资支付周期的，若劳动者提供了正常劳动，则支付给劳动者的劳动报酬不得低于当地的最低工资标准；若劳动者没有提供正常劳动，应按国家有关规定办理。

2. 履行国家或社会义务期间的工资

根据劳动法和《工资支付暂行规定》，劳动者在工作时间内，履行下列国家或社会义务时，由用人单位照发工资：

（1）依法行使选举权或被选举权。

（2）当选代表出席乡（镇）、区以上政府、党派、工会、青年团、妇女联合会等组织召开的会议。

（3）出任人民法庭证明人。

（4）出席劳动模范、先进工作者大会。

（5）工会法规定的不脱产工会基层委员会委员因工作活动占用的生产或工作时间。

（6）其他依法参加的社会活动。

3. 学习和培训期间工资

经用人单位推荐或批准，劳动者临时脱产或半脱产到有关学校参加学习期间，工资照发，经本单位同意脱产参加函授学习的，在规定的脱产面授学习期间，工资照发，经本单位同意脱产参加成人教育学习的，学习期间工资照发。

（三）严禁非法扣除劳动者工资

任何单位，凡不具有法律规定的扣发劳动者工资情形的，均无权扣除劳动者的工资。非法扣除劳动者工资的，劳动者可以向劳动行政部门提出申诉，由劳动行政部门责令用人单位按规定支付工资和给予经济补偿，并责令其支付赔偿金；也可以依法向劳动人事争议仲裁机构申请仲裁。法律规定的允许扣除劳动者工资的情形，具体包括以下几方面：

（1）根据《工资支付暂行规定》规定，用人单位代扣代缴的个人所得税，以及应由劳动者个人负担的各项社会保险费用。

（2）根据《工资支付暂行规定》第十六条规定，"因劳动者本人原因给用人单位造成经济损失的，用人单位可按照劳动合同的约定要求其赔偿经济损失。经济损失的赔偿，可从劳动者本人的工资中扣除。但每月扣除的部分不得超过劳动者当月工资的 20%。若扣除后的剩余工资部分低于当地月最低工资标准，则按最低工资标准支付"。

（3）依据人民法院已经生效的判决、裁定或其他法律文件，以及仲裁机关已经生效的仲裁文件，从应负法律责任的劳动者工资中扣除其应当承担的扶养费、赡养费、损害赔偿金或者其他款项。但每月扣除时，应保证该劳动者的基本生活需要。

（4）法律、法规规定可以从劳动者工资中扣除的其他费用。

📢 以案说法 8-2

用人单位从工资中扣除服装费合法吗？

小王于 2009 年 3 月入职北京一物业公司从事保安工作，双方签订了一份为期一年的劳动合同，月工资 2000 元。工作满一个月后，小王收到了第一个月工资的时候公司从中扣除了 100 元服装费，并为小王出具了服装费收据。此后，每月公司都从小王的工资中扣除 100 元服装费，直至合同期满。合同期满前，公司告知小王不再与他续签劳动合同。在办理离职过程中，小王要求公司退还服装费 1200 元。公司以服装已经折旧，1200 元作为折旧费不予退还。2010 年 4 月，小王向劳动人事争议仲裁委员会申请仲裁，要求公司返还从工资中扣除的服装费并支付终止劳动合同补偿金。

✒ 案例点评

本案中，物业公司从工资中扣除服装费的做法违法，应该依法返还，另外，在劳动者要求续订劳动合同的情形下公司单方面终止劳动合同，应该依法支付劳动者经济补偿金。

资料来源：曹智勇 . 律师教您应对：常见劳动纠纷 100 案（附最新劳动法律政策 400 问）[M].北京：中国法制出版社，2012。内容有修改。

第二节　工作时间与休息休假制度

一、工作时间的含义

工作时间又称劳动时间，是指依照法律的规定，劳动者在一昼夜或一周之内，用于完成本职工作的劳动时间。一昼夜内工作时数的总和称为工作日，一周之内工作日的总和称为工作周。

二、工作时间的分类

（一）标准工作时间

标准工作时间制度是指法律规定在一般情况下统一实行的标准长度工作时间。在我国，标准工作时间为每日工作 8 小时、每周 5 天，共工作 40 小时。对实行计件工作的劳动者，用人单位应按每日工作 8 小时、每周工作 40 小时的工时制度，合理的确定劳动定额和计件报酬标准。标准工作日适用于我国境内的一切机关、团体、企事业单位和其他组织的职工。

（二）缩短工作时间

缩短工作时间制度是指在特殊条件下从事劳动或有特殊情况时，法律规定在保证完成生产和工作任务的前提下适当缩短工作时间的一种工时制度。缩短工作时间制度适用于从事矿山井下、高山、有毒有害、特别繁重或过度紧张等作业的劳动者，从事夜班工作的劳动者，未成年工、哺乳期内的女职工。夜班工作时间一般指当日 22 时至翌日 6 时。实行"轮班制"的企业，夜班工作时间比白班少 1 小时，并按规定发给夜班津贴；连续生产不易缩短工作时间的，夜班工作时间可与白班相等，但要给劳动者发夜班津贴。

（三）延长工作时间

延长工作时间制度是指超过标准工作日长度的工作时间，即超过 8 小时的工作时间制度。延长工作时间制度适用于从事受自然条件和技术条件限制的突击性或季节性工作以及完成其他紧急任务的职工。忙季工作时间可以超过标准工作时间，但每日最长不得超过 11 小时，闲季工作时间可以适当缩短。对延长工作日者应当给予同等时间的补休，确实无法补休的，可按照规定加发工资。

（四）综合计算工作时间

综合计算工作时间是指以一定时间为周期，集中安排工作和休息，平均工作时间与标准工作时间时数相同的工作日制度。综合计算工时工作制针对因工作性质特殊，需连续作业或受季节及自然条件限制的企业的部分职工，采用以周、月、季、年为周期综合计算工作时间，但其平均日工作时间和平均周工作时间应与法定标准工作时间基本相同。对符合以下条件的企业职工，可以实行综合计算工时工作制：①交通、铁路、邮电、水运、航空、渔业等行业中因工作性质特殊，需连续作业的职工；②地质、石油及资源勘探、建筑、制盐、制糖、旅游等受季节和自然条件限制的行业的部分职工；③亦工亦农或由于受能源、原材料供应等条件限制难以均衡生产的乡镇企业的职工等；④其他适合实行综合计算工时工作制的职工。对于那些在市场竞争中，由于环境因素影响，生产任务不均衡的企业的部分职工也可以参照综合计算工时工作制的办法实施。

实行综合计算工时工作制的企业都应根据劳动法和《国务院关于职工工作时间的规定》的有关条款，在保障职工身体健康并听取职工意见的基础上，采取集中工作、集中休息、轮流调休、弹性工作时间等适当的工作和休息方式，确保职工的休息休假权利和生产工作任务完成。同时，各企业主管部门应积极创造条件尽可能使企业的生产任务均衡合理。

实行综合计算工时工作制的企业，在综合计算周期内，如果劳动者的实际工作时间总数超过该周期的法定标准工作时间总数，超过部分应视为延长工作时间。如果在整个综合计算工作时间周期内的实际工作时间总数不超过该周期的法定标准工作时间总数，只是该周期内的某一具体日（或周、月、年、季）超过法定标准工作时间，其超过部分不应视为延长工作时间。实行综合计算工时工作制是从部分企业生产实际出发，允许企业实行相对集中工作、集中休息的工作制度，以保证生产的顺利进行和劳动者的合法权益。但是，在审批综合计算工时工作制过程中应要求企业做到以下两点：一是企业实行综合计算工时工作制以及在实行过程中采取何种工作方式，必须与工会和劳动者协商；二是对于第三级以上体力劳动强度的工作岗位，劳动者每日连续工作时间不得超过 11 小时，而且每周至少休息一天。

以案说法 8-3

计件制加上综合计算工时，有没有加班费？

张某在上海某汽车公司清整岗位从事打磨工作，工资计算方式为计件制，保底工资 2480 元／月。2021 年 4 月张某以公司未依法支付加班工资等提出解除合同。2021 年 5 月张某向汽车公司所在地的劳动人事争议仲裁部门提出申请，要求公司支付 2013 年 11 月至 2021 年 4 月期间工作日延时加班费差额 54483.82 元、休息日加班费差额 159120.06 元。

张某认为其并不知晓岗位实行综合计算工时工作制；加班后也没有调休过；汽车公司按照同一计件单价支付加班时的计件工资，故加班费存在 0.5 倍和 1 倍的差额，其要求按照标准工时制计算加班工资。

汽车公司则认为该公司清整岗位经相关劳动保障行政部门审批同意实行以季为周期综合计算工时工作制，并对计件单价进行过张贴，因公司无法区分 8 小时之内和之外的产量，故统一按照各类产品计件单价的 1.5 倍的价格支付员工正常工作、延时工作和休息日工作的工资，通过会议培训形式进行了告知，并有包括张某在内的员工签字认可。

仲裁委员会审理后认为：汽车公司的清整岗位经相关劳动保障行政部门审批同意实行以季为周期综合计算工时工作制，并将计件单价及计算方式等通过会议培训形式告知，符合相关要求，故张某的岗位应以季为周期的综合计算工时工作制。汽车公司因实行计件制工资计算方式，无法区分每日 8 小时之内和之外的产量，而实行统一按照各类产品计件单价的 1.5 倍的价格支付员工正常工作、延时工作和休息日工作的工资的做法没有违反相关法律规定，故仲裁委员会确认公司已按照 1.5 倍的超时单价支付了张某工作日、休息日及延时工作的工资和加班工资，故认定张某不存在加班工资差额，对张某要求公司支付 2013 年 10 月至 2021 年 4 月延时加班工资、休息日加班工资的请求不予支持。

案例点评

如何认定劳动者的岗位实行标准工时还是综合计算工时？企业实行其他工时制需要哪些条件和程序？企业应当通过向劳动行政部门申请并得到批准后，将实行综合计算工时工作制的岗位向全体员工公示。实行综合计算工时制的，在某一具体日（或周）工作时间可以超过 8 小时（或 40 小时），但在一个计算周期内总实际工作时间劳动者平均日工作时间和平均周工作间应当与法定工作时间基本相同，即每周 40 小时、每季度 500 小时、每年 2000 小时。另外，劳动者在休息日轮班工作的，不算加班，视为正常工作，企业无须支付加班费；劳动者在法定节假日上班的，企业按照 300% 支付加班费。

本案中，张某岗位每季工作时间应不超过 500 小时，超过部分视为延长工作时间，需按照 150% 支付劳动报酬。张某要求按照标准工时即按照 150% 支付工作日延时加班工资、按照 200% 支付休息日加班工资的计算方式不符合其岗位实行综合计算工时制加班费的计算方式，于法无据，故仲裁委员会对其加班费计算方式不予认可。又因张某的工资为根据其具体产量计算的计件制工资，汽车公司已统一按照计件单价的 150% 支付其正常工作时间、延时及休息日加班时间的工资，不存在加班费差额。

汽车公司根据企业的生产情况，在无法区分劳动者每日 8 小时之内和之外的产量的情况下，结合综合计算工时制加班费计算方式，统一按计件单价 150% 结算劳动者正常工作时间及延时和休息日加班工资，既鼓励了计件制员工多劳多得，也保障了员工超时工作后的权益，在对既是计件制又是综合计算工作且存在加班的情况下，为企业如何计算员工加班工资提供了一定的参考价值。

资料来源：计件制加上综合计算工时，有没有加班费？ [EB/OL].（2023-02-08）[2024-07-05].https://mp.weixin.qq.com/s?__biz=MzA30TYzMDkzNA==&mid=2649922535&idx=3&sn=81207e856084021e183dd83512a874fd&chksm=87b6bcdeb0c135c83ea256b34d4c2e47dfd6b858a56391702e181dde960f00865fcc5b6ad949&scene=27。内容有修改。

（五）不定时工作时间

不定时工时制是针对因生产特点、工作特殊需要或职责范围的关系，无法按标准工作时间衡量或需要机动作业的职工所采用的一种工作制度。这种工作制度适用于工作性质和职责范围不受工作时间限制的职工。对此类职工法律没有规定单位时间内固定的工作时数，而对其采取相对灵活的工作时间，但要求其周平均工作时间不得超过 40 小时。企业对符合下列条件的职工，可以实行不定时工作制：①企业中的高级管理人员、外勤人员、推销人员、部分值班人员和其他因工作无法按标准工作时间衡量的职工；②企业中的长途运输人员、出租汽车司机和铁路、港口、仓库的部分装卸人员以及因工作性质特殊，需机动作业的职工；③其他因生产特点、工作特殊需要或职责范围的关系，适合实行不定时工作制的职工。

对于实行不定时工作制的劳动者，企业应当根据标准工作时间制度合理确定劳动者的劳动定额或其他考核标准，以便安排劳动者休息。其工资由企业按照本单位的工资制度和工资分配办法，根据劳动者的实际工作时间和完成劳动定额情况计发。对于符合带薪年休假的劳动者，企业可以安排其享受带薪年休假。表 8-1 对标准工时制、综合计算工时制和不定时工时制进行了比较。

表 8-1 三种不同工时制的比较

类别	标准工时制	综合计算工时制	不定时工时制
性质特点	工作时间定工作量	工作时间定工作量	直接确定工作量
适用范围	一般劳动者	特定的三类人员	特定的三类人员
主要内容	8 小时 / 天；40 小时 / 周	一般周期内平均 8 小时 / 天；40 小时 / 周	无固定时间要求
审批与否	不需要审批	需要劳动部门批准	需要劳动部门批准

以案说法 8-4

不定时工时制要支付加班工资吗？

姚某于 2018 年 4 月入职某体育发展公司担任私人健身教练。劳动合同实际履行过程中，姚某的薪资实际由工资和提成两部分构成，工资包含基本工资、满勤奖和加班补助，提成包括业绩提成金额和课时业绩金额。2018 年 10 月，姚某因个人原因离职，某体育发展公司已足额支付姚某 2018 年 4 月至 10 月的工资及提成。姚某于 2018 年 11 月就加班费问题申请仲裁，仲裁委员会决定不予受理。姚某诉雨花台区法院，要求判令某体育发展公司向其 2018 年 5 月 1 日至 2018 年 10 月的加班工资 79713 元。雨花台区法院认为，根据双方提交的证据表明，姚某的岗位具有不定时工作制的特点，且姚某的工资构成除基本工资外，还包括业绩提成、课时业绩等，某体育发展公司已经对其工作支付合理对价，故姚某无权要求用人单位另行支付加班费，判决驳回姚某的诉讼请求。后姚某提出上诉，市法院判决驳回上诉，维持原判。

🖋 **案例点评**

企业在执行不定时工时制时，必须注意：执行不定时工时制必须经过当地劳动部门审批；企业必须与执行不定时工时制的劳动者明确约定；不定时工时制不受加班时间限制，但要注意保证劳动者的休息权和身心健康。

私人健身教练作为新兴行业中的工作岗位，具有一定的职业特殊性，学员下班及休息时间往往是该岗位工作量较大的时段，教练可与学员自行确定上课时间。对于该行业劳动者是否加班、加班费的计算等问题要结合其实际工作特点、工资支付方式等综合予以认定。

资料来源：一些新类型案件成关注热点——市中院发布 2019 年度劳动争议十大典型案件 [EB/OL].（2020-04-08）[2024-05-19].https://mp.weixin.qq.com/s/bLtTK156l66N1eu3LGu6mg。内容有修改。

（六）弹性工作时间

弹性工作时间制度是指在工作周时数不便确定的前提下，在标准工作时间的基础上按照事先规定的工作办法，由职工个人自主安排工作时间长度的工时制度。对于实行弹性工作时间制度的职工，在一定单位期间内，在不超过法定劳动时间的前提下，即使特定日或特定周的所定劳动时间超过一日或一周所定劳动时间，也视其劳动时间为合法工作时间。这一制度承认了针对单位期间的变形法定劳动时间的合理性，因而在此意义上也称为变形劳动时间。在我国，弹性工时制度是标准工时制度的转换形式，每周工作时数不变；保证每天核心工作时数不缺勤，由职工个人安排上下班时间。

三、休息休假制度

（一）工间休息

单位工作时间内的间歇时间又称工间休息，是指单位工作时间内劳动者所享有的用以解除工作紧张状态的休息时间和满足自然生理需要的时间。一般是指工作过程中的短暂休息时间、午间休息、用膳以及如厕等时间。在我国，企事业单位要保证劳动者的工间休息，午间休息和用膳时间一般为 1～2 小时，特殊情况下不得少于半小时。工作不能中断的单位和企业，应保证职工在工作时间内有用膳和短暂休息时间。企事业单位应为职工提供休息的场所，工间操时间应算作职工的工作时间，但通常不得超过 20 分钟。

（二）两个工作日之间的休息

单位工作时间之间的间歇时间是指两个邻近工作日之间的休息时间，即一个工作日结束到下一个工作日开始前的一段时间，一般不少于 16 小时。这段时间职工可以自由支配，既可以用来学习提高自身素质和进行自我设计，也可以进行休闲娱乐丰富个人物质文化生活，但主要用来进行体力的恢复以保持健康并迎接以后的工作。实行"轮班制"的企事业单位，应合理安排工作时间以保证职工足够的休息时间。

（三）周休息时间

周休息时间又称公休假日，是指职工在完成整个工作周以后所享有的连续休息时间。在我国，法律保证职工在工作满一周以后享有一定的连续休息时间。公休假日一般安排在星期六和星期天。由于生产和社会生活需要，不能在星期六和星期天安排休息，可以安排职工在一周内轮流休息。自 1995 年起，国家机关、事业单位、社会团体实行标准工作时间制度，星期六和星期天为周休息日。条件不具备的企业和尚不能实行标准工作时间的事业单位，可以根据实际情况灵活安排周休息日。因公出差人员的公休假日，应在出差地点享用；因工作需要不能享用者，可以补休。

（四）法定节日

法定节日是指法律规定全体或部分公民所享有的用以开展庆祝纪念活动或参与政治活动以及用以娱乐休闲等的一段时间。法定节日包括全民节日和部分公民的节日；从来源上说，法定节日包括政治性节日、传统习惯性节日、职业性节日等。劳动法规定，用人单位在下列节日期间应当依法安排劳动者休假：元旦、春节、国际劳动节、国庆节；法律、法规规定的其他休假节日。2007 年 12 月 7 日国务院再次修订了《全国年节及纪念日放假办法》，自 2008 年 1 月 1 日起施行。新办法将我国的传统节日清明节、端午节和中秋节列入了全民节日。

（五）年休假

年休假是指工作满一定年限的劳动者每年享有保留本职工作并领取工资的连续休息时间。《劳动法》第四十五条规定："国家实行带薪年休假制度。""劳动者连续工作一年以上的，享受带薪年休假。具体办法由国务院规定。"年休假时间可因各种年限长短而有所不同。用人单位根据职工本人申请，统筹安排休假时间，以保证职工年休假权利的实现。

《职工带薪年休假条例》于 2007 年 12 月 7 日国务院第 198 次常务会议通过，自 2008 年 1 月 1 日起施行。该条例第二条规定，"机关、团体、企事业单位、民办非企业单位、有雇工的个体工商户等单位的职工连续工作 1 年以上的，享受带薪年休假（以下简称年休假）。单位应当保证职工享受年休假。职工在年休假期间享受与正常工作期间相同的工资收入"。

（六）探亲假

探亲假是指职工享有保留本职工作并领取工资与分居两地的父母或配偶团聚的假期。为了解决职工与亲属长期分居两地的探亲问题，1981 年 3 月第五届全国人民代表大会常务委员会第十七次会议批准《国务院关于职工探亲待遇的规定》，对相关问题作了规定。

（七）婚丧假

根据劳动部 1959 年 6 月 1 日发布的《劳动部对企业单位工人职员在加班加点、事假、病假和停工期间工资待遇的意见》（〔59〕中劳薪字第 67 号）中对于工人职员请婚丧假的有关规定和 1980 年 2 月国家劳动总局、财政部发布的《国家劳动总局、财政部关于国营企业职工请婚丧假和路程假问题的通知》（〔80〕劳总薪字 29 号）的规定，企业单位的职工请婚丧假在 3 个工作日以内的，工资照发；职工本人结婚或职工的直系亲属（父母、配偶和子女）死亡时，可以根据具体情况，由本单位行政领导批准，酌情给予 1～3 天的婚丧假；职工结婚时双方不在一地工作的；职工在外地的直系亲属死亡时需要职工本人去外地料理丧事的，都可以根据路程远近，另给予路程假；在批准的婚丧假和路程假期间，职工的工资照发。途中的车船费等，全部由职工自理。

四、加班、加点

（一）加班、加点的概念

加班是指劳动者按照用人单位的要求在法定节日或公休假日内从事生产或工作，通常以工作日计算。加点是指劳动者按照用人单位的要求在工作日以外继续从事生产或工作。加点实际上是延长工作时间的一种形式，通常以小时计算。

1995 年《国务院关于职工工作时间的规定》（国务院令第 174 号）严格

规范工作时间制度，规定任何单位和个人不得擅自延长职工工作时间。企业由于生产经营需要而延长职工工作时间的，应按劳动法有关规定执行。用人单位经与工会和劳动者协商后可以延长工作时间，一般每日不得超过 1 小时；因特殊原因需要延长工作时间的，在保障劳动者身体健康的前提下延长工作时间不得超过 3 小时，但是每月不得超过 36 小时；符合下列特殊情形和紧急任务之一的，用人单位延长工作时间可以不受正常情况下延长工作时间的限制：①发生自然灾害、事故或者因其他原因，威胁劳动者生命健康和财产安全，需要紧急处理的；②生产设备、交通运输线路、公共设施发生故障，影响生产和公众利益，必须及时抢修的；③法律、行政法规规定的其他情形。

（二）加班、加点的限制措施

为了保障劳动者的合法权益，促使企业改善经营管理，劳动法、劳动合同法、《劳动保障监察条例》规定，采取以下措施限制加班加点：①用人单位必须事先与工会和劳动者协商，得到允许才能加班加点。②增加用人单位加班加点的代价，确定较高的工资报酬。用人单位在劳动者完成定额或规定的工作任务后，安排劳动者在法定标准工作时间以外工作的，应按以下标准支付工资：在法定标准工作时间以外延长工作时间的，按照不低于劳动者本人小时工资标准的 150% 支付工资；在休息日安排劳动者工作又不能安排补休的，按照不低于劳动者本人日或小时工资标准的 200% 支付工资；在法定休假节日安排劳动者工作的，按照不低于劳动者本人日或小时工资标准的 300% 支付工资。实行计件工资的劳动者，用人单位安排延长工作时间的，应根据上述原则，分别按照不低于本人法定工作时间计件单价的 150%、200%、300% 支付其工资。实行综合计算工作时间的，超过法定标准工作时间部分应视为延长工作时间。实行不定时工作时间的劳动者，不执行上述规定。

◆以案说法 8-5

线上加班费如何认定？

李某于 2020 年 4 月入职某文化传媒公司，担任短视频运营总监，双方签订了期限自 2020 年 4 月 8 日至 2023 年 4 月 7 日的劳动合同，约定了三个月的试用期，试用期工资标准为每月 2 万元。李某在 2020 年 4 月 8 日至 2020 年 5 月 28 日任职期间，在非工作时间完成了回复设计方案、方案改进等工作。2020 年 5 月 28 日，某文化传媒公司以李某试用期不符合录用条件为由解除劳动关系，未支付李某加班费。李某认为某文化传媒公司存在未支付加班费等违法行为，申请劳动争议仲裁。后李某不服仲裁裁决，提出要求某文化传媒公司支付延时加班费 19670.5 元、双休日加班费 26331 元等诉讼请求。

审理法院认为，加班费数额应当综合劳动者岗位工作情况、用人单位业务特点及报酬给付标准等予以认定。因李某的工作无须在用人单位工作场所完成，且工作时间较为分散，难以量化考勤和进行科学的统计，审理法院根据李某提交的微信内容、自述公司的考勤时间及工资标准，酌情确定某文化传媒公司支付延时加班费 1 万元；根据微信内容等确定李某存在三天休息日到岗事实，判令某文化传媒公司支付休息日加班工资 5517.24 元。

📝 案例点评

"线上加班"发生在非工作时间、非工作地点，工作安排及成果提交由线下转向线上，具有居家化、碎片化特点，不同于传统意义上在用人单位的加班，存在用人单位难以对劳动者进行实时监督管理、劳动者亦难以举证证明其加班时长等难题。本案中，人民法院在认定"线上加班"加班费时，以劳动者提供的劳动占用其休息时间为认定标准，综合考虑劳动者的加班频率、时长、工资标准、工作内容等因素，酌情认定劳动者的加班费，依法保护劳动者的合法权益。

资料来源：最高法，人社部．全总发布涉欠薪纠纷典型案例 [EB/OL]．（2024-01-25）[2024-07-05].https://www.chinacourt.org/article/detail/2024/01/id/7783223.shtml。内容有修改。

《劳动和社会保障部关于职工全年月平均工作时间和工资折算问题的通知》（劳社部发〔2008〕3 号）中规定，制度工作时间的计算方法为：

年工作日：365 天 –104 天（休息日）–11 天（法定节假日）= 250 天。

季工作日：250 天 ÷4 季 = 62.5 天 / 季。

月工作日：250 天 ÷12 月 = 20.83 天 / 月。

日工资、小时工资的折算：

日工资：月工资收入 ÷ 月计薪天数。

小时工资：月工资收入 ÷（月计薪天数 ×8 小时）。

月计薪天数 =（365 天 –104 天）÷12 月 = 21.75 天。

工作小时数的计算：以月、季、年的工作日乘以每日的 8 小时。

加班费计算方法：

法定节假日加班工资＝月工资基数÷21.75×300%×加班天数。

双休日加班工资＝月工资基数÷21.75×200%×加班天数。

工作日加点工资＝月工资基数÷21.75×150%÷8×加点时间。

（三）加班加点的监管

县级以上各级人民政府劳动行政部门对本行政区域内的用人单位组织劳动者加班加点的工作依法监督检查，对违反劳动法规定的，视不同情况分别予以行政处罚：用人单位未与工会和劳动者协商，强迫劳动者延长工作时间的，应给予警告，责令改正，并可按每名劳动者每延长工作时间1小时罚款100元以下的标准处罚；用人单位每日延长劳动者工作时间超过3小时或每月延长工作时间超过36小时的，应给予警告，责令改正，并可按每名劳动者每超过1小时罚款100元以下的标准处罚。

以案说法 8-6

加班工资可以计入最低工资吗？

小王是北京某企业职工，由于该企业要抓紧完成一个订单，2013年3月和4月经常加班，其中每月还有两个休息日不休，但小王的工资每月才领到1500元。扣除加班加点工资报酬外，实领工资1180元。小王认为自己扣除加班工资后实际领取的工资低于北京市政府规定的最低工资标准1400元，企业应当补发相应工资，但企业认为小王的工资1500元已高于北京最低工资标准，因而不同意向小王增补工资。小王咨询：加班工资是否应该计入最低工资标准的范围？

案例点评

从法律规定来看，《最低工资规定》和《北京市最低工资规定》列举了最低工资标准的例外范围。《北京市最低工资规定》第六条第二款规定，劳动者在节假日或者超过法定工作时间从事劳动所得的加班、加点工资不计入最低工资标准。由此可以看出，加班工资是不计入最低工资的，用人单位对工资及最低工资的认识存在很大的错误。因此，公司应当补足小王的工资。

资料来源：加班工资不应计入最低工资[EB/OL].https://wenku.baidu.com/view/336ec22f915f804d2b16c1b1.html。内容有修改。

📚 **本章小结**

（1）工资是指劳动关系中，劳动者因履行劳动给付义务而获得的，由用人单位以法定方式支付的各种形式的物质补偿，一般包括计时工资、计件工资、奖金、津贴和补贴、延长工作时间的工资报酬以及特殊情况下支付的工资等。

（2）工资法律调整的原则包括：按劳分配的原则；在经济发展的基础上，逐步提高工资水平的原则；宏观调控原则；用人单位自主分配与劳动者协商原则。

（3）工资的形式有计时工资、计件工资、年薪制。

（4）最低工资是指劳动者在法定工作时间或依法签订的劳动合同约定的工作时间内提供了正常劳动的前提下，用人单位依法应当支付的最低劳动报酬。主要内容包括最低工资的确定、最低工资的范围、最低工资的计算与支付。

（5）工资应当以法定货币形式按时足额支付给劳动者本人，不得以实物及有价证券替代货币支付。用人单位必须书面记录支付劳动者工资的数额、时间、领取者的姓名以及签字，并保存两年以上备查。特殊情况下的工资，主要有加班加点工资，休假期间的工资，停工、停产期间的工资，履行国家或社会义务期间的工资，以及学习和培训期间的工资。

（6）工作时间又称劳动时间，是指依照法律的规定，劳动者在一昼夜或一周之内，用于完成本职工作的劳动时间。工作时间分为标准工作时间、缩短工作时间、延长工作时间、综合计算工作时间、不定时工作时间和弹性工作时间。

（7）休息休假包括：工间休息、两个工作日之间的休息、周休息时间、法定节日、年休假、探亲假、婚丧假。

（8）加班是指劳动者按照用人单位的要求在法定节日或公休假日内从事生产或工作，通常以工作日计算。加点是指劳动者按照用人单位的要求在工作日以外继续从事生产或工作。加点实际上是延长工作时间的一种形式，通常以小时计算。加班加点需要严格的限制和监管。

本章习题

一、单项选择题

1. 我国工资的法定货币支付原则的要求是（　　）。

A. 工资必须及时足额支付

B. 工资必须支付给劳动者本人

C. 工资必须以货币形式支付，特殊情况下可以以实物支付

D. 工资必须以人民币支付，不得以实物或外币支付

2. 根据劳动法规定，最低工资具体标准应当由（　　）规定。

A. 国务院

B. 各省、自治区、直辖市人民政府劳动行政部门

C. 各城市人民政府

D. 工会与用人单位签订集体合同规定

3. 可以实行不定时工作制的人员是（　　）。

A. 医务人员　　B. 锅炉工　　　C. 厨师　　　　D. 推销人员

4. 在法定标准工作时间以外，延长工作时间的，按照不低于劳动者本人小时工资标准的（　　）支付工资。

A. 150%　　　　B. 200%　　　　C. 300%　　　　D. 100%

5. 因特殊原因需要延长工作时间的，在保障劳动者身体健康的前提下延长工作时间，每日和每月分别不得超过（　　）小时

A. 3，12　　　　B. 3，36　　　　C. 1，12　　　　D. 1，30

二、多项选择题

1. 根据《劳动法》第四十五条和第五十一条规定，（　　）属于带薪休假。

A. 法定休假　　B. 年休假　　　C. 婚假　　　　D. 事假

2. 最低工资不包括（　　）。

A. 加班加点工资　　　　　　　B. 基本工资

C. 保险福利待遇　　　　　　　D. 特殊工作环境条件下的津贴

3. 王某是甲市某一国有企业的一名普通女员工，在三月份进行了以下的活动，按照我国现行的法律规定，应视同其正常劳动的有（　　）。

A. 3月8日妇女节，单位放假半天，王某去街上购物

B. 3月9日，王某因为熬夜看电影，上午没有去上班

C. 3 月 10 日，经批准，到丙省丁市去看望其父母，3 月 20 日才归来

D. 3 月 23 日，经批准，王某作为工会代表出席市工会的工会代表大会

三、案例分析题

2004 年 6 月，丁某与某美容美发厅签订了为期 3 年的劳动合同，从事美发工作。2005 年 11 月丁某报名参加了成人高考。由于上课地点距离美容美发厅比较远，丁某便向老板提出提前解除劳动合同。经协商，双方达成协议如下：丁某继续为美容美发厅工作 1 个月，工资待遇不变，双方于 2005 年 12 月 31 日正式解除合同。2005 年年末双方正式解除劳动合同，但美容美发厅拖欠了丁某 11 月和 12 月两个月的工资。对此，丁某可以采取哪些途径讨回工资？请你依据劳动法的有关劳动争议处理方式的规定，帮助丁某解决这起劳动争议。

第九章
劳动人事争议处理与劳动监察制度

🎯 学习目标

认知目标 ✪

复述劳动争议与人事争议的概念及异同点，阐述劳动人事争议和集体劳动争议的特点，指明劳动监察与劳动仲裁的区别，复述仲裁管辖和仲裁原则。

技能目标 ✪

结合实际，辨明仲裁受案范围；结合实际，明确集体合同争议的处理程序。

🐾 引导案例

微信圈诉苦　惹误会被辞？

现在用微信的人是越来越多，大家喜欢"晒自拍、晒心情"，而李女士则因为工作压力大，心情不好，在朋友圈里发表了一篇表达当时心情的文章，被公司领导误解为因工作原因而发，将她辞退了。此案的最大特点，就是该解除劳动关系纠纷涉及"微信朋友圈的互动记录和短信记录"。据李女士称，她在 2009 年 6 月 8 日入职北京某美容公司，第一份劳动合同期满后，公司没跟她续签劳动合同。在职期间，她每周六都加班，而且没休年假。2013 年 6

月4日，她因家庭琐事困扰，以"秋月"之名在微信朋友圈发表了一篇表达当时心情的文章，却被公司老板误解为因工作原因而发，便将她辞退。该微信称："躺在床上，扪心自问，自认坚强，不知还能坚持多久，也许快了，泪流满面……"随即，其微信圈中的"唐香香"发言，她就是该公司法定代表人。她称："如果一份工作让人如此悲伤，不做也罢！""你把我置于何地？周扒皮，筷（刽）子手？！这是公众平台，请所有员工自律！"几分钟后，见此回复的李女士忙发微信解释："唐总，我一直都非常尊重您，我说的和您说的不是一回事。"

李女士的律师也称，李女士当时发微信是因家庭琐事，与工作无关，怕唐总误会，才忙解释。然而，李女士还是被公司辞退了。随后，李女士提出仲裁申请，要求确认2009年6月8日至2013年6月6日双方存在劳动关系，索要2012年7月9日至2013年6月6日未续签合同2倍工资差额、支付拖欠的工资及25%经济补偿金、加班工资、在职期间的未休年假工资及违法解除劳动关系赔偿金。

✒ 案例点评

劳动人事争议仲裁委员会裁决确认双方存在劳动关系，裁决公司支付其中6天的工资、在职期间的未休年假工资以及解除劳动关系经济补偿金。该公司不服，提起诉讼。李女士的代理人认为该公司法人对李女士微信内容存在误解。而公司代理人当庭强调，微信是公众社交平台，具有开放性，"唐香香"的评论只是个人警示性评论，并没表示要辞退李女士。

经审理，法院认为，首先该公司法定代表人唐总与李女士互为微信朋友圈好友，但更具有管理与被管理的劳动关系，李女士在朋友圈发表的微信内容并未指向具体的人或事，但唐总的评论却明确指向了工作。其次李女士在唐总评论后立即用微信方式作出解释，而唐总于6月6日通过短信方式明确回应李女士，并要求李女士于当日办理了工作交接。据此，法院认定，该公司因李女士发表的微信而要求其离职，无事实及法律依据，属于违法解除双方劳动关系的行为。最后法院判决该公司支付李女士解除劳动关系经济补偿金1.4万元，并支付工资差额140余元、未休年假工资6000余元。

此外，法官特别提醒，作为电子证据的一种，微信证据亦存在认定难等特点，劳动者要注意取证方式、取证的及时性以及相关的补强证据，以提高证据的证明力。

资料来源：林靖．微信圈诉苦　惹误会被辞？［N］.北京晚报，2014-04-28。内容有修改。

第一节　劳动人事争议概述

一、劳动争议与人事争议

（一）劳动争议

劳动争议是指劳动关系双方当事人因实现劳动权利和履行劳动义务而发生的纠纷，又被称为"劳动纠纷""劳资纠纷"。

（二）人事争议

人事争议是人事关系双方因权利、义务发生分歧而产生的争议。其中，人事关系包括我国实施公务员法的机关与聘任制公务员之间、事业单位与编制内工作人员之间、社团组织与工作人员之间，以及军队文职人员聘用单位与文职人员之间四组关系。值得注意的是，事业单位只有与编制内工作人员在劳动权利与义务方面产生纠纷才能被视为人事争议。如果事业单位与编制外人员或劳务派遣人员发生了相关纠纷，仍属于劳动争议。人事争议具有以下几个特征。

1. 主体多元化

主体多元化是指作为人事争议的用人单位包括聘任制机关、事业单位、社会团体和军队文职人员聘用单位等多个主体。

2. 内容复杂化

人事争议多涉及社会保险、工资报酬、身份确认、退休审批等"附随性"对象，而社会保险与身份确认又直接与事业单位分类改革、人事制度改革同步发生，增加了人事争议内容的复杂性。

3. 争议敏感化

争议敏感化体现为对争议当事人的经济利益与身份归属两方面的冲击。首先，经济利益的变动从根本上直接影响了争议当事人的基本生活；其次，因辞职、辞退和人员流动造成的人事关系变动，直接冲击着争议当事人的传统身份归属观念。

（三）劳动争议处理与人事争议处理的异同点

1. 劳动争议处理与人事争议处理的相同点

劳动争议处理与人事争议处理的相同点，主要表现在以下几方面：

（1）立法宗旨相同，即保护当事人合法权益。

（2）争议处理原则相同，即遵循合法、公正、及时、着重调解的原则。

（3）仲裁办案程序相同。劳动人事争议按照《中华人民共和国劳动争议调解仲裁法》（主席令第八十号）（以下简称《劳动争议调解仲裁法》）及《劳动人事争议仲裁办案规则》规定的程序处理。

（4）仲裁机构相同。按照《劳动人事争议仲裁组织规则》规定，这两类争议都由劳动人事争议仲裁委员会处理。

（5）争议处理基本制度相同。这两类仲裁都实行仲裁庭制度、合议制度、回避制度、公开审理制度、一裁两审制度。

（6）仲裁与司法的衔接相同。这两类争议仲裁当事人对仲裁裁决不服，均可以向法院提起民事诉讼寻求司法的最后保障。对生效裁决一方当事人不履行的，另一方当事人可以向法院申请强制执行。

2. 劳动争议处理与人事争议处理的不同点

劳动争议处理与人事争议处理的不同点，主要表现在以下几方面：

（1）争议主体不同。根据《劳动争议调解仲裁法》第二条规定，劳动争议主要发生在境内的用人单位（企业、个体经济组织、民办非企业单位等）与劳动者之间发生的下列劳动争议：因确认劳动关系发生的争议；因订立、履行、变更、解除和终止劳动合同发生的争议；因除名、辞退和辞职、离职发生的争议；因工作时间、休息休假、社会保险、福利、培训以及劳动保护发生的争议；因劳动报酬、工伤医疗费、经济补偿或者赔偿金等发生的争议。

根据《人事争议处理规定》第二条规定，人事争议主要发生：实施公务员法的机关与聘任制公务员之间、参照《中华人民共和国公务员法》管理的机关（单位）与聘任工作人员之间因履行聘任合同发生的争议；事业单位与工作人员之间因解除人事关系、履行聘用合同发生的争议；社团组织与工作人员之间因解除人事关系、履行聘用合同发生的争议；军队聘用单位与文职人员之间因履行聘用合同发生的争议。

（2）受案范围不同。劳动争议主要是劳动报酬、社会保险、终止和解除劳动合同等经济利益争议；而人事争议主要是除名、辞退、辞职、离职等解除人事关系以及履行聘用合同发生的争议。

（3）管辖方式不同。劳动争议主要是地域管辖；而人事争议采取地域管辖与级别管辖相结合的做法，更强调级别管辖。

（4）法律适用不同。劳动争议处理主要依据劳动合同法、劳动法、劳动争议调解仲裁法及其他配套规章政策；而人事争议处理依据比较复杂，最高法院有关司法解释规定，人民法院对事业单位争议案件的实体处理应当适用人事方面的法律规定，但涉及事业单位工作人员劳动权利的内容在人事法律中没有规定的，适用劳动法的有关规定。《劳动合同法》第九十六条进一步规定："事业单位与实行聘用制的工作人员订立、履行、变更、解除或者终止劳动合同，法律、行政法规或者国务院另有规定的，依照其规定；未作规定的，依照本法有关规定执行。"军队文职人员聘用单位与文职人员人事争议处理，主要依据《中国人民解放军文职人员条例》[中华人民共和国国务院、中华人民共和国中央军事委员会令（第757号）]。

（5）调解组织不同。劳动争议主要由企业、乡镇街道劳动争议调解组织和基层人民调解组织调解；人事争议当事人既可以在事业单位人事争议调解委员会调解，也可以向主管部门申请调解，其中军队聘用单位与文职人员的人事争议，可以向聘用单位的上一级单位申请调解。

二、争议的构成要素

（一）争议的主体

劳动争议的主体就是劳动争议的当事人，劳动权利义务的承受者。根据劳动法、劳动合同法和《劳动人事争议仲裁办案规则》（中华人民共和国人力资源和社会保障部令第33号）规定，劳动争议的主体包括在中华人民共和国境内的企业、个体经济组织、民办非企业单位等组织和劳动者，以及机关、事业单位、社会团体和与之建立劳动关系的劳动者。

需要指出的是，根据《劳动争议调解仲裁法》与《劳动人事争议仲裁办案规则》（人力资源社会保障部令第33号）规定，人事争议的主体包括实施公务员法的机关与聘任制公务员、参照公务员法管理的机关（单位）与聘任工作人员、事业单位与其建立人事关系的工作人员、社会团体与其建立人事关系的工作人员、军队文职人员用人单位与聘用制文职人员。

（二）争议的客体

劳动争议的客体是指劳动争议主体的权利义务所指向的对象，即劳动人事争议所要达到的目的与结果，包括行为、物及与人身相联系的非物质财富。例如，劳动争议的客体包括解除劳动合同行为，具体的工资、奖金、福利、劳动设施等。

人事争议的客体包括解除聘用（聘任）合同、除名、辞退、辞职、离职等。

（三）争议的内容

劳动争议的内容是劳动权利和劳动义务。如果没有劳动立法或劳动合同规定劳动关系双方的劳动权利和义务，也就无法形成劳动争议。这些劳动权利和义务主要内容包括人们在劳动过程中产生的岗位分工及协作，技能培训及考核，工作时间、休息时间及劳动生产条件，贡献与劳动报酬等。

人事争议的内容主要是依据人事管理立法规定或聘用（聘任）合同约定的权利和义务内容。

第二节　劳动人事争议的特点及解决途径

一、劳动人事争议的特点

（一）劳动人事争议的主体是特定的，且内含于劳动关系而存在

劳动争议的一方是用人单位，另一方必然是与之确立劳动法律关系或存在事实劳动关系的劳动者；人事争议的一方是国家机关、事业单位、社会团体与军队聘用单位，另一方分别是国家机关工作人员、事业单位编制内工作人员、社团工作人员与军队聘用单位的文职人员。劳动人事争议涉及的工作人员，是与上述对应的用人单位签订劳动合同、聘用合同，形成劳动法律关系；或虽然没有签订书面劳动合同，却形成事实劳动关系的自然人。劳动人事争议涉及的劳动者或工作人员，在多数情况下是个人，也可以是多个职工组织起来的集体，如工会。但是，如果争议涉及的主体双方不是用人单位与劳动人事争议涉及的劳动者或工作人员，而是用人单位与用人单位，或者劳

动者与劳动者，或者劳动者与人事争议涉及的工作人员，或者人事争议涉及的工作人员与其他工作人员，那么彼此间的争议就不能称为劳动人事争议。

（二）劳动人事争议的内容是特定的

劳动人事争议的内容必须是在社会生产劳动过程中，劳动关系双方因实现劳动权利、履行劳动义务而引发的纠纷。用人单位与劳动者及人事争议涉及的工作人员之间的争议并非都是劳动争议，当且仅当涉及劳动关系双方当事人之间的劳动权利义务时，才是劳动人事争议。

（三）劳动人事争议复杂性

劳动人事争议的复杂性体现在当事人复杂、争议内容复杂与诉求复杂三方面。

1. 当事人复杂

当事人复杂，既有企业与职工（包括劳动合同制职工、劳务派遣工以及农民工等），又有事业单位与工作人员，还有军队与文职人员。

2. 争议内容复杂

争议内容复杂，拖欠工资、欠缴社会保险费和确认劳动关系等历史积累的案件突出。

3. 诉求复杂

诉求复杂，案件已由单一诉求向多维诉求发展，大部分案件都涉及劳动报酬、社会保险、经济补偿、违约金、赔偿金等内容，审理难度大。

二、劳动人事争议的解决途径

劳动人事争议的解决途径主要有协商和解、调解、仲裁和诉讼四种方式，劳动人事争议处理流程如图 9-1 所示。

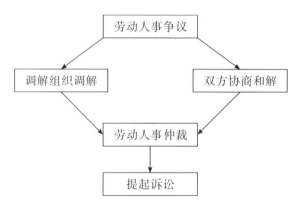

图 9-1 劳动人事争议处理流程

（一）协商和解

　　劳动人事争议的协商和解，是指劳动者与用人单位为解决劳动争议，通过平等自愿、互谅互让的沟通商谈，在认清事实、明辨是非的情况下，化解矛盾达成共识的过程。双方当事人这种自主化解争议的方式，是当事人解决争议的首要途径，并贯穿于争议处理全过程。《劳动争议调解仲裁法》第四十一条规定："当事人申请劳动争议仲裁后，可以自行和解。达成和解协议的，可以撤回仲裁申请。"它表明协商和解是争议解决过程中可随时采用的最便捷的方式。

（二）调解

　　劳动人事争议的调解，是指在第三方主持下，依据法律规范和道德规范，劝说争议双方当事人，通过民主协商，互谅互让，达成协议，从而消除争议的一种方法与活动。第三方包括各类调解组织、劳动人事争议仲裁委员会或法院。其中，劳动争议基层调解组织包括企业劳动争议调解委员会、依法设立的基层人民调解组织，以及在乡镇、街道设立的具有劳动争议调解职能的组织；人事争议调解组织包括设立在机关、事业单位和军队文职人员聘用单位内部，以及上述单位的上级主管部门的调解组织。这些基层调解组织在解决劳动人事争议的过程中，发挥着软组织、硬功夫的作用。

　　调解原则也贯穿于争议处理程序始终，根据《劳动争议调解仲裁法》第四十二条规定："仲裁庭在作出裁决前，应当先行调解。调解达成协议的，仲裁庭应当制作调解书。调解书应当写明仲裁请求和当事人协议的结果。调解书由仲裁员签名，加盖劳动争议仲裁委员会印章，送达双方当事人。调解书经双方当事人签收后，发生法律效力。调解不成或者调解书送达前，一方当事人反悔的，仲裁庭应当及时作出裁决。"这表明调解在劳动争议仲裁中是法定程序。

以案说法 9-1

仲裁委制作的调解协议在签收前仍可反悔

赵小姐大学毕业后，与上海某合资生物制药公司签订了 5 年的劳动合同。公司发现赵小姐理论基础扎实、技术能力突出，又没有家庭负担，于是总是给她安排大量的工作任务。尽管研发任务紧，几乎每天都要加班，但赵小姐刚开始觉得可以通过这些研发任务来提高自己的业务水平，并未觉得有何不妥。但随着时间的推移，赵小姐也有一些自己的事情要做，于是她向公司提出，希望公司能减少其工作量，并说明了理由。但是，公司并不同意。赵小姐认为自己在工作日 8 小时内认真做好工作就可以了，如果没有其他安排可以适当加班，但是不能长期加班。随后赵小姐每天正常工作 8 小时，按点下班，工作任务没有完成的，第二天再完成。公司对此非常不满，此后不久便解除了与赵小姐的劳动合同。赵小姐认为公司解除劳动合同的行为没有法律依据，于是申请劳动人事争议仲裁。

劳动人事争议仲裁委员会受理案件后，开庭审理时，仲裁员征求双方意见是否愿意调解。公司此时自觉理亏，同意调解，赵小姐也知道现在找工作不容易，也同意调解，双方愿意恢复劳动关系。仲裁庭决定庭审结束，不日将作出调解书。赵小姐出于对恢复劳动关系以后工作连续性的考虑，主动与公司进行了联系，谁知此时公司的态度则非常蛮横，说："回来可以，不过原来的项目不要做了，先检讨一段时间再说。"赵小姐对公司这种前后不一的行为非常气愤，在接到次日仲裁庭寄来的调解书时拒绝签收，并直接打电话给仲裁员表示自己反悔，无意与公司进行调解，要求仲裁庭依法裁决公司解除劳动合同的行为违法，并依法支付双倍经济补偿金。仲裁委员会接受了赵小姐的意见，继续审理此案。

案例点评

根据《中华人民共和国仲裁法》第五十二条规定："调解书应当写明仲裁请求和当事人协议的结果。调解书由仲裁员签名，加盖仲裁委员会印章，送达双方当事人。调解书经双方当事人签收后，即发生法律效力。在调解书签收前当事人反悔的，仲裁庭应当及时作出裁决。"因此，当一方当事人不签收时，调解书作废。

资料来源：王桦宇．劳动合同法实务操作与案例精解 [M].北京：中国法制出版社，2008。内容有修改。

（三）仲裁

争议仲裁是一项具有准司法性质的处理劳动人事争议的方法。生效的劳动人事争议仲裁裁决具有国家强制力。一般而言，争议仲裁包括劳动争议仲裁与人事争议仲裁。但由于《劳动人事争议仲裁办案规则》统一了劳动人事争议仲裁办案程序，而《劳动人事争议仲裁组织规则》（中华人民共和国人力资源和社会保障部令第 34 号）统一了劳动人事争议仲裁机构，因此，目前劳动争议处理与人事争议处理在仲裁办案程序与仲裁机构上已经统一。在组织设立方面，根据《劳动人事争议仲裁组织规则》第二条规定："劳动人事争议仲裁委员会（以下简称仲裁委员会）由人民政府依法设立，专门处理争议案件。"在人员组成方面，《劳动人事争议仲裁组织规则》第五条规定："仲裁委员会由干部主管部门代表、人力资源社会保障等相关行政部门代表、军队文职人员工作管理部门代表、工会代表和用人单位方面代表等组成。"

要注意的是，利益争议只能依靠人力资源社会保障部门协调进行解决，不能申请仲裁。因签订集体合同发生的集体合同争议是对利益争议的一种法律表述，不能申请仲裁。除此之外，如果要解决其他的劳动人事争议，必须经劳动人事争议仲裁程序。只要当事人一方申请仲裁，且符合受案条件，劳动人事争议仲裁委员应给予受理；当事人如果要起诉到法院，必须先经过仲裁，否则人民法院不予受理。

（四）诉讼

《劳动争议调解仲裁法》第五十条规定："当事人对本法第四十七条规定以外的其他劳动争议案件的仲裁裁决不服的，可以自收到仲裁裁决书之日起十五日内向人民法院提起诉讼；期满不起诉的，裁决书发生法律效力。"因此，当事人向人民法院提起劳动人事争议诉讼必须满足两个条件：一是劳动人事争议已经经过仲裁；二是满足自收到裁决书之日起 15 日内向人民法院提起诉讼的时间要求。

目前，人民法院依据《民事诉讼法》规定，对劳动人事争议案件进行审理，实行二审终审制，即如果劳动人事争议的当事人不服一审人民法院的判决，可向上一级人民法院上诉，后者的判决是二审判决，是生效的终审判决，当事人必须执行。

要注意的是，即使用人单位对《劳动争议调解仲裁法》第四十七条规定的劳动人事争议案件终局裁决持有异议，也不得向人民法院提起诉讼。但是，根据《劳动争议调解仲裁法》第四十九条规定："用人单位有证据证明本法第四十七条规定的仲裁裁决有下列情形之一，可以自收到仲裁裁决书之日起三十日内向劳动争议仲裁委员会所在地的中级人民法院申请撤销裁决：（一）适用法律、法规确有错误的；（二）劳动争议仲裁委员会无管辖权的；（三）违反法定程序的；（四）裁决所根据的证据是伪造的；（五）对方当事人隐瞒了足以影响公正裁决的证据的；（六）仲裁员在仲裁该案时有索贿受贿、徇私舞弊、枉法裁决行为的。人民法院经组成合议庭审查核实裁决有前款规定情形之一的，应当裁定撤销。仲裁裁决被人民法院裁定撤销的，当事人可以自收到裁定书之日起十五日内就该劳动争议事项向人民法院提起诉讼。"

第三节　劳动人事争议仲裁

一、仲裁的概念和特征

（一）劳动人事争议仲裁的概念

仲裁是指公认的权威机构依据法律规定和当事人的申请，对双方的争议事项作出裁决的过程和活动。

理解劳动人事争议仲裁的概念，要把握以下四点：①仲裁的对象是劳动人事纠纷。纠纷的种类有很多，如民事纠纷、行政纠纷、劳动人事纠纷等，其中只有劳动人事纠纷才属于劳动人事争议的受案范围。②仲裁机构具有权威性和公正性。"仲裁"意即"居中公断"，这就要求仲裁机构具有一定的权威性，并保证裁决的公正性。一般而言，劳动人事争议仲裁机构都是由国家法律授权的专门机构。③自愿提交。劳动仲裁是事后监督，不告不究。因此，劳动争议当事人应当以书面形式向劳动争议仲裁机构提出仲裁申请，仲裁程序才开始启动。同时，对于仲裁机构的选择，也有当事人协议选定。《中华人民共和国仲裁法》（主席令第三十一号）（以下简称《仲裁法》）第六条规定："仲裁委员会应当由当事人协议选定。仲裁不实行级别管辖和地域管辖。"

④仲裁结果具有法律约束力。劳动争议仲裁调解书和裁决书的内容对劳动人事争议当事人履行义务、承担责任具有制约作用，由法院按照一定程序保障其实施。

劳动人事争议仲裁包括两种形式，即仲裁调解和仲裁裁决。仲裁调解是指在仲裁员的主持下，双方当事人自愿协商、互让互谅达成协议解决争议的方式。仲裁裁决是指在仲裁调解不成的情况下，由仲裁员对案件作出具有法律约束力的裁决的方式。劳动人事争议仲裁流程如图9-2所示。

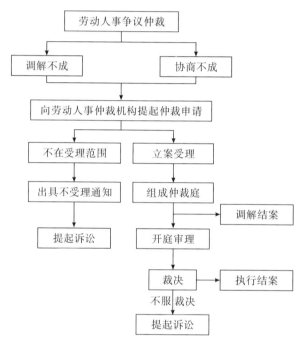

图 9-2　劳动人事争议仲裁流程

（二）劳动人事争议仲裁的特征

1. 劳动人事争议仲裁是诉讼的前置程序

《劳动争议调解仲裁法》第五条规定："发生劳动争议，当事人不愿协商、协商不成或者达成和解协议后不履行的，可以向调解组织申请调解；不愿调解、调解不成或者达成调解协议后不履行的，可以向劳动争议仲裁委员会申请仲裁；对仲裁裁决不服的，除本法另有规定的外，可以向人民法院提起诉讼。"从该条可以看出，协商和调解是在双方当事人自愿的原则下选择进行的，当事人也可以直接申请仲裁，但仲裁实行的是强制仲裁的原则，是诉讼的前置程序，即不经过仲裁处理，劳动争议当事人就无权向人民法院提起劳动争议诉讼。

2. 合理分配举证责任，特别强调用人单位的举证责任

在劳动争议案件中，由于劳动关系具有从属性，用人单位掌握和管理劳动者的档案、工资、社会保险等材料，劳动者面临举证困难的问题，如果没有强制要求，用人单位显然不愿意提供这些可能对自己不利的证据。为了保护劳动者的合法权益，我国的劳动人事争议仲裁制度合理地分配了举证责任，强调了用人单位的举证责任。《劳动争议调解仲裁法》第六条规定："发生劳动争议，当事人对自己提出的主张，有责任提供证据。与争议事项有关的证据属于用人单位掌握管理的，用人单位应当提供；用人单位不提供的，应当承担不利后果。"

3. 部分案件实行有条件的"一裁终局"

为防止一些用人单位通过恶意诉讼来拖延时间、加大劳动者的维权成本，劳动争议调解仲裁法在仲裁环节规定对部分案件实行有条件的"一裁终局"。这部分案件包括：

（1）追索劳动报酬、工伤医疗费、经济补偿或者赔偿金，不超过当地月最低工资标准 12 个月金额的争议。

（2）因执行国家的劳动标准在工作时间、休息休假、社会保险等方面发生的争议。

发生这类争议时，劳动者在法定期限内不向法院提起诉讼，或者用人单位向法院提起撤销仲裁裁决申请被驳回的情况下，仲裁裁决为终局裁决，裁决书自作出之日起发生法律效力。

4. 处理案件迅速、及时，维权成本低

为了缩短维权时间、降低维权成本，我国的劳动人事争议仲裁制度都做了相应的安排。《劳动争议调解仲裁法》规定，劳动争议仲裁委员会收到仲裁申请之日起 5 日内要给申请人答复，予以受理的案件要在受理仲裁申请之日起 45 日内作出仲裁裁决。这样的规定就保证了劳动人事争议案件能够迅速、及时地得到解决，保障当事人的合法权益。同时，《劳动争议调解仲裁法》第五十三条规定："劳动争议仲裁不收费。劳动争议仲裁委员会的经费由财政予以保障。"

二、仲裁受案范围

劳动人事争议仲裁的受案范围是指法律法规对各级劳动人事争议仲裁委员会管辖哪些劳动争议案件所作的规定。《劳动争议调解仲裁法》第二条对劳动争议案件的内容作了详细的规定，具体包括以下内容。

（一）因确认劳动关系发生的争议

因确认劳动关系发生的争议是指劳动者与用人单位就双方之间是否存在劳动关系而发生的争议。《劳动和社会保障部关于确立劳动关系有关事项的通知》（劳社部发〔2005〕12号）提出认定劳动关系应具备以下三项条件：

（1）用人单位和劳动者符合法律、法规规定的主体资格。

（2）用人单位依法制定的各项劳动规章制度适用于劳动者，劳动者受用人单位的劳动管理，从事用人单位安排的有报酬的劳动。

（3）劳动者提供的劳动是用人单位业务的组成部分。

（二）因订立、履行、变更、解除和终止劳动合同发生的争议

1. 劳动合同订立

劳动合同订立是指劳动者和用人单位通过平等协商，明确双方之间的权利和义务，最终签订劳动合同达成合意的过程。常见的订立劳动合同争议包括：①劳动者要求用人单位签订无固定期限劳动合同的争议；②用人单位与劳动者建立劳动关系时未订立劳动合同，劳动者要求补签劳动合同的争议；③劳动合同期满后，双方因续订劳动合同发生的争议；④要求确认订立的劳动合同无效的争议。

2. 劳动合同履行

劳动合同履行是指劳动合同在依法订立生效后，双方当事人按照劳动合同约定履行其义务，共同完成劳动过程和实现劳动权益的法律行为。劳动争议调解仲裁法将各类争议类型单独列出，此处履行劳动合同争议主要表现为用人单位未按合同约定，及时足额支付劳动报酬或提供劳动保护、劳动条件发生的争议；劳动者对用人单位规章制度有异议，要求撤销处理决定发生的争议等。

3. 劳动合同变更

劳动合同变更是指依法订立的劳动合同在尚未履行或者未完全履行之前，

合同双方当事人就已订立的劳动合同的部分条款进行修改、补充的法律行为。劳动合同变更争议主要集中在因工作岗位、待遇调整引发的争议，《劳动合同法》实施后，因用人单位变更工作地点、变更投资人、改变企业性质等引发的变更劳动合同争议逐渐增多。

4. 劳动合同解除和终止

《劳动合同法》第三十六条至第四十三条对劳动合同的解除条件和解除程序做了全面详细的规定，第四十四条规定了劳动合同终止的法定条件，第四十五条规定了限制解除终止劳动合同的条件。实践中劳动合同解除和终止争议主要表现在：①用人单位以劳动者严重违反规章制度、不胜任工作或经济性裁员等理由解除劳动合同引发争议；②劳动者以用人单位未及时足额支付劳动报酬、未依法缴纳社会保险等理由要求与用人单位解除劳动合同引发争议；③用人单位违法解除、终止劳动合同引发争议；④用人单位关闭破产引发争议等。

（三）因除名、辞退和辞职、离职发生的争议

除名是指用人单位专门对无正当理由经常旷工，经批评教育无效，且旷工时间超过法定期限的职工，依法采取的一种强行解除劳动关系的行政处理措施。

辞退是用人单位解雇职工的一种行为，是指用人单位由于某种原因与职工解除劳动关系的一种强制措施。根据原因的不同，可分为违纪辞退和正常辞退。

辞职即辞去职务，是劳动者向用人单位提出解除劳动合同或劳动关系的行为。辞职一般有两种情形：一是依法立即解除劳动关系；二是根据职工自己的选择，提前 30 日以书面形式通知用人单位解除劳动合同关系。

离职是指因退休、辞职、停职、免职、死亡等原因，未经辞职或解除合同等手续，离开其所担任的职位或工作岗位。

（四）因工作时间、休息休假、社会保险、福利、培训以及劳动保护发生的争议

（1）因工作时间、休息休假发生的争议，主要涉及用人单位规定的工作时间是否符合有关法律的规定，劳动者是否能够享受国家的法定节假日和带薪休假的权利，用人单位实行计件工资制导致工作时间过长，因加班加点而引发的争议等。

（2）社会保险争议主要涉及用人单位未依法为劳动者缴纳社会保险时，参照法律、法规规定的社会保险待遇标准支付劳动者相关待遇的争议。社会保险征缴、核定等属于社会保险征缴机构的法定职权，不属于劳动人事争议仲裁处理范围。

（五）因劳动报酬、工伤医疗费、经济补偿或者赔偿金等发生的争议

此类争议涉及劳动者与用人单位因金钱给付问题发生的劳动争议。

1. 因劳动报酬发生的争议

劳动报酬是劳动关系中，劳动者因履行劳动义务而获得的由用人单位以法定方式支付的各种形式的物质报酬。劳动报酬争议主要包括因工资支付发生的争议、因工资标准发生的争议、因加班加点工资发生的争议等。

2. 因工伤医疗费发生的争议

广义的工伤医疗费包括挂号费、检查费、治疗费、药费、住院费、住院伙食补助费、就医路费、统筹地区以外就医的交通、食宿费等相关费用。如用人单位依法参加了工伤保险，工伤医疗费由工伤保险基金和用人单位按规定分别予以承担；如用人单位未参加工伤保险，则由用人单位全额支付。

3. 因经济补偿金发生的争议

经济补偿金是用人单位根据国家规定或者劳动合同的约定在与劳动者解除或终止劳动合同，或在拖欠、克扣劳动者的工资，以及在要求劳动者履行竞业限制义务时，以货币形式直接支付给劳动者的补偿费用或额外补偿费用。

4. 因赔偿金发生的争议

赔偿金是法律、法规规定用人单位因违法或违约行为向劳动者支付的赔偿费用，以及劳动者因违法或违约行为应当向用人单位支付的赔偿费用。

（六）法律、法规规定的其他劳动争议

这类争议包括：《劳动合同法》第五十六条规定，"因履行集体合同发生争议，经协商解决不成的，工会可以依法申请仲裁、提起诉讼"。《工伤保险条例》第六十三条规定，无营业执照或者未经依法登记、备案的单位以及被依法吊销营业执照或者撤销登记、备案的单位的职工受到事故伤害或者患职业病的，由该单位向伤残职工或者死亡职工的近亲属给予一次性赔偿，赔偿标准不得低于本条例规定的工伤保险待遇；用人单位不得使用童工，用人单

位使用童工造成童工伤残、死亡的，由该单位向童工或者童工的近亲属给予一次性赔偿，赔偿标准不得低于本条例规定的工伤保险待遇。具体办法由国务院社会保险行政部门规定。前款规定的伤残职工或者死亡职工的近亲属就赔偿数额与单位发生争议的，以及前款规定的童工或者童工的近亲属就赔偿数额与单位发生争议的，按照处理劳动争议的有关规定处理。

三、仲裁管辖

劳动争议仲裁管辖是指劳动争议仲裁机构受理劳动争议案件的权限和范围，即规定当事人应向哪一个仲裁机构申请仲裁，由哪一个机构负责受理的法律制度。我国现行的劳动争议仲裁管辖，是参照民事诉讼法的有关规定，分为地域管辖、级别管辖、移送管辖和指定管辖。劳动争议仲裁管辖的原则是方便原则，为当事人的申诉、应诉提供方便，为劳动人事争议仲裁委员会审理案件提供方便，避免当事人因仲裁造成过重的负担，影响正常的生活。

（一）地域管辖

地域管辖是指同级劳动争议仲裁机构按空间范围确定受理劳动争议案件的分工。地域管辖分为一般地域管辖、特殊地域管辖和专属管辖。

1. 一般地域管辖

一般地域管辖是指按照当事人的所在地划分案件管辖。《劳动争议调解仲裁法》第二十一条第一款规定："劳动争议仲裁委员会负责管辖本区域内发生的劳动争议。"

2. 特殊地域管辖

特殊地域管辖是指某种劳动争议案件依据特定标准，如劳动法律关系产生、变更和消灭的所在地，由某地仲裁委员会管辖。《劳动争议调解仲裁法》第二十一条第二款规定："劳动争议由劳动合同履行地或者用人单位所在地的劳动争议仲裁委员会管辖。双方当事人分别向劳动合同履行地和用人单位所在地的劳动争议仲裁委员会申请仲裁的，由劳动合同履行地的劳动争议仲裁委员会管辖。"同时，《劳动人事争议仲裁办案规则》第八条规定："劳动合同履行地为劳动者实际工作场所地，用人单位所在地为用人单位注册、登记地或者主要办事机构所在地。用人单位未经注册、登记的，其出资人、开办单位或者主管部门所在地为用人单位所在地。双方当事人分别向劳动合同履行地和用人单位所在地的仲裁委员会申请仲裁的，由劳动合同履行地的仲裁委员会管辖。有多个劳动合同履行地的，由最先受理的仲裁委员会管辖。劳动合同履行地不明确的，由用人单位所在地的仲裁委员会管辖。案件受理后，劳动合同履行地或者用人单位所在地发生变化的，不改变争议仲裁的管辖。"

3. 专属管辖

专属管辖是指法定的某国家机关经立法授权，依法确定某种劳动争议案件专属某地仲裁委员会管辖，当事人不能以协议的方式加以变更，具有强制性和排他性。凡属专属管辖的争议案件，当事人不得以协议管辖的方式予以变更。

专属管辖与一般地域管辖或特别地域管辖的关系是一种排斥关系，即只要法律规定了专属管辖，就不得再适用一般地域管辖或特别地域管辖。对于法律规定属于专属管辖的争议案件，当事人只能向法律规定的有管辖权的仲裁机构提起仲裁。

以案说法 9-2

公司注册地与工作地不一致的，应由哪一地仲裁委管辖？

2008 年某职业经理人甲与浙江某知名建筑工程公司 A 签订了劳动合同，约定 A 公司派甲至上海成立的子公司 B 开发一房地产项目，并约定该项目最终利润的 10% 作为对甲的奖励，甲的月薪为 10000 元。2008 年底子公司 B 正式成立，甲走马上任，任总经理，全面负责 B 公司工作，甲的工资由子公司 B 发放。2009 年底项目临近尾声时，A 公司通知甲因其有违规行为停职并另行安排工作，但时逾一个多月，A 公司仍未给甲安排新工作，每月只发给甲生活费 800 元。甲要求恢复工作并补发工资未果，遂以 A 公司为被诉人向上海市某区劳动人事争议仲裁委员会提起仲裁。劳动人事争议仲裁委员会以 A 公司在浙江为由决定不受理。甲随即向该区人民法院提起诉讼，区法院受理后，A 公司提出管辖权异议，要求将案件移送浙江某市某区人民法院审理，区人民法院裁定驳回了异议。

案例点评

《劳动争议调解仲裁法》第二十一条规定："劳动争议仲裁委员会负责管辖本区域内发生的劳动争议。劳动争议由劳动合同履行地或者用人单位所在地的劳动争议仲裁委员会管辖。双方当事人分别向劳动合同履行地和用人单位所在地的劳动争议仲裁委员会申请仲裁的，由劳动合同履行地的劳动争议仲裁委员会管辖。"因此，上海市某区劳动人事争议仲裁委员会不予受理案件的做法是错误的，而区人民法院驳回 A 公司的管辖异议是正确的。

资料来源：王桦宇 . 劳动合同法实务操作与案例精解 [M]. 北京：中国法制出版社，2008。内容有修改。

（二）级别管辖

级别管辖是指上下级仲裁委员会之间对于受理劳动争议案件的分工和权限，它主要根据案件的性质、影响范围和繁简程度确定。根据我国法律、法规的规定，县、市、市辖区仲裁委员会负责本行政区域内发生的劳动争议。设区的市的仲裁委员会和市辖区的仲裁委员会受理劳动争议案件的范围，由省、自治区人民政府规定。国务院劳动行政部门依照有关法律规定制定仲裁规则。省、自治区、直辖市人民政府劳动行政部门对本行政区域的劳动争议仲裁工作进行指导。

（三）移送管辖

移送管辖是指仲裁委员会将已受理的但不属于本辖区管辖的劳动争议案件移送给有管辖权的仲裁委员会。就其实质而言，移送管辖是对案件的移送，而不是对案件管辖权的移送。它是在管辖发生错误时而采取的一种补救措施。《劳动人事争议仲裁办案规则》第九条第一款规定："仲裁委员会发现已受理案件不属于其管辖范围的，应当移送至有管辖权的仲裁委员会，并书面通知当事人。"

（四）指定管辖

指定管辖是指上级劳动争议仲裁委员会以裁定方式，指定下级劳动争议仲裁委员会对某一案件行使管辖权。其目的在于，确保在特殊情况下由指定的劳动争议仲裁委员会审理劳动争议案件，保证案件的及时、正确处理。《劳动人事争议仲裁办案规则》第九条第二款规定："对上述移送案件，受移送的仲裁委员会应当依法受理。受移送的仲裁委员会认为移送的案件按照规定不属于其管辖，或者仲裁委员会之间因管辖争议协商不成的，应当报请共同的上一级仲裁委员会主管部门指定管辖。"

四、仲裁原则

《劳动争议调解仲裁法》第三条规定："解决劳动争议，应当根据事实，遵循合法、公正、及时、着重调解的原则，依法保护当事人的合法权益。"除此之外，在实际工作中，劳动争议仲裁还应遵循一些特有的原则。

（一）三方原则

三方是指政府、工会组织、企业组织代表。三方性在劳动争议处理制度中的体现形式一般有两种：一种体现在劳动争议处理机构是由三方代表共同组成，具体案件的处理不一定由三方的人来共同处理；一种体现在集体劳动争议案件的处理是由三方共同组成的人员来处理的。通过发挥工会组织在职工中的号召力、企业代表组织在企业中的影响力，以及政府居中的协调平衡作用，促使劳动关系双方达成共识，减少冲突，发挥三方原则的独特作用。

（二）独立性原则

独立性原则是指劳动争议仲裁委员会审理劳动争议案件时具有独立性，任何组织和个人不得干预。独立性原则主要表现在以下三点：

（1）外国籍和无国籍劳动者在中国境内就业发生劳动争议时，依法接受中国劳动争议仲裁委员会的处理（法律、法规另有规定的除外）。

（2）人力资源社会保障行政部门及其他政府机关对劳动争议仲裁委员会审理的具体案件不进行行政干预。

（3）劳动争议仲裁委员会独立于法院之外，法院不得干涉劳动争议仲裁委员会的仲裁行为，对仲裁裁决不得作出撤销或维持原判的判决。但是，如果用人单位对劳动争议仲裁委员会依据《劳动争议调解仲裁法》第四十七条作出的终局裁决有异议，且能够证明终局裁决具有《劳动争议调解仲裁法》第四十九条规定的情形之一时，可以向劳动争议仲裁委员会所在地的中级人民法院申请撤销该裁决。

（三）强制仲裁原则

我国的劳动争议仲裁实行的是强制仲裁原则，即劳动争议仲裁是诉讼的前置程序，未经劳动争议仲裁程序处理的案件不能直接进入诉讼程序。《劳动争议调解仲裁法》第五条"对仲裁裁决不服的，除本法另有规定的外，可以向人民法院提起诉讼"的规定就体现了这一原则。具体而言，强制仲裁原则表现在以下三个方面：

（1）当事人双方只要有一方提出劳动争议仲裁即可进入仲裁程序，无须双方达成一致协议。

（2）经仲裁庭调解不成的，仲裁庭即可行使裁决权，依法作出裁决。

（3）申请人收到书面通知，无正当理由拒不到庭或者未经仲裁庭同意中途退庭的，对申请人按照撤回仲裁申请处理，对被申请人可以缺席裁决。申请人或被申请人开庭迟到半小时以上的，视为拒不到庭。申请人违反仲裁庭审纪律，经仲裁庭二次警告仍不改正的，可以视为撤回仲裁申请。被申请人违反仲裁庭纪律，经仲裁庭二次警告仍不改正的，可以缺席裁决。

（四）合情合理原则

合情合理原则是指以事实为依据，根据社会道德、社会惯例以及人们的心理承受能力，在没有法律依据或是法律仅提供原则性规定的情况下，合情合理地进行仲裁。合情合理原则是"以人为本"理念的体现，在劳动人事仲裁过程中既要尊重法律，维护当事人的合法权益，也要照顾当事人的真实感受，仲裁结果应当让当事人双方"心服口服"，并为今后的再次合作提供可能。

五、加强裁审衔接、裁审标准统一

2017 年 11 月 8 日，人力资源和社会保障部、最高人民法院制定出台了《关于加强劳动人事争议仲裁与诉讼衔接机制建设的意见》（人社部发〔2017〕70 号）。

（一）加强裁审衔接的主要内容为"两统一、三规范"

（1）逐步统一裁审受理范围。各地仲裁委员会和人民法院要按照《劳动争议调解仲裁法》等法律规定，逐步统一社会保险争议和人事争议等受理范围。劳动人事争议仲裁委员会要改进完善受理立案制度，依法做到有案必立，有条件的地区可探索实行立案登记制，充分发挥仲裁化解劳动人事争议的前置作用。

（2）逐步统一裁审法律适用标准。各地劳动人事争议仲裁委员会和人民法院要严格按照法律规定处理劳动人事争议，针对实践中裁审法律适用标准不一致的突出问题，通过制定司法解释或指导意见等形式明确统一的法律适用标准。

（3）规范受理程序的衔接。人民法院应对未经仲裁程序处理的劳动人事争议案件不予受理或驳回起诉，并告知当事人先行仲裁；对人民法院以仲裁委员会逾期未作出裁决书为由受理的案件，人民法院应及时通知受案劳动人事争议仲裁委员会，仲裁案件应终止审理。

（4）规范保全程序的衔接。劳动人事争议仲裁委员会应告知有实际需求的劳动者可通过仲裁机构向人民法院申请保全，并负责向人民法院转交劳动者的保全申请书；人民法院应及时通知劳动人事争议仲裁委员会保全申请处理结果。

（5）规范执行程序的衔接。劳动人事争议仲裁委员会依法裁决先予执行的，应主动向人民法院移送裁决书等相关材料；人民法院要依法执行先予执行裁决书，并加强对其他裁决书、调解书的执行工作，特别加大对劳动报酬、工伤保险待遇尤其是集体劳动人事争议等案件的执行力度。

（二）建立裁审衔接的新规则、新制度的具体措施

（1）建立联席会议制度。通过召开联席会议，研究分析劳动人事争议处理形势，互通工作情况，沟通协调裁审衔接工作问题。

（2）建立信息共享制度。加强劳动人事争议处理工作信息和统计数据的交流，建立健全案卷借阅制度等。

（3）建立疑难复杂案件办案指导制度。加强对疑难复杂、重大劳动人事争议案件研讨交流，开展类案分析，联合筛选并发布典型案例。

（4）建立联合培训制度。通过联合举办师资培训、远程培训、庭审观摩等方式，促进提高裁审衔接水平。

第四节　集体劳动争议和集体合同争议

一、集体劳动争议的处理

（一）集体劳动争议的概念和特点

集体劳动争议是指发生劳动争议的劳动者一方在 10 人以上，并有共同请求的劳动争议。《劳动争议调解仲裁法》第七条规定："发生劳动争议的劳动者一方在十人以上，并有共同请求的，可以推举代表参加调解、仲裁或者诉讼活动。"

集体劳动争议有以下三方面的特点：

（1）劳动者一方人数众多。按劳动争议调解仲裁法的规定为 10 人以上。

（2）劳动者当事人是就同样的问题与用人单位发生的争议，申请仲裁的

理由和请求也是共同的。

（3）集体劳动争议往往具有突发性和破坏性，易对劳动关系及社会稳定造成重大影响。

（二）集体劳动争议的仲裁要求

1. 申请集体劳动争议，推举代表参加

根据《劳动人事争议仲裁办案规则》第六十三条规定："发生劳动者一方在十人以上并有共同请求的争议的，劳动者可以推举三至五名代表参加仲裁活动。代表人参加仲裁的行为对其所代表的当事人发生效力，但代表人变更、放弃仲裁请求或者承认对方当事人的仲裁请求，进行和解，必须经被代表的当事人同意。"

2. 仲裁集体劳动争议，优先快速处理

《劳动人事争议仲裁办案规则》第五条规定："劳动者一方在十人以上并有共同请求的争议，仲裁委员会应当优先立案，优先审理。"

二、集体合同争议的处理

（一）因签订集体合同发生的争议

"因签订集体合同发生争议，当事人协商解决不成的，当地人民政府劳动行政部门可以组织有关各方协调处理。"这一规定明确了因签订集体合同发生争议时，可以采取由当事人协商解决或由劳动行政部门协调解决两种方式。因此，因签订集体合同发生争议时，首先应当由当事人协商解决。当事人协商解决不成时，应当在规定的时间内报告当地人力资源社会保障部门，由当地人力资源社会保障部门组织工会代表、企业组织等各方进行协调处理。劳动和社会保障部在 2004 年修订的《集体合同规定》第四十九条对因签订集体合同发生的争议处理方式作了具体规定："集体协商过程中发生争议，双方当事人不能协商解决的，当事人一方或双方可以书面向劳动保障行政部门提出协调处理申请；未提出申请的，劳动保障行政部门认为必要时也可以进行协调处理。"因签订集体合同发生争议处理的相关规定有以下三个方面。

1. 处理时限

按照劳动和社会保障部发布的《集体合同规定》，协调处理集体协商争议，应当自受理协调处理申请之日起 30 日内结束协调处理工作。期满未结束

的，可以适当延长协调期限，但延长期限不得超过 15 日。

2. 处理方式

劳动争议协调处理机构处理因签订集体合同发生的争议时，应由工会和企业行政双方当事人各选派至少 3 名代表，并指定 1 名首席代表参加。代表产生的方式与集体协商代表产生的办法相同。争议双方及其代表应如实提供有关情况和材料。

3. 处理结果

劳动争议协调处理机构处理因签订集体合同发生的争议时，应由人力资源社会保障部门制作"协调处理协议书"。"协调处理协议书"应当载明协调处理申请、争议的事实和协调结果，双方当事人就某些协商事项不能达成一致的，应将继续协商的有关事项予以载明。

（二）因履行集体合同发生的争议

1. 因履行集体合同发生争议的概念

因履行集体合同发生的争议实质上归属于权利争议。《劳动合同法》第五十六条规定："用人单位违反集体合同，侵犯职工劳动权益的，工会可以依法要求用人单位承担责任；因履行集体合同发生争议，经协商解决不成的，工会可以依法申请仲裁、提起诉讼。"

2. 因履行集体合同发生争议的特征

（1）发生在集体合同生效之后。因签订集体合同发生的争议，发生在集体合同协商过程中；而因履行集体合同发生的争议，以合法有效的集体合同为条件，因此，只能发生在集体合同生效之后。

（2）主要发生在企业与企业工会之间。因履行集体合同发生的争议，主要是企业与企业工会之间的争议。它不同于劳动合同，个体职工不能成为因履行集体合同发生争议的主体。集体合同由工会代表企业职工一方与用人单位订立；尚未建立工会的用人单位，由上级工会指导劳动者推举的代表与用人单位订立。从实践情况看，通过集体协商与企业行政签订集体合同的一方很少有职工推举代表的情况，基本都是企业工会。集体协议由企业组织和工会签订。因此，因履行集体合同的争议只能发生在企业一级，主要是发生在企业与企业工会之间。

（3）争议内容是共同劳动条件。集体合同是规范企业、行业或地区劳动待遇和劳动条件的协议，是国家劳动法令的具体化和补充，是订立个体劳动合同的依据。一般情况下，集体合同不产生具体劳动关系。因履行集体合同发生的争议，不存在确认劳动关系的争议，只能围绕实现集体合同规定的共同劳动条件而产生。

（4）社会影响和经济损失较大。因履行集体合同发生的争议涉及企业、行业或地区的共同劳动待遇和劳动条件。因此，这些争议一旦发生，很容易在企业内外扩散蔓延，其社会影响和经济损失都比较大，应当积极预防，及时处理。

第五节　劳动监察制度

一、劳动监察的概念及属性

（一）劳动监察的概念

劳动监察是指依法享有劳动监察权的专门机构和人员，对用人单位执行劳动法律、法规的整个过程，进行监督、检查，并对违法行为予以处罚的活动的总称。

（二）劳动监察与劳动争议仲裁的区别

劳动监察和劳动争议仲裁都是处理劳动关系事项和维护劳动者权益的方式，其共同目的都是促进和谐劳动关系、防范和化解劳动争议，两者的区别见表9-1。

表 9-1　劳动争议仲裁与劳动监察的区别

类别	劳动争议仲裁	劳动监察
机构组成及性质	政府、企业、工会三方代表	政府行政部门或机构
处理方式和目的	审理仲裁案件	接受投诉、巡视检查
适用依据	强制性规范、任意性规范	强制性规范
处理形式	调解、仲裁	行政处理、行政处罚
救济途径	民事诉讼	行政复议、行政诉讼
申请强制执行主体	劳动争议当事人	劳动监察机构

1. 机构组成及性质不同

劳动争议仲裁委员会由劳动行政部门、同级工会组织和用人单位三方面的代表组成，体现了三方性，具有准司法性质。劳动监察机构则是劳动保障行政部门的行政职能机构，属于具体行政行为中的行政执法行为。

2. 处理方式和目的不同

劳动争议仲裁因当事人申诉而开始，它以处理纠纷、解决争议为目的。而劳动监察除了接受任何组织或个人的举报以及劳动者投诉外，还要主动进行巡视检查，它以查处、纠正违法行为，督促守法为目的。

3. 适用依据不同

劳动争议仲裁的法律依据，既可以是法律强制性规范，也可以是双方合法有效的合同约定或企业规章制度。而劳动监察的依据必须是国家法律法规等强制性规范，不得以合同约定或内部规章制度作为处理依据。

4. 处理形式不同

劳动争议仲裁只能对争议进行调解和裁决，无权对当事人进行处罚。而劳动监察则有权对违法行为实施行政处理和行政处罚。

5. 救济途径不同

劳动争议当事人不服仲裁裁决，可以按照有关规定向人民法院提起民事诉讼。而行政相对人不服劳动监察的处理决定，可申请行政复议或提起行政诉讼。

6. 申请强制执行主体不同

劳动争议调解书和仲裁书生效后，一方当事人不执行，另一方可以向人民法院申请强制执行。而劳动监察作出行政处理决定或行政处罚，行政相对人不申请行政复议也不提起行政诉讼，又不履行的，劳动保障行政部门可以向人民法院申请强制执行。

二、劳动监察主体

（一）劳动监察机构

劳动监察机构是指经法律授权代表国家对劳动法的遵守情况实行监察的专门机构。在我国，县级以上劳动部门都设置综合性劳动监察机构，具体负责劳动安全卫生监察以外各项劳动监察工作；国家和省级劳动行政主管部门还设立锅炉压力容器安全监察机构和矿山安全监察机构。行业或矿山集中的地区、市劳动行政主管部门，也分别设立锅炉压力容器安全监察机构或矿山安全监察机构。各级劳动监察机构都受同级劳动行政主管部门的领导和上级劳动监察机构的业务指导。县级劳动监察机构的管辖范围，除省级政府另有规定外，地（市）级劳动监察机构的管辖范围，由省级政府规定。

（二）劳动监察员

劳动监察员是指国家设立的执行劳动监察的专职或兼职人员。我国立法要求，劳动监察机构应当配备专职劳动监察员和兼职劳动监察员，其中，兼职劳动监察员主要负责与其本职业务相关的单项监察，但行使处罚权应会同专职劳动监察员进行。关于劳动监察员的任职条件，我国有关法规对一般劳动监察员和矿山安全监察员、锅炉压力容器安全监察员分别作了规定。

三、劳动监察的内容

劳动监察的内容是指劳动监察主体依法行使职权，监督监察被监察主体实施劳动法所规定的行为。按照行政部门的权限划分，目前，涉及劳动基准中的劳动安全卫生条件的劳动监察，由各级安全生产行政管理综合部门负责，其他劳动监察仍由各级劳动行政部门负责。

四、劳动监察的权限

劳动监察的权限是国家根据劳动监察机构的职能，通过立法程序赋予劳动监察机构的权力及其行使职权的范围。

（一）劳动监察的检查权

劳动监察的检查权是指劳动监察机构依照法律、法规对用人单位执行劳动法的情况进行检查。劳动监察的检查权是劳动监察机构职能的体现，是由劳动监察的本质属性决定的。同时，劳动监察的检查权又是劳动监察机构履行职责的重要保护，检查权是劳动监察最基本的权限之一。《劳动保障监察条例》（国务院令第 423 号）规定，劳动监察机构及劳动监察员有权根据工作需要随时进入有关单位进行检查。

（二）劳动监察的调查权

劳动监察的调查权是指劳动监察机构依法进行调查的权利。劳动监察的基本任务就是依法对用人单位进行监督检查，发现问题，需要处理时，劳动监察机构应本着实事求是的原则，对发现的问题进行深入细致的了解，在全面掌握事实的前提下，公正处理。依据法律、法规，劳动监察的调查权表现在进入现场，查阅、复制与监察事项有关的文件、资料，询问当事人及见证人等。

（三）劳动监察的建议权

劳动监察的建议权是指劳动监察机构对监察对象的行为进行检查、调查之后，就监察事项涉及的有关问题，向被监察机关或相关部门提出建议的权利。劳动监察机构根据检查、调查的情况，在必要的情况下，可以对被监察对象行使建议权。建议权是在行使检查权和调查权的基础上实现的，目的是改善和促进工作或对出现的问题所造成的损失提出必要的补救措施。

劳动监察的建议权是建立在建议合法合理，并与用人单位协商基础上的带有强制性的权力。劳动监察机构行使建议权，在通常情况下，重点在事先监督，立足于防微杜渐和防患于未然。

（四）劳动监察的处分权

劳动监察的处分权是指劳动监察机构对通过检查、调查，证实用人单位确有违反国家劳动法律、法规以及政策的行为，视情节轻重，按照权限的规定给予一定的行政处分的权力。

根据我国现行法规的规定，劳动监察机构有权对违反劳动法的用人单位依法分别给予警告、通报批评、罚款、吊销许可证、责令停产整顿的处罚；对触犯其他行政法规的，建议有关行政机关给予行政处罚；对触犯刑法的，建议司法机关追究刑事责任；对阻挠、殴打劳动监察员，妨碍监察公务或不如实反映情况的，劳动监察机构有权给予责任人员以一定的行政处分。

◆ 以案说法 9-3

K公司、Y公司拖欠农民工工资案

2021年7月26日，施工总承包单位K公司与Y公司签订了《劳务施工分包合同》，将某小区楼栋主体及配套工程的劳务分包给Y公司。

何某、范某于2021年8月18日通过Y公司在案涉工地上的负责人孟某介绍到案涉工地工作，岗位分别为架子工长、材料员。2021年10月26日，Y公司出具《拖欠工资明细表》，载明了包括何某、范某在内的12人土建班组

人员工资拖欠情况，记载何某、范某职务分别为架子工长、材料员，每月工资 10000 元，分别出勤 67 天、90 天，拖欠工资金额分别为 22450 元、30000 元。后该项目停工，何某、范某等人向当地劳动保障监察机构投诉拖欠工资。

K 公司按照劳动监察机构要求，通过农民工工资保证金专用账户为该项目一线工人支付了相应工资。但劳动监察机构认为何某等人为项目管理人员，不算农民工，对包括何某、范某在内的劳务管理人员要求支付工资的请求未予处理。

何某、范某向法院起诉 K 公司、Y 公司。法院认为，何某、范某从事架子工工长、材料员工作，与一线农民工相比只是分工不同，同样适用《保障农民工工资支付条例》。何某、范某被 Y 公司雇用在工地工作，Y 公司有义务清偿拖欠的工资。K 公司作为施工总承包单位，对于分包单位拖欠的工资有义务先行清偿，先行清偿之后有权再依法进行追偿。

✒ 案例点评

正确理解农民工的范围。《保障农民工工资支付条例》所称农民工，是指为用人单位提供劳动的农村居民。本条例所称工资，是指农民工为用人单位提供劳动后应当获得的劳动报酬。该条例并未将管理岗农民工排除在外，只要是为用人单位提供劳动的农村居民，都属于受保障的农民工范畴，从事管理岗位的农民工的工资权益同样应当予以保障。

依法保障农民工的工资权益。管理岗位农民工投诉拖欠工资，经查证属实的，应当依法办理，责令责任主体清偿欠薪，不因用人单位不同或者岗位不同而区别对待。如果有证据证明拖欠管理人员工资问题不存在（如分包公司及其管理人员企图通过虚构事实以达到其他目的），自然另当别论。本案中，何某有证据证明被拖欠工资，而当地劳动监察机构仅仅因为何某等人为项目管理人员就对其诉求未予处理，但人民法院支持了何某的诉求。

资料来源：湖北省第一批劳动保障监察指导案例 [EB/OL]．（2023-07-05）[2024-05-19]．https://baijiahao.baidu.com/s?id=1770592075731082027&wfr=spider&for=pc。内容有修改。

五、劳动监察的程序

劳动监察的程序是指劳动监察主体依法行使监察行为的活动的过程和步骤，劳动监察必须遵循一定的法定程序，这是劳动监察行为具有法律效力的一个必要条件。在我国，劳动监察的程序分为劳动监察执法检查程序、案件受理程序、行政复议或行政诉讼程序。

（一）劳动监察执法检查程序

1.实施检查

检查有一般检查与立案调查之分。一般检查是指例行检查、不定期检查、某些专业检查，其程序比较简单。立案调查是指在一般检查中发现或者接受公民举报初步调查后发现用人单位违反劳动法的行为，需要进一步采取措施的，登记立案后进行的专门调查。

2.作出处理决定或处理建议

凡在权限内能自行处理的事项，依法作出处理决定，它包括纠正和处罚决定两种。劳动监察机构在处理决定作出之日起7日内，应当将处理决定送达当事人，并在10日内报送上级劳动行政主管部门备案，处理决定书自送达当事人之日起生效。

（二）案件受理程序

依据《劳动保障监察条例》，劳动监察机构对用人单位的违法行为立案调查。立案调查适用于需要进一步采取强制措施的事项，其程序包括登记立案和调查取证。对发现的违法行为，认为有违法事实、需要依法追究法律责任的，在登记立案后，应及时组织调查和搜集证据；调查结束后，应写出调查报告，写明查证的事实和结论，提出处理意见。

（三）行政复议或行政诉讼程序

用人单位对劳动监察机构作出的处理决定不服的，可按照《中华人民共和国行政诉讼法》《中华人民共和国行政复议法实施条例》的规定申请行政复议或者提起行政诉讼。但是，诉讼和复议期间，不影响原决定的执行。用人单位逾期不申请复议，不诉讼又不执行处理决定的，劳动保障行政部门可以申请人民法院强制执行。

📚 本章小结

（1）劳动争议是指劳动关系双方当事人因实现劳动权利和履行劳动义务而发生的纠纷。人事争议是指人事关系双方因权利、义务发生分歧而产生的争议。劳动争议处理与人事争议处理既有相同点，又有区别。争议的构成要素包括主体、客体、内容。

（2）劳动人事争议的解决途径包括：协商和解、调解、仲裁、诉讼。

（3）仲裁是指公认的权威机构依据法律规定和当事人的申请，对双方的争议事项作出裁决的过程和活动。劳动人事争议仲裁的特征包括：劳动人事争议仲裁是诉讼的前置程序；合理分配举证责任，特别强调用人单位的举证责任；部分案件实行有条件的"一裁终局"；处理案件迅速、及时，维权成本低。

（4）仲裁受案范围包括：因确认劳动关系发生的争议；因订立、履行、变更、解除和终止劳动合同发生的争议；因除名、辞退和辞职、离职发生的争议；因工作时间、休息休假、社会保险、福利、培训以及劳动保护发生的争议；因劳动报酬、工伤医疗费、经济补偿或者赔偿金等发生的争议；法律、法规规定的其他劳动争议。

（5）劳动争议仲裁管辖是指劳动争议仲裁机构受理劳动争议案件的权限和范围。仲裁的管辖包括地域管辖、级别管辖、移送管辖和指定管辖。

（6）劳动人事争议仲裁的原则包括：三方原则、独立性原则、强制仲裁原则、合情合理原则。

（7）集体劳动争议是指发生劳动争议的劳动者一方在10人以上，并有共同请求的劳动争议。集体合同争议包括因签订集体合同发生的争议和因履行集体合同发生的争议。

（8）劳动监察是指依法享有劳动监察权的专门机构和人员，对用人单位执行劳动法律、法规的整个过程进行监督、检查，并对违法行为予以处罚的活动的总称。它和劳动争议仲裁是有区别的。劳动监察的主体有劳动监察机构和劳动监察员。劳动监察的内容是指劳动监察主体依法行使职权，监督监察被监察主体实施劳动法所规定的行为。劳动监察具有检察权、调查权、建议权、处分权。

（9）劳动监察的程序是指劳动监察主体在依法行使监察行为的活动中应当遵循的过程和步骤，在我国，劳动监察的程序分为劳动监察执法检查程序、案件受理程序、行政复议或行政诉讼程序。

✍ 本章习题

一、单项选择题

1. 事业单位与编制外人员或者劳务派遣人员发生了相关纠纷，属于（　　）。

A. 劳动争议　　B. 人事争议　　　C. 人事纠纷　　　D. 劳动法律事件

2. 人事争议的管辖方式是（   ）。

A. 地域管辖

B. 级别管辖

C. 地域管辖与级别管辖相结合

D. 合同管辖

3. 仲裁庭在作出裁决前，应先进行（   ）。

A. 调解   B. 和解   C. 调查   D. 取证

4. 发生劳动争议的劳动者一方在（   ）以上，并有共同请求的，可以推举代表参加调解、仲裁或者诉讼活动。

A. 10 人   B. 15 人   C. 20 人   D. 30 人

5. 在我国，（   ）以上劳动部门都设置综合性劳动监察机构，具体负责劳动安全卫生监察以外各项劳动监察工作。

A. 区级   B. 县级   C. 市级   D. 省级

二、多项选择题

1. 劳动人事争议的解决途径包括（   ）。

A. 协商和解   B. 调解   C. 仲裁   D. 诉讼

2. 劳动人事争议仲裁应遵循三方原则。这里的三方是指（   ）。

A. 政府   B. 法院   C. 工会   D. 用人单位

3. 行政相对人对劳动监察的处理决定不服的，可以（   ）。

A. 拒不执行

B. 申请行政复议

C. 提请诉讼

D. 申请强制执行

三、案例分析题

某厂为提前完成季度生产任务，安排厂里职工加班加点。生产任务完成以后，职工要求支付加班加点工资，厂领导却说这是正常的工作安排，不发加班加点工资。全厂一百多名职工推举秦某、宫某二人作为代表上告。某年 7 月 3 日，这两名代表到当地劳动人事争议仲裁委员会申请仲裁，该委员会在收到申诉书后第 10 日决定受理，并于当年 9 月 29 日作出裁决，责令该厂支付拖欠的加班加点工资及经济补偿金，并于当天将裁决书送交双方当事人后予以结案。

试分析：

（1）该争议的性质是什么？应该适用何种处理程序？

（2）劳动人事争议仲裁委员会在审理过程中是否有错？为什么？

第十章
事业单位人事争议处理

学习目标

认知目标

复述事业单位的概念和特点，阐述事业单位与企业的区别，说明事业单位的聘用制管理。

技能目标

通过实例，阐述事业单位人事争议仲裁及法律适用。

引导案例

人事争议案件仲裁和法院受案范围如何衔接？

江某与北京某大学人文学院 1999 年 9 月签订聘任合同书，被聘为法学讲师，聘期自 1999 年 9 月起至 2001 年 7 月止。2000 年 6 月 20 日人文学院对江某发出解聘通知书，决定自 2000 年 7 月 1 日起不再聘任江某为法律系教师，上交学校人才交流中心。江某不服该解聘通知书，于 2000 年 6 月 30 日向人事部人事仲裁公正厅提出仲裁申请，中央国家行政机关在京直属事业单位人事争议仲裁委员会于 2003 年 3 月 20 日作出了维持大学解聘决定的裁决。后江某以仲裁程序违法、适用政策依据不当为由提出申诉，仲裁委员会认为原仲裁裁决适用的政策依据确有不当，故决定撤销上述裁决书，另行组成仲裁庭对案件予以重新仲裁。

2005 年 2 月 6 日中央国家行政机关在京直属事业单位人事争议仲裁委员会作出裁决，驳回江某要求撤销大学解除聘任合同决定的请求。江某不服该仲裁裁决提起诉讼。庭审中，江某称其并未与大学解除聘用关系，双方系因岗位聘任发生的争议，大学对此不持异议。依据《最高人民法院关于人民法院审理事业单位人事争议案件若干问题的规定》（以下简称《人事争议若干问题的规定》）第三条规定："本规定所称人事争议是指事业单位与其工作人员之间因辞职、辞退及履行聘用合同所发生的争议。"因本案江某与大学之间的争议是岗位聘任争议而非人事聘用争议，故依据上述规定该争议不属于人民法院应当受理的人事争议之范畴，法院驳回江某的起诉。

◆ 案例点评

由《人事争议若干问题的规定》可知，人民法院的受案范围和人事争议仲裁的受案范围相比较，人民法院受理的人事争议案件范围远远小于人事争议仲裁委员会的受案范围。故此，人事争议仲裁委员会和人民法院受理的人事争议案件衔接上出现问题。因此会导致一种局面的产生，即人事争议仲裁委员会作出实体裁决的人事争议案件，人民法院会因不符合最高人民法院关于人事争议案件的受案范围从而作出驳回原告起诉的裁定。而一旦人民法院以此为由驳回原告的起诉，原仲裁委员会的裁决书裁决效力如何认定，是被撤销抑或发生法律效力，法律并未明确规定。如因法院裁定导致原仲裁裁决不发生法律效力，将使当事人丧失司法救济的途径，此与人民法院受理人事争议案件的初衷相悖；如法院裁定后原仲裁裁决即发生法律效力，将产生仲裁一裁终局的局面，此又与最高人民法院将人事争议仲裁与司法接轨的目的相悖。

就本案而言，中央国家行政机关在京直属事业单位人事争议仲裁委员会适用《人事争议处理规定》中的规定受理了这一"聘任纠纷"并裁决维持了该校的决定，当事人诉至法院后，法院认为此案涉及的是"聘任"纠纷（普遍意义上的岗位聘任），而非最高人民法院《人事争议若干问题的规定》中所列明的"聘用"纠纷（普遍意义上的聘用、解聘），故法院认为尽管此案属于人事争议仲裁委员会的受案范畴，但不属于《人事争议若干问题的规定》中规定的人民法院应受理的人事争议案件之范畴，从而未作出实体处理，而是作出驳回原告起诉的裁定。

资料来源：江某诉某大学人事争议案 [EB/OL]. （2009-12-15）[2018-10-12].http://china.findlaw.cn/hetongfa/mianzetiaokuan/13568.html。内容有修改。

第一节　事业单位概述

一、事业单位的概念

（一）事业单位的定义

根据 2004 年修订的《事业单位登记管理暂行条例》（国务院令第 411 号）第二条规定，"本条例所称事业单位，是指国家为了社会公益目的，由国家机关举办或者其他组织利用国有资产举办的，从事教育、科技、文化、卫生等活动的社会服务组织"。中共中央、国务院印发的《关于分类推进事业单位改革的指导意见》（中发〔2011〕5 号）按照社会功能将现有事业单位划分为承担行政职能、从事生产经营活动和从事公益服务三个类别。对承担行政职能的，逐步将其行政职能划归行政机构或转为行政机构；对从事生产经营活动的，逐步将其转为企业；对从事公益服务的，继续将其保留在事业单位序列、强化其公益属性。今后，不再批准设立承担行政职能的事业单位和从事生产经营活动的事业单位。根据职责任务、服务对象和资源配置方式等情况，将从事公益服务的事业单位细分为两类：承担义务教育、基础性科研、公共文化、公共卫生及基层的基本医疗服务等基本公益服务，不能或不宜由市场配置资源的，划入公益一类；承担高等教育、非营利医疗等公益服务，可部分由市场配置资源的，划入公益二类。

（二）事业单位的特点

1. 依法成立

事业单位应当经县级以上各级人民政府及其有关主管部门批准后成立，并且应当具备法人条件。

2. 从事公益事业

事业单位为了社会公益，在教育、科技、文化、卫生等涉及人民群众公共利益方面进行服务性活动。

3. 经费来源多样化

我国事业单位的经费来源有三种形式，分别是国家全额拨款、差额拨款和自收自支。

4. 不以营利为目的

一般不从事生产经营活动。

5. 知识密度大

利用科技文化知识为社会各方面提供服务是事业单位的主要手段，因此大多数事业单位是以脑力劳动为主体的知识密集型组织；同时，事业单位也集中了大批高层次的专业人才，是国家发展的重要人才储备库。

（三）事业单位与企业的区别

1. 机构职能不同

企业是营利性组织，所有企业经营活动的目标都是追求利润的最大化。事业单位承担着社会公共服务的责任和义务，作为政府公共服务职能的延伸，它与政府职能具有很强的连带性和相关性，事业单位所追求的目标不是营利，而是科技、教育、文化、社会等多元化的目标。

2. 经费来源不同

企业是自我经营、自负盈亏的组织，其资金、利润、成本等都来自经营活动，自我承担。事业单位的资金，包括人员经费和事业活动经费主要来自政府的公共预算，来自公共财政。

3. 人事管理不同

企业在人力资源管理上拥有完全的自主决定权，在岗位设置、招聘、考核、薪酬等各方面，基本上是在不违反国家强制性规定的前提下根据企业的情况自主决定的。事业单位的人事管理则较多受到政府部门的干预，如岗位设置要受到机构编制的约束，薪酬工资的调整也要根据国家工资计划的安排进行，等等。在某些特殊时候，国家有权要求事业单位工作人员履行一定的社会公共责任和义务，如对口扶贫、紧急抢险救灾等。

二、事业单位的聘用制管理

2002 年《国务院办公厅转发人事部关于在事业单位试行人员聘用制度意见的通知》（国办发〔2002〕35 号）提出转换事业单位用人机制，在事业单位试行人员聘用制度。2014 年的《事业单位人事管理条例》进一步规范了事业单位聘用管理。事业单位聘用制度是指事业单位与职工按照国家有关法律、政策要求，在平等自愿、协商一致的基础上，通过签订聘用合同，明确聘用单位和受聘人员与工作有关的权利和义务。人员聘用制度主要包括公开招聘、签订聘用合同、定期考核、解聘辞聘等制度。

（一）聘用合同条款

聘用合同必须具备下列条款：聘用合同期限、岗位及其职责要求、岗位纪律、岗位工作条件、工资待遇、聘用合同变更和终止的条件、违反聘用合同的责任。

经双方当事人协商一致，可以在聘用合同中约定试用期、培训和继续教育、知识产权保护、解聘提前通知时限等条款。

（二）聘用合同种类

聘用合同分为短期、中长期和以完成一定工作为期限的合同。对流动性强、技术含量低的岗位一般签订 3 年以下的短期合同；岗位或者职业需要、期限相对较长的合同为中长期合同；以完成一定工作为期限的合同，根据工作任务确定合同期限。合同期限最长不得超过应聘人员达到国家规定的退休年龄的年限。聘用单位与受聘人员经协商一致，可以订立上述任何一种期限的合同。

对在本单位工作已满 25 年或者在本单位连续工作已满 10 年，且年龄距国家规定的退休年龄已不足 10 年的人员，提出订立聘用至退休的合同的，聘用单位应当与其订立聘用至该人员退休的合同。

以案说法 10-1

郑某诉某大学聘用合同纠纷案

郑某于 2017 年入职某大学，并签订《某大学非教学科研人员工作协议书》从事数学学院助教工作，系事业单位编制人员。双方签订的协议约定：郑某自协议签订之日起，至少为某大学服务 5 年；服务期限内调离或辞职，应当承担违约责任，按未满服务年限（不足一年，以一年计）缴纳违约金，违约金总额 = 学校在个人离校前一年所聘（保留）岗位应发收入 × 未满服务年限。2019 年 7 月，郑某提出离职申请。2019 年 8 月 23 日，郑某向某大学提交书面申请，称"由于个人原因去西南大学攻读博士学位，因未满服务年限，自愿交纳违约服务金（离校补偿金 140692 元）"。2019 年 8 月 27 日，郑某向某大学缴纳 140692 元。2019 年 8 月 28 日，某大学与郑某签订《离职协议书》，约定：劳动关系自 2019 年 8 月 29 日起解除。郑某于 2020 年 8 月 26 日申请仲裁，要求确认郑某与某大学签订的《某大学非教学科研人员工作协议书》违约金条款无效，某大学返还郑某缴纳的违约金 140692 元及利息。泉州市劳动人事争议仲裁委员会裁决驳回郑某的仲裁请求。

福建省泉州市丰泽区人民法院于 2020 年 12 月作出民事判决：一、确认某大学与郑某于 2017 年 7 月签订的《某大学非教学科研人员工作协议书》中关于郑某未满服务年限辞职应缴纳违约金的条款无效；二、某大学应于判决生效之日起十日内退还郑某 140692 元。宣判后，某大学以一审适用法律错误为由，提起上诉。福建省泉州市中级人民法院于 2021 年 5 月驳回上诉，维持原判。某大学不服，申请再审。福建省高级人民法院于 2022 年 7 月判决：撤销福建省泉州市中级人民法院民事判决及福建省泉州市丰泽区人民法院民事判决；驳回郑某的诉讼请求。

✒ 案例点评

本案系事业单位与实行聘用制的工作人员之间因履行聘用合同所发生的人事争议。《劳动合同法》第九十六条规定："事业单位与实行聘用制的工作人员订立、履行、变更、解除或者终止劳动合同，法律、行政法规或者国务院另有规定的，依照其规定；未作规定的，依照本法有关规定执行。"根据上述规定，人事争议法律适用应依照法律、行政法规或者国务院的规定；没有规定的，依照劳动合同法的有关规定执行。国务院原人事部《关于在事业单位试行人员聘用制度的意见》（国办发〔2002〕35 号，以下简称《意见》）属于国务院下发的行政规范性文件，故本案应依照该意见执行。该意见第四条第一款规定："……聘用合同必须具备下列条款：……（七）违反聘用合同的责任。"可见，聘用合同应当明确约定违反聘用合同的责任。本案中双方当事人在案涉工作协议中可以约定违约金条款。原审认定某大学与郑某约定的未满年限离职的违约金条款无效不当，应予纠正。

资料来源：人民法院案例库．https://rmfyalk.court.gov.cn/dist/view/content.html?id=JNOrVYE70suiUQdYFpkmjg3g%252Bw1KHkNjHW55Ty2PcYQ%253D&lib=ck&title=%E9%83%91%E6%9F%90%E8%AF%89%E6%9F%90%E5%A4%A7%E5%AD%A6%E8%81%98%E7%94%A8%E5%90%88%E5%90%8C%E7%BA%A0%E7%BA%B7%E6%A1%88。内容有修改。

（三）试用期条款

聘用单位与受聘人员签订聘用合同，可以约定试用期。试用期一般不超过 3 个月；情况特殊的，可以延长，但最长不得超过 6 个月。被聘人员为大中专应届毕业生的，试用期可以延长至 12 个月。

第二节　事业单位人事争议处理主要制度

一、事业单位人事争议调解

（一）人事争议调解概述

事业单位人事争议调解是指人事争议调解组织依据法律、法规和政策规定，对申请调解的人事争议案件，在查明事实、分清责任的基础上，按照自愿原则，通过说服教育的方式，促使事业单位与其工作人员互谅互让，达成协议，从而解决争议的活动。

1999 年，人事部办公厅下发了《人事部办公厅关于印发〈关于在国务院各部委、直属机构、直属事业单位开展人事争议调解工作的意见〉的通知》（人办发〔1999〕2 号），要求国务院各部门成立人事争议调解委员会。2009年，人力资源和社会保障部、司法部、中华全国总工会等颁布了《关于加强劳动人事争议调解工作的意见》（人社部发〔2009〕124 号），要求事业单位积极建立由人事部门代表、职工代表、工会代表、法律专家等组成的人事争议调解组织。

（二）人事争议调解程序

人事争议调解程序是争议双方和调解委员会在调解处理人事争议过程中共同遵守的工作步骤及规则。虽然人事争议调解程序不像仲裁、诉讼程序那么严格，可以根据争议处理的具体情况来灵活掌握，但在一般情况下，调解工作遵循一定的程序对处理好争议还是有利的。人事争议调解程序主要包括以下三个步骤：

1. 申请与受理

事业单位与职工发生人事争议后，当事人一方或者双方都可以向人事争议调解委员会提出申请，请求调解。申请可采取书面形式，也可采取口头形式。调解委员会接到当事人申请后，应当对申请进行分析审查。如果申请调解的事项确属人事争议，对方当事人也同意进行调解，调解委员会就应当受理，否则不受理。

2. 调查情况与制订调解方案

对决定受理的争议，调解委员会应研究开展调解工作的方案，并确定主持调解的工作人员。调解委员会在实施调解前，要开展情况调查，通过听取双方当事人的陈述、向争议知情人及职工群众了解情况等方式，尽可能地查清争议的基本事实。

3. 组织实施调解

在实施调解的过程中，调解委员会一般可采取以下三种形式：

（1）直接调解。对于一些事实比较清楚，情节比较简单，双方分歧不大，且双方当事人能够心平气和地坐到一起讨论问题的争议，调解人员可以采取面对面的调解方式，直接将双方当事人召集到一起，主持调解他们之间的争议。

（2）间接调解。对于一些积怨较深，难度较大，双方争议不下，对立情绪比较严重的争议，应采取背靠背的间接调解方式。调解工作人员分别做当事人的工作，或借助于当事人的亲属、同事、朋友，共同做好当事人的思想工作。

（3）召开会议调解。对于个别影响较大，可以教育广大职工群众的争议，可以召开调解会议，允许其他职工旁听，实行公开调解。

二、事业单位人事争议仲裁

（一）受案范围

事业单位人事争议仲裁的受案范围是指人事争议仲裁机构受理事业单位与其工作人员之间人事争议案件的范围。确定仲裁机构的受案范围，明确哪些纠纷属于仲裁机构仲裁的范围，哪些纠纷不属于仲裁机构仲裁的范围，从而解决仲裁机构和其他国家机关在解决人事争议上的分工和权限问题。

需要说明的是，不是所有的人事争议都可以通过仲裁的途径解决。例如，事业单位工作人员与所在单位因职称评定、考核等发生的人事纠纷就不属于仲裁机构的受案范围，可以通过申诉等途径解决争议。

《劳动人事争议仲裁办案规则》第二条第三款规定了事业单位人事争议

仲裁的受案范围为事业单位与其建立人事关系的工作人员之间因终止人事关系以及履行聘用合同发生的争议。

关于事业单位与其建立人事关系的工作人员之间因终止人事关系而发生争议的情形，劳动人事争议仲裁办案规则及相关法律法规没有明确规定，但《事业单位人事管理条例》第十九条规定："自聘用合同依法解除、终止之日起，事业单位与被解除、终止聘用合同人员的人事关系终止。"《劳动合同法》第九十六条规定："事业单位与实行聘用制的工作人员订立、履行、变更、解除或者终止劳动合同，法律、行政法规或者国务院另有规定的，依照其规定；未作规定的，依照本法有关规定执行。"由这两条规定可以看出人事关系终止的情形。

履行聘用合同发生的纠纷从广义上理解应该包括事业单位与其工作人员在聘用合同订立、履行、变更、终止、解除等方面的争议。目前，实践中聘用合同争议案件多发，主要有以下两个原因：

（1）用人单位在聘用合同中规定"模糊性条款"。由于这类条款伸缩性很大，且由用人单位来进行解释、使用和掌握，这样用人单位往往处于有利地位，容易侵害个人的合法权益。

（2）用人单位在聘用合同中规定"霸王条款"。用人单位通过这些条款扩大个人的义务，同时又以双方自愿的形式逃避责任。

📢 以案说法 10-2

"非升即走"合法合理吗？

原告郭某 2011 年 8 月博士毕业后被江苏 A 大学引进，双方签订聘用协议书，约定郭某到江苏 A 大学工作，学校为郭某提供相应工作及生活条件。双方在协议书第五条约定，郭某自进校第二年起的四年内未能晋升为正式副教授的，从第五年 1 月 1 日起不再享受江苏 A 大学的工资、津贴、补贴等待遇，同时办理离校手续。2015 年 9 月，郭某参加江苏 A 大学组织的副教授评审未获通过。2015 年 12 月 1 日，江苏 A 大学人事处向郭某发出离校手续通知，称"根据有关工作协议，请您于 2016 年 1 月 1 日前来我处办理离校手续"。后郭某申请劳动仲裁并诉至法院，要求继续履行与江苏 A 大学签订的协议书。

一审法院认为，郭某与江苏 A 大学签订的协议书合法有效。根据协议书第五条约定，郭某至 2015 年 12 月 31 日（即自进校第二年起的四年）未能晋升正式副教授，协议约定的终止条件出现，江苏 A 大学依据协议约定提出终止与郭某的人事关系，并无不妥。二审法院认为，协议书第五条系双方对协议履行期间作的约定，即从郭某入校第二年起算四年届满协议到期，此后双方是否继续履行聘用关系，取决于郭某是否符合江苏 A 大学的聘用条件，如果在新的聘期到来时郭某没有评上副教授，则江苏 A 大学可以不聘用郭某。江苏 A 大学并未在 2015 年 9 月份评审结果揭晓时解除与郭某的聘用关系，而是按照协议书约定的期限继续履行到 2015 年底，可见江苏 A 大学仅是将职称评定作为协议到期后续聘的条件而不是作为该协议终止的条件。故郭某提出的要求继续履行协议书的上诉请求，没有事实依据，不予支持。

案例点评

双方协议书第五条约定实际是当前许多重点高校推行的"非升即走"制度，该制度是否构成协议解除条件是本案的主要争议焦点，由此形成了两种不同的审理思路。两种观点的分歧，形式上表现为对协议书第五条的理解和适用，但从深层次来看，则涉及对高等学校推出的"非升即走"制度的合法性评价问题。

资料来源：张朴田."非升即走"制度在高校聘用合同中的效力认定，无锡法院网 [EB/OL]. (2018-08-17) [2018-10-12]. https://zy.wxfy.gov.cn/article/detail/2018/08/id/3862158.shtml。内容有修改。

（二）仲裁管辖

人事争议仲裁的管辖是指人事争议仲裁机构之间受理人事争议案件的职权划分。事业单位人事争议仲裁管辖实行级别管辖和地域管辖相结合的原则。

2011 年 8 月，中共中央组织部、人力资源和社会保障部、总政治部发布的《中共中央组织部 人力资源和社会保障部 总政治部关于修改人事争议处理规定的通知》（人社部发〔2011〕88 号）第十三条规定："中央机关、直属机构、直属事业单位及其在京所属单位的人事争议由北京市负责处理人事争议的仲裁机构处理，也可由北京市根据情况授权所在地的区（县）负责处理人事争议的仲裁机构处理。中央机关在京外垂直管理机构以及中央机关、直属机构、直属事业单位在京外所属单位的人事争议，由所在地的省（自治区、直辖市）设立的人事争议仲裁委员会处理，也可由省（自治区、直辖市）根据情况授权所在地的人事争议仲裁委员会处理。"第十四条规定："省（自治区、直辖市）、副省级市、地（市、州、盟）、县（市、区、旗）人事争议仲裁委员会的管辖范围，由省（自治区、直辖市）确定。"

（三）仲裁时效

人事争议仲裁时效是指人事争议当事人在人事权利侵害事实发生后，向人事争议仲裁委员会提出仲裁申请的法定期限。《劳动争议调解仲裁法》第二十七条第一款规定："劳动争议申请仲裁的时效期间为一年。仲裁时效期间从当事人知道或者应当知道其权利被侵害之日起计算。"因此，事业单位人事争议仲裁的时效也为一年。仲裁时效期间从权利人能够行使请求仲裁委员会保护的请求权时起算，即人事争议当事人自知道或应当知道其权利被侵害之日起一年内有权向人事争议仲裁委员会申请仲裁。

《人事争议处理规定》没有明确规定人事争议仲裁时效的中止和中断，但根据人力资源和社会保障部办公厅印发的《关于人事争议仲裁适用有关法律问题的答复意见的函》（人社厅函〔2008〕117 号）的规定，事业单位人事争议仲裁时效也应执行《劳动争议调解仲裁法》《劳动人事争议仲裁办案规则》中有关时效中止、中断的规定。

（四）仲裁与诉讼衔接

2003 年最高人民法院颁布《最高人民法院关于人民法院审理事业单位人事争议案件若干问题的规定》（法释〔2003〕13 号）。该规定结束了人事争议案件长期处于司法审理之外的状态，实现了人事争议仲裁与司法的接轨。2004 年最高人民法院颁布的《最高人民法院关于事业单位人事争议案件适用法律等问题的答复》（法函〔2004〕30 号），对人民法院审判人事争议案件的法律适用做了进一步的阐释。

1. 受案范围的衔接

《最高人民法院关于人民法院审理事业单位人事争议案件若干问题的规定》（法释〔2003〕13 号）解释规定了人民法院审理事业单位人事争议的范围：事业单位与其工作人员之间因辞职、辞退及履行聘用合同所发生的争议。而 2007 年，中共中央组织部、人力资源和社会保障部、总政治部联合印发的《人事争议处理规定》（国人部发〔2007〕109 号）规定的受案范围是解除人事关系和履行聘用合同，超出了法释〔2003〕13 号司法解释规定的范围。2017年《劳动人事争议仲裁办案规则》规定的人事争议仲裁的受案范围是为事业单位与其建立人事关系的工作人员之间因终止人事关系以及履行聘用合同发生的争议，仍然大于法释〔2003〕13 号司法解释规定的范围。

以案说法 10-3

纪律惩戒属于人事仲裁受案范围吗?

张某系某卫生服务中心事业在编人员。2013年2月6日,张某在值班过程中与单位同事发生争执,发生肢体冲突,被同事打伤。张某以人身损害为由起诉该同事至当地人民法院。2013年6月底,人民法院就该案作出判决,张某同事向张某赔偿医疗费及务工费。张某同事接到该判决后,表示服从并不会上诉。2013年4月5日,单位依照规章制度进行惩戒,对冲突双方作出处罚决定,责令两位当事人停职反省,每月仅发放生活费。张某认为同事动手伤人在先,其为受害者,单位作出的处理决定不当,遂于2013年8月14日向当地劳动人事争议仲裁院申请人事仲裁,要求单位撤销对其的处罚决定,并补发工资。

仲裁院接到张某申请后与单位取得联系,仲裁院随后向张某出具不予受理通知书,并告知其可以参照公务员法规定向原机关提出复核或者向监察机关申诉。

案例点评

张某主张的撤销单位处罚决定,是否属于人事争议仲裁受案范围?仲裁院工作人员认为,虽然人民法院民事判决书中表明张某在该起冲突中不负民事责任,但卫生服务中心对其处理决定性质上属于纪律惩戒,依据《江苏省实施〈劳动人事争议仲裁办案规则〉细则》第五条第五项"事业单位与其工作人员因纪律惩戒、经济承包发生的争议,不作为人事争议处理"之规定,仲裁院对张某的仲裁申请应当不予受理。

资料来源:史迎宾,李建国.纪律惩戒属于人事仲裁受案范围吗? [N].中国组织人事报,2014-03-26。内容有修改。

2.仲裁执行的衔接

《最高人民法院关于人民法院审理事业单位人事争议案件若干问题的规定》第二条规定:"一方当事人在法定期间内不起诉又不履行仲裁裁决,另一方当事人向人民法院申请执行的,人民法院应当依法执行。"

《劳动争议调解仲裁法》第五十一条规定:"当事人对发生法律效力的调解书、裁决书,应当依照规定的期限履行。一方当事人逾期不履行的,另一方当事人可以依照民事诉讼法的有关规定向人民法院申请执行。受理申请的人民法院应当依法执行。"

但在实践中存在的难点问题是，如果执行标的涉及安排或恢复工作等与人事有关系的内容时，法院很难实行强制执行。

第三节　事业单位人事争议的法律适用

事业单位人事争议处理适用的法律依据，在法律层级上从高至低可以分为法律、行政法规和国务院规定、部门规章和规范性文件。

一、法律

（一）《劳动合同法》

《劳动合同法》第九十六条对事业单位聘用制作了如下规定："事业单位与实行聘用制的工作人员订立、履行、变更、解除或者终止劳动合同，法律、行政法规或者国务院另有规定的，依照其规定；未作规定的，依照本法有关规定执行。"这条规定虽然内容不多，但是对于事业单位聘用制的影响却是深远的。

（二）《劳动争议调解仲裁法》

《劳动争议调解仲裁法》主要是对劳动争议调解仲裁相关程序性作出规定，但与《劳动合同法》的立法技术相同，该法也通过特别规定将事业单位纳入其调整范围。《劳动争议调解仲裁法》第五十二条规定："事业单位实行聘用制的工作人员与本单位发生劳动争议的，依照本法执行；法律、行政法规或者国务院另有规定的，依照其规定。"

二、行政法规和国务院规定

《国务院办公厅转发人事部关于在事业单位试行人员聘用制度意见的通知》（国办发〔2002〕35号）（以下简称《通知》）规定了聘用制度的基本原则和实施范围，提出要全面推行公开招聘制度，对人员聘用的程序、聘用合同的内容、解聘辞聘制度进行了规范，从实体上为事业单位聘用制的推行提供了法律依据，基本上建立了事业单位聘用制的框架。

在人事争议处理方面，《通知》也首次明确："为妥善处理人员聘用工作中出现的各种问题，及时化解矛盾，维护聘用单位和受聘人员双方的合法权益，要建立和完善事业单位人事争议仲裁制度，及时公正合理地处理、裁决人员聘用中的争议问题。受聘人员与聘用单位在公开招聘、聘用程度、聘用合同期限、定期或者聘期考核、解聘辞聘、未聘安置等问题上发生争议的，当事人可以申请当地人事争议仲裁委员会仲裁。仲裁结果对争议双方具有约束力。"《通知》作为国务院规定，提高了一直以来仅由《人事争议处理暂行规定》进行规范的人事争议仲裁的法律地位。

2002 年以来，事业单位在聘用制管理方面的实体依据主要是《通知》，《劳动合同法》生效后，由于该法第九十六条的存在，在人事争议仲裁实践中如何适用《劳动合同法》和《通知》是一个非常复杂的问题。由于人事争议案件的特殊性和事业单位人事管理的复杂性，人事部办公厅《对江西省人事厅情况反映的答复意见函》（国人厅函〔2007〕153 号）作出如下规定："《国务院办公厅转发人事部关于在事业单位试行人员聘用制度意见的通知》（国办发〔2002〕35 号）是规范事业单位人员聘用合同的国务院办公厅文件，属于《劳动合同法》第九十六条中'国务院另有规定'的范围，有关事业单位人员聘用合同的订立、履行、交更、解除或终止，应当适用该文件的规定。"

2014 年 2 月 26 日国务院第 40 次常务会议通过的《事业单位人事管理条例》将岗位设置、公开招聘、竞聘上岗、聘用合同、考核培训、奖励处分、工资福利、社会保险、人事争议处理，以及法律责任作为基本内容，确立了事业单位人事管理的基本制度。该条例的颁布和实施，对于建立权责清晰、分类科学、机制灵活、监管有力、符合事业单位特点和人才成长规律的人事管理制度，建设高素质的事业单位工作人员队伍，促进公共服务发展，具有十分重要的意义。

三、部门规章和规范性文件

（一）实体方面的部门规章及规范性文件

事业单位人事争议处理所依据的实体性部门规章主要有以下三个部分：

1. 事业单位聘用制方面的规章政策

如《事业单位公开招聘人员暂行规定》（人事部第 6 号令）、《关于印发〈事业单位试行人员聘用制度有关问题的解释〉的通知》（国人部发〔2003〕61 号）、《关于事业单位试行人员聘用制度有关工资待遇等问题的处理意见

（试行）》（国人部发〔2004〕63号）等，它们与《国务院办公厅关于转发人事部关于在事业单位试行人员聘用制度意见的通知》（国办发〔2002〕35号）共同构建了聘用制管理的政策体系。

2. 辞职、辞退方面的政策文件

未实行聘用制的事业单位工作人员在辞职、辞退时应该执行《全民所有制事业单位专业技术人员和管理人员辞职暂行规定》（人调发〔1991〕14号）以及相关的一些补充配套规定。

3. 事业单位岗位设置方面的政策文件

如《人事部关于印发〈事业单位岗位设置管理试行办法〉的通知》（国人部发〔2006〕70号）、《关于印发〈《事业单位岗位设置管理试行办法》实施意见〉的通知》（国人部发〔2006〕87号）等。

另外，还有大量的关于事业单位工资、福利待遇、工龄、休息休假等方面的政策文件，也是人事争议处理实践中经常适用的法律依据。

（二）程序方面的部门规章及规范性文件

2017年人力资源和社会保障部修订了《劳动人事争议仲裁办案规则》和《劳动人事争议仲裁组织规则》，对劳动人事争议仲裁办案程序中的操作性、具体性和执行性问题进行了更加细致明确的规定，对劳动人事争议仲裁制度进行了适度整合，实现了劳动人事争议办案程序的统一，确保当事人的诉求在制度设计上减少缺失。

2008年，人力资源和社会保障部在《人力资源和社会保障部办公厅关于人事争议仲裁适用有关法律问题的答复意见的函》（人社厅函〔2008〕117号）中规定："从答复意见下发之日起，各级人事争议仲裁机构处理有关案件，在案件处理程序上统一适用劳动争议调解仲裁法的有关规定……目前，各级人事争议仲裁机构的设立、组成和案件管辖等继续执行公务员法和《人事争议处理规定》（国人部发〔2007〕109号）的有关规定。"2009年，人力资源和社会保障部在《人力资源和社会保障部关于进一步做好劳动人事争议调解仲裁工作的通知》（人社部发〔2009〕3号）中再次强调："人事争议仲裁在办案程序上统一适用劳动争议调解仲裁法，在争议受理范围、管辖、仲裁委员会组成等方面继续按人事争议处理现有规定执行。"

从上述规定可以看出，目前事业单位人事争议仲裁可以适用的法律依据包括《劳动人事争议仲裁办案规则》《劳动人事争议仲裁组织规则》和《人事争议处理规定》。在办理事业单位人事争议案件实践中，我们要充分考虑到事业单位人事争议处理的特殊性，准确适用法律依据，促进事业单位人事争议的有效处理，维护当事人双方的合法权益，构建和谐稳定的人事关系。

以案说法 10-4

第二次聘用合同到期事业单位可终止不再续订合同吗？

童某于 2017 年 12 月 1 日通过公开招聘入职某公立医院，成为在职在编人员。双方订立了期限自 2017 年 12 月 1 日起至 2019 年 11 月 30 日止的《事业单位聘用合同书》。该合同第二十条约定："符合下列条件之一的，本合同即行终止：（一）本合同期限届满的……"第二十四条约定："在续订聘用合同时，乙方在甲方连续工作满 10 年且距法定退休年龄不足 10 年，提出订立聘用至退休的合同的，甲方应当与其订立聘用至退休的合同。"2019 年 12 月 1 日，双方续订聘用合同至 2021 年 11 月 30 日。2021 年 10 月 25 日，某医院通知童某聘用合同到期不再续签。童某认为，其连续两次与某医院订立聘用合同，第二次聘用合同到期后，某医院未与其订立无固定期限的聘用合同，也未支付相应经济补偿，违反劳动合同法相关规定。因发生争议，童某向仲裁委员会提出仲裁申请。要求与某医院订立聘用至退休的合同。仲裁委员会裁决驳回童某的仲裁请求，一审、二审判决结果与仲裁裁决结果一致。

案例点评

本案争议焦点是，事业单位工作人员连续两次签订聘用合同，第二次聘用合同到期后，能否要求事业单位订立聘用至退休的合同？

《事业单位人事管理条例》第十四条规定："事业单位工作人员在本单位连续工作满 10 年且距法定退休年龄不足 10 年，提出订立聘用至退休的合同的，事业单位应当与其订立聘用至退休的合同。"由此可见，事业单位工作人员订立无固定期限（聘用至退休的）合同的条件不同于普通劳动者，须满足"双 10 年"条件，事业单位才有义务与其订立聘用至退休的合同。此外，《北京市事业单位聘用合同制试行办法》（京政办发〔2002〕50 号）第四十五条规定了支付经济补偿的情形：聘用单位提出解除聘用合同，受聘人员同意解除的；符合本办法第二十八条规定情形，由聘用单位单方面解除聘用合同的；因聘用单位未履行聘用合同，受聘人员解除聘用合同的；聘用单位分立、合并、撤销的，不能安置受聘人员到相应单位就业而解除聘用合同的。根据上述规定，某医院与董某终止聘用合同无须支付经济补偿。

《劳动合同法》第九十六条规定："事业单位与实行聘用制的工作人员订立、履行、变更、解除或者终止劳动合同，法律、行政法规或者国务院另有规定的，依照其规定；未作规定的，依照本法有关规定执行。"依据该条规定，人事争议案件应优先适用人事方面的法律规定，在人事法律、行政法规或者国务院没有特别规定的情况下，才适用劳动合同法等相关规定。《事业单位人事管理条例》《北京市事业单位聘用合同制试行办法》（京政办发〔2002〕50号）属于事业单位人事管理方面的特别规定，对订立聘用至退休的合同、支付经济补偿均有规定，应当优先适用。因此，事业单位有权在两次或两次以上聘用合同到期后依法选择不再续签。事业单位在选人用人时应贯彻公开、平等、竞争和择优的原则，保证工作人员的参与权、知情权和监督权；事业单位工作人员应了解熟悉人事管理相关法律规定，勿将"编制"视为"铁饭碗"，应积极进取，不断提升自身的综合素质，从而保持在竞争中的优势。

资料来源：第二次聘用合同到期事业单位可终止不再续订.北京市劳动人事争议仲裁典型案例［EB/OL］.（2023-12-30）［2024-05-19］.https://mp.weixin.qq.com/s/yeSV8wwhxrOjbYHSBNmA2Q。内容有修改。

本章小结

（1）事业单位是指国家为了社会公益目的，由国家机关举办或者其他组织利用国有资产举办的，从事教育、科研、文化、卫生等活动的社会服务组织。事业单位与企业的区别体现在机构职能不同、经费来源不同、人事管理不同。

（2）事业单位试行人员聘用制度。事业单位聘用制度是指事业单位与职工按照国家有关法律、政策要求，在平等自愿、协商一致的基础上，通过签订聘用合同，明确聘用单位和受聘人员与工作有关的权利和义务。人员聘用制度主要包括公开招聘、签订聘用合同、定期考核、解聘辞聘等制度。

（3）事业单位人事争议处理主要制度主要有人事争议调解与人事争议仲裁。

（4）事业单位人事争议处理适用的法律依据，在法律层级上从高至低可以分为法律、行政法规和国务院规定、部门规章和规范性文件。

本章习题

一、单项选择题

1．事业单位是指国家为了（　　）目的，由国家机关举办或者其他组织利用国有资产举办的，从事教育、科研、文化、卫生等活动的社会服务组织。

A．社会公益　　B．盈利　　　　C．集体利益　　D．利益最大化

2．2002 年，国务院办公厅转发人事部《关于在事业单位试行人员聘用制度的意见》，提出在事业单位试行（　　）。

A．合同制　　　　　　　　　B．人员聘用制

C．任命制　　　　　　　　　D．考录制

3．人事争议仲裁的时效是从当事人知道或者应当知道其权利被侵害之日起（　　）。

A．一个月　　B．三个月　　　C．六个月　　　D．一年

二、多项选择题

1．事业单位人事争议可适用下述哪些法律法规（　　）。

A．劳动合同法

B．劳动争议调解仲裁法

C．事业单位公开招聘人员暂行规定

D．事业单位岗位设置管理试行办法

2．事业单位人事争议仲裁管辖实行（　　）相结合的管辖原则。

A．级别管辖　　B．指定管辖　　C．地域管辖　　D．移送管辖

3．按照社会功能定位的不同，我国将事业单位划分为（　　）几类。

A．承担行政职能的事业单位

B．从事生产经营活动事业单位

C．从事公益服务的事业单位

D．从事科教文卫的事业单位

4．当事业单位工作人员与其用人单位发生关于（　　）争议时，可以通过仲裁解决。

A．终止人事关系　　　　　　B．履行聘用合同

C．职称评聘　　　　　　　　D．工资薪酬

三、案例分析题

李某是江苏省某高校教师。1999 年 9 月，李某从南京某大学博士研究生

毕业后被分配到江苏省某高校从事教学工作。2003年5月，李某与学校签订了为期3年的聘用合同。2006年4月，在聘用合同到期前，学校提出续订，但李某不愿意在这所学校继续工作拒绝续订聘用合同。学校以李某1999年到学校后参加了脱产培训3个月为由，扣除了李某3个月的工资作为培训费。对此，李某与学校发生争议。

请问：

（1）学校扣除李某的3个月工资是否合理？

（2）李某可以通过哪些途径维权？